2023

全球供应链促进报告

中国国际贸易促进委员会 著

社会科学文献出版社
SOCIAL SCIENCES ACADEMIC PRESS (CHINA)

序

　　维护全球产业链供应链韧性和稳定是推动世界经济发展的重要保障，符合世界各国人民共同利益。当今世界正经历百年未有之大变局，经济全球化遭遇逆风，单边主义、保护主义明显上升，局部冲突和动荡频发，为世界经济复苏带来阴霾，世界各国比以往任何时候都更加重视发展问题。在国际分工高度专业化、生产一体化的今天，各国相互联系、相互依存的程度空前加深，已经成为一荣俱荣、一损俱损的命运共同体，使全球供应链具备了显著的公共产品属性。

　　中国贸促会是政府联系工商界的重要纽带，是境内外工商界开展经贸交流合作的重要桥梁。习近平主席在中国贸促会建会70周年大会暨全球贸易投资促进峰会上发表视频致辞，指出中国贸促会自1952年成立以来，立足中国、面向世界，为拉紧中外企业利益纽带、推动国际经贸往来、促进国家关系发展，发挥了重要作用。世界之变、时代之变、历史之变正以前所未有的方式展开，各国工商界对和平发展的期盼更加殷切，对公平正义的呼声更加强烈，对合作共赢的追求更加迫切。《全球供应链促进报告》（以下简称《报告》）所做的研究，是中国贸促会贯彻落实习近平主席关于维护全球产业链供应链安全稳定重要倡议的实际行动。从工商界角度看，全球供应链促进能够进一步优化资源配置，助力跨国公司降本增效、创新发展；从世界经济角度看，全球供应链促进能够推动全球生产网络有机联通，助推全球贸易投资恢复增长，带动世界经济加快复苏，推动全球化朝着开放、包容、普惠、平衡、共赢的正确方向发展；从全球发展角度看，全球供应链促进就是要共同应对全球性挑战，助力各国增加收入、创造就业，提升减贫政策效果，坚持绿色发展，改善人民福祉，推动国际社会走共同发展之路。

　　《报告》撰写工作历时7个月，调研了境内外526家企业，组织了15场企业座谈会，访谈了两院院士、国际组织供应链专家、国内外智库和高校学者等百余人次，最终形成的《报告》包括总报告和五个分报告，总计30余万字。《报告》做出了五个方面的贡献：一是首次全面厘清供应链、价值链、产业链的相关概念，基于国际生产分工理论、立足全球实践，通过量化分析客观地刻画了全球供应链变化的主要趋势；二是首次构建了全球供应链促进分析体系，从理论上印证当今世界是一荣俱荣、一损俱损的命运共同体；三是首次从全球视角开展供应链促进研究，避免了分析角度的局限性；四是首次全面梳理国际组织、世界各主要经济体为促进全球供应链发展所做的贡献；五是首次总结了全球供应链促进的中国实践，以及中国为全球供应链合作提供的新机遇，用确凿的数据和生动的案例证明中国是全球供应链稳定畅通的建设者、贡献者，也是维护者和捍卫者。

　　《报告》是中国贸促会回应中外工商界重大关切的具体举措，也是中国贸促会建设高水平应用型智库的重要成果。中国贸促会愿与中外工商界一道，坚定不移维护供应链的公共产品属性，积极主动适应和引领全球新一轮科技革命和产业变革，准确把握全球供应链新变化，以实际行动共促供应链国际合作，做大合作蛋糕，让发展成果更好惠及各国人民。

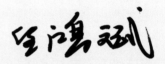

2023 年 11 月 26 日

GLOBAL SUPPLY CHAIN
PROMOTION REPORT

目 录

总 报 告

第一章 引 言

第四章　全球供应链促进的中国实践

第五章　中国为全球供应链合作带来新机遇

分 报 告

分报告三 光伏发电全球供应链促进报告

分报告四　药品全球供应链促进报告

分报告五　绿色小麦全球供应链促进报告

CHAPTER 1

第一章

引 言

当今世界面临百年未有之大变局，经济全球化遭遇逆风，单边主义、保护主义明显抬头，局部冲突和动荡频发，为世界经济复苏带来阴霾，世界各国比以往任何时候都更加重视发展问题。在国际分工高度专业化、生产一体化的今天，各国相互联系、相互依存的程度空前加深，全球供应链上的多国、多企业、多要素已经相互交织形成了高配合度、高依赖度的生产网络，全球供应链的公共产品属性①不断凸显，开展全球供应链促进成为全球各国推动经济复苏、应对共同挑战的必然选择。

一 概念界定

在学术研究、政策文件等不同语境下，提及供应链和全球供应链时常常提到价值链、产业链等概念，为明晰研究对象，本报告在开篇对供应链及全球供应链相关概念进行界定，并确定供应链和全球供应链的定义。

（一）供应链

1. 学术界对供应链的定义

学术界对供应链概念的研究最早可以追溯到亚当·斯密的《国富论》。亚当·斯密以制造一根针需要 18 道工序、多人密切配合的例子，阐述了劳动分工理论，这是古典经济学的供应链概念的雏形，表达了供应链作为社会分工表现形式的朴素思想。随着劳动分工的垂直化、精细化发展，供应链开始涉及更多环节，包括原材料供应、零部件加工、产品组装、商品运输、仓储等环节的跨企业合作。

目前，学术文献一般从商品生产流通的角度定义供应链。一部分学者认为，供应链是由商品生产流通涉及的各个过程组成的链条。Christian 等（2013）认为供应链是由特定产品生产和销售涉及的所有阶段组成②。Stevens（1990）认为，供应链是信息流

---

① 中国国家主席习近平在致"产业链供应链韧性与稳定国际论坛"的贺信中指出，中国坚定不移维护产业链供应链的公共产品属性，保障本国产业链供应链安全稳定，以实际行动深化产业链供应链国际合作，让发展成果更好惠及各国人民。

② Christian, M. M., Evers, B.J., Barrientos, S.（2013）. Women in Value Chains: Making a Difference. Capturing the Gains Summit. *Social Science Electroric Publishing*，DOI:10.1007/s12 122–066–1035.7.

和物流通过制造商从供应者到消费者的流动过程①。还有一部分学者从商品生产流通各环节参与方的角度定义供应链。Chopra 和 Meindl（2002）指出，供应链是由直接或间接地满足顾客需求的相关方组成，不仅包括供应商和制造商，还包括运输商、仓储商、零售商，甚至包括顾客本身；在每一个组织中，如制造企业中，供应链涵盖满足顾客需求的全部功能，包括但不限于新产品开发、市场营销、生产运作、分销、财务和客户服务②。林勇和马士华（1998）则认为供应链是在一个核心企业主导下连接供应商、制造商、分销商、零售商以及最终用户的网链结构，串联围绕一种或多种产品生产、流通与消费多环节的信息流、物流、资金流③。

2. 国际组织对供应链的定义

国际组织多将供应链视作一个完整的生产组织网络或系统。经济合作与发展组织（Organization for Economic Cooperation and Development，OECD）认为，供应链是指将原材料转化为成品和服务的组织网络，也是原材料通过加工、运输或其他系列组织活动进行转化而形成更高价值产品的演变过程④。亚太经合组织（Asia-Pacific Economic Cooperation，APEC）认为，供应链是指将产品或服务从供应商转移到客户所涉及的组织、人员、技术、活动、信息和资源的系统，供应链可存在于企业内部，也可以存在于一个经济体或多个经济体的企业之间⑤。

3. 主要经济体对供应链的定义

各国在官方文件中对供应链的表述有所不同。中国的官方文件从商品流通各环节的协同关系视角定义供应链，强调各环节的资源整合和协同配合，指出供应链是以客户需求为导向，以提高质量和效率为目标，以整合资源为手段，实现产品设计、采购、生产、销售、服务等全过程高效协同的组织形态⑥。美国的官方文件从产品流通

---

① Stevens, G. C.（1990）. Successful Supply-chain *Management. Management Decision*, 28（8），25–30.

② Chopra, S., Meindl, P.（2002）. *Supply Chain Management Strategy. Planning & Operation*, Hague, NL: Kluwer Academic Publishers.

③ 林勇、马士华：《集成化供应链管理》，《工业工程与管理》1998 年第 5 期。

④ Sisco, C., Chorn, B., Pruzan-Jorgensen, P. M., et al.（2010）. Supply Chains and the OECD Guidelines for Multinational Enterprises. BSR Discussion Paper on Responsible Supply Chain Management, https://www.oecd.org/investment/mne/45534720.pdf.

⑤ APEC Policy Support Unit.（2012）. Concepts and Trends in Global Supply, Global Value and Global Production Chains. ISSUES PAPER No.1, https://www.apec.org/docs/default-source/Publications/2012/5/Concepts-and-Trends-in-Global-Supply-Global-Value-and-Global-Production-Chains/2012_psu_GSCs_GVCs_GPCs.pdf.

⑥ 《国务院办公厅关于积极推进供应链创新与应用的指导意见》（国办发〔2017〕84 号）。

过程的角度将供应链定义为从产品和服务的采购开始，延伸到产品和服务的设计、开发、制造、加工、处理和交付给收购方的多层开发人员之间的一组相互联系的资源和流程[①]。

4. 本报告对供应链的定义

综合借鉴专家学者、国际组织和主要经济体对供应链的定义和相关研究，结合本报告的研究特点，我们发现，供应链是一个严密的组织形态，而非简单的流程链条。供应链不仅包含了商品生产流通的全过程，而且包括该过程各个环节的紧密联系和高效协同。因此，本报告认为，供应链是围绕核心产品和服务，与产品研发、原材料采购、零部件生产和运输、成品的组装和分销，直至最终消费的整个过程紧密联系和高效协同的组织形态。

（二）全球供应链

随着社会分工的细化不断向专业化、垂直化、国际化发展，供应链的内涵与范围也在扩展，并发展出全球供应链的概念。Hishleifer（1956）较早提出全球供应链概念，他认为全球供应链是实现一系列分散在全球各地的相互关联的商业活动，包括采购原材料和零部件、处理并得到最终产品、产品增值、对零售商和消费者的配送、在各个商业主体之间交换信息，其主要目的是降低成本、扩大收益[②]。目前，关于全球供应链的概念和形成机制，国内外学者主要从跨国公司全球化发展的视角进行研究，国际组织更多从全球生产网络的视角定义全球供应链。

1. 跨国公司与全球供应链

随着全球信息技术进步、交通运输能力增强，跨国公司为了追求利润最大化，在全球范围内进行供应链布局，不仅推动了经济全球化进程，增强了世界各国和地区在经济上的相互依赖，而且加深了世界各国和地区的供应链参与程度，原本局限于企业内部的供应链概念，也被拓展到国家与区域的层面，形成了全球供应链。

有些学者认为，跨国公司不仅是全球供应链的早期组织形式，而且是全球供应链

[①] 资料来源：美国管理和预算办公室（Office of Management and Budget, MOB），https://www.whitehouse.gov/omb/.

[②] Hishleifer, J.（1956）. On the Economics of Transfer Pricing. *The Journal of Business*，29（3），172–184.

的重要驱动因素。其中，Villegas 和 Ouenniche（2008）指出，跨国公司是全球供应链的早期形式，即以跨国公司为边界的供应链，跨国公司的一切资源、产品、服务的交易都在公司集团各分部之间进行[①]。Gereffi（2011）认为，全球化重塑全球生产体系和贸易网络，改变了产业的组织形态，并推动形成了全球供应链[②]。在这个过程中，跨国公司成为推动全球供应链发展的重要驱动力。Cohen 和 Mallik（1997）认为，全球供应链依赖于高度整合的跨国公司结构，在不同国家、不同市场中，以统一、协调的方式管理产生价值的所有业务活动，其特点是跨越区域、职能、企业边界，形成多层次供应链决策联动[③]。

一些学者分析了跨国公司开展全球供应链布局需要考虑的主要因素。肖伟和赖明勇（2009）从跨国公司运营战略的视角分析了全球供应链的形成机制，即跨国公司调整运营战略，从出口产品转变为出口工厂和出口资本，在全球寻找成本洼地，整合分散在各国的从原材料供应商到最终消费者的关键商业过程[④]。刘云（2022）认为，全球供应链的概念随着跨国公司数量和需求上升而出现，主要回答跨国公司在不同国家和地区开展业务活动时如何实现最优决策[⑤]。

2. 全球生产网络与全球供应链

随着全球供应链的重要性日益增强，各国越来越关心能否通过参与全球供应链获得产品研发、制造和销售领域的优势。全球经济的重要特征之一是生产日益分散到全球供应链上的不同活动和任务中，国际组织在定义全球供应链时，往往也会同时提及全球生产网络。

亚太经合组织认为，全球供应链由供应商、制造商、仓库、配送中心和零售商的全球网络组成，通过这些网络，原材料被获取、转化并交付给客户[⑥]。国际劳工组织（International Labor Organization, ILO）认为，全球供应链是复杂、多样、碎片

---

① Villegas, F., Ouenniche, J.（2008）. A General Unconstrained Model for Transferpricing in Multinational Supply Chains. *European Journal of Operational Research*, 187, 829–85.
② Gereffi, G.（2011）. Global Value Chains and International Competition. *The Antitrust Bulletin*, 56（1）, 37–56.
③ Cohen, M. A., Mallik, S.（1997）. Global Supply Chains: Research and Applications. *Production and Operations Management*, 6（3）, 193–210.
④ 肖伟、赖明勇：《全球供应链管理理论的流派分析》，《开放导报》2009 年第 1 期。
⑤ 刘云：《全球供应链安全问题的理论及现实研究》，《亚太安全与海洋研究》2022 年第 4 期。
⑥ APEC Policy Support Unit.（2012）. Concepts and Trends in Global Supply. Global Value and Global Production Chains. ISSUES PAPER No.1, https://www.apec.org/docs/default-source/Publications/2012/5/Concepts-and-Trends-in-Global-Supply-Global-Value-and-Global-Production-Chains/2012_psu_GSCs_GVCs_GPCs.pdf.

化、动态和不断发展的跨境组织结构，全球生产网络被用来描述全球供应链的具体内容①。

3. 本报告对全球供应链的定义

根据本报告对供应链的定义，结合供应链全球化发展的最新特点，我们认为，全球供应链是指围绕核心产品或服务，由分布在不同国家的供应商、制造商、分销商、零售商以及最终用户形成的全球化、全过程、高效协同的跨国组织形态，涉及从产品研发设计、原材料采购和运输、半成品和成品的生产和分销，直至最终消费的整个过程。

（三）供应链相关概念

1. 价值链

（1）价值链

价值链（Value Chain）最早由迈克尔·波特在其《竞争优势》一书中提出，价值链是企业的价值活动，包括研究开发、原材料采购、生产、分销、营销和销售、售后服务等活动，所有这些活动构成企业的价值链条，每项活动都会创造价值并成为整条价值链上的一个环节。国际组织如亚太经合组织也提出了价值链的定义，认为价值链是指产品从概念提出、设计、采购原材料和中间投入、生产、营销、分销和售后服务到最终消费者所需的全部增值活动，与供应链相似的是，价值链同样可以存在于一个经济体或多个经济体的不同企业之间②。

（2）全球价值链

一些学者对全球价值链的内涵和主要特点进行分析。Sturgeon 和 Lee（2001）从组织规模、地理分布和生产主体三个维度来描述全球价值链，即全球价值链包括了生产活动的全部主体，必须具有全球性特征，参与主体还包括零售商、领导厂商和供应商等③。这一概念强调价值链与生产网络的区别，生产网络主要侧重各个环节企业之间的联系程度，而价值链在生产网络的基础上还着重强调了生产序贯环节的联系与价值

---

① 11.Global Supply Chains. International labour organization，https://www.ilo.org/global/topics/dw4sd/themes/supply-chains/lang--en/index.htm.

② APEC Policy Support Unit .(2012). Concepts and Trends in Global Supply, Global Value and Global Production Chains. ISSUES PAPER No.1, https://www.apec.org/docs/default-source/Publications/2012/5/Concepts-and-Trends-in-Global-Supply-Global-Value-and-Global-Production-Chains/2012_psu_GSCs_GVCs_GPCs.pdf.

③ Sturgeon, J. T., Lee, J. R.（2001）. Industry Co-evolution and the Rise of a Shared Supply-base for Electronics Manufacturing. Paper Presented at Nelson and Winter Conference.

增值。Gereffi 等（2005）认为全球价值链是在全球范围内，从设计到使用再到废弃的产品生命周期中所有创造价值的活动过程[1]。Baldwin（2011）认为全球价值链的出现是全球化发展的必然结果，信息通信技术的发展使跨境分工成为可能，为生产者的分工进行了"解绑"，实现了生产过程的地区分离[2]。

全球价值链的概念常常被国际组织和各经济体提及，经常出现在全球供应链相关研究成果中。联合国工业发展组织（United Nations Industrial Development Organization，UNIDO）从全球企业间相互联系的视角定义全球价值链，即全球价值链是为实现商品或服务价值而连接生产、销售、回收处理等过程的企业间相互联系的全球网络，包括设计、开发、生产制造、营销、交付、消费、售后服务、循环利用等各个环节所产生的增值活动[3]。经济合作与发展组织认为，全球价值链是从原材料到成品的整个产品生产过程，已成为世界贸易的主要特征[4]。联合国贸发会议（United Nations Conference on Trade and Development，UNCTAD）认为，全球价值链由跨国公司在全球范围内所开展的相互联系的生产活动组成，包括产品或服务从概念到生产、运输直至交付消费者的整个过程[5]。

（3）全球价值链与全球供应链的关系

综合分析学者和国际组织对全球价值链的定义可以看出，全球价值链是指在全球范围内贯穿产品生产活动的各个环节的增值链条，强调的是产品生产过程中价值创造的顺序和价值增值，从价值增加的角度阐述了国际生产分工体系，不仅包括全球供应链，还包括产品交付给消费者后的售后服务、处置、回收与再利用等环节（见图1-1）。

---

[1] Gereffi, G., Humphrey, J., Sturgeon, J.T.（2005）. The Governance of Global Value Chains. *Review of Intrnational Political Economy*，12（1）.

[2] Baldwin, R.（2011）. Trade and Industrialization After Globalization's 2nd Unbundling: How Building A Supply Chain Are Different and Why It Matters? NBER Working Paper，17716.

[3] 联合国工业发展组织：《2022 年工业发展报告》，2021 年 12 月。

[4] Global value chains. OECD, https://www.oecd.org/industry/global-value-chains/#:~:text=International%20production%2C%20trade%20and%20investments%20are%20increasingly%20organised,the%20production%20process%20are%20located%20across%20different%20countries.

[5] UNCTAD secretariat. (2007). Global Value Chains for Building National Productive Capacities. United Nations Conference on Trade and Development, https://unctad.org/system/files/official-document/c3d79_en.pdf.

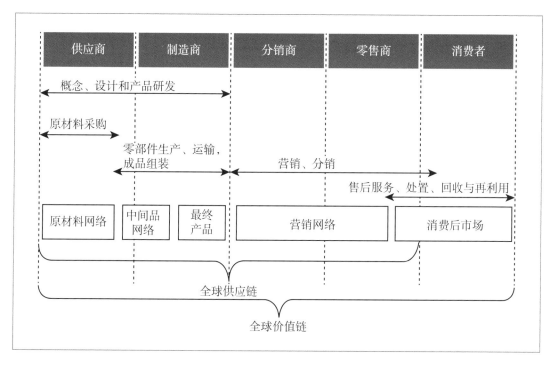

图 1-1 全球供应链和价值链网络结构

资料来源：亚太经合组织，中国贸促会研究院整理。

需要特别指出的是，旨在将增值链条的概念与全球产业组织联系起来的全球价值链分析方法（Gereffi 和 Korzeniewicz，1994）[①]，通过分析企业和工人为使特定产品从概念提出到最终投入使用而进行的所有活动（Gereffi 和 Fernandez-Stark，2011）[②]，定量研究全球价值链各个环节的价值增值情况，已经成为研究全球供应链和产业链发展的有效手段。因此，本报告部分章节的定量分析也会借鉴使用这一方法。

2. 产业链相关概念

（1）产业链

综合中国国内相关学者的研究和政府关于产业链的相关政策文件，我们认为，产业链是以分工协作为基础，以产业联系为纽带，以企业为主体的链网状产业组织系统。产业链的本质就是产业关联，即产业相互之间的供给与需求关系。产业链不仅包括与供应链和价值链一样的按产品生产过程发展的纵向结构，即从研发、设计、原材

① Gereffi, G., Korzeniewicz, M.（1994）. *Commodity Chains and Global Capitalism*, Westport, CT: Praeger.
② Gereffi, G., Fernandez-Stark, K.（2011）. *Global Value Chain Analysis: A Primer* Cambridge, UK: Cambridge Universty Press.

料采购、加工、半成品生产、成品生产、销售到售后服务等跨企业的合作链条，还包括在每一个节点上的横向结构，即各企业之间的竞合①关系。

（2）产业链和供应链的关系

综合产业链和供应链的相关定义，我们认为产业链包含供应链，供应链是产业链的核心，产业链更多强调围绕核心产品的产业间相互关联的组织形态，而供应链以企业间的联系为主要形式。中国官方文件常常同时提及产业链与供应链，中国共产党第十九届中央委员会第五次全体会议提出提升产业链供应链现代化水平；中国政府出台的多项政策同时提到产业链供应链，如提升产业链供应链效率、维护产业链供应链安全稳定等。黄群慧和倪红福（2020）认为，理解产业链供应链要从价值链出发，价值链决定了产业链和供应链，提升国家产业链供应链现代化水平是指一个国家推进其产业链供应链向高附加值延伸、强化其产业在全球价值链各环节的增值能力、实现其在全球价值链的地位升级的过程②。

二　研究范围

（一）研究对象

本报告通过构建全球供应链促进体系，重点研究如何促进全球供应链的稳定安全、高效畅通、创新发展和绿色化转型，推动全球供应链向更加开放、包容、合作、普惠、共赢的方向发展。

（二）研究内容

本报告基于国际生产分工、立足全球实践，从基础设施互联互通、多双边经贸规则、主要经济体供应链促进政策、技术进步、金融保障等维度构建了全球供应链促进体系，全面梳理国际组织、主要经济体的全球供应链促进政策，以及主要经济体和跨国公司在全球供应链促进中的优秀实践案例，旨在发现全球供应链发展的新趋势、新机遇，并提出全球供应链促进的对策建议。

---

① 竞合（Co-competition）由耶鲁管理学院 Nalebuff 和哈佛商学院的 Brandenburger 于 20 世纪 90 年代中期提出，强调企业经营活动中的一种合作博弈，区别于零和博弈，其核心思想为共赢性。
② 黄群慧、倪红福：《基于价值链理论的产业基础能力与产业链水平提升研究》，《经济体制改革》2020 年第 5 期。

（三）研究框架

本报告包括一个总报告和五个分报告。总报告由六章构成，第一章为引言，第二章为全球供应链发展趋势，第三章为全球供应链促进体系现状，第四章为全球供应链促进的中国实践，第五章为中国为全球供应链合作带来新机遇，第六章为全球供应链促进的对策建议。五个分报告分别是智能汽车全球供应链促进报告、智能手机全球供应链促进报告、光伏发电全球供应链促进报告、药品全球供应链促进报告和绿色小麦全球供应链促进报告（见图1-2）。

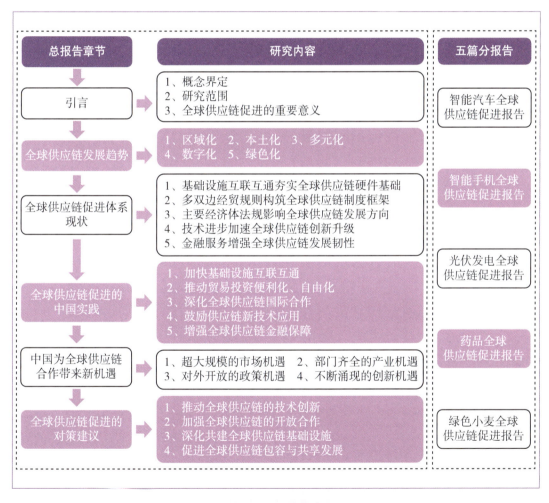

图 1-2 研究框架

资料来源：中国贸促会研究院。

三 全球供应链促进的重要意义

全球供应链促进可以促进企业优化资源配置，推动世界经济加快复苏，驱动世界经济再全球化，提升世界人民福利水平，有效应对全球共同挑战（见1-3）。

促进企业优化资源配置	推动世界经济加快复苏	驱动世界经济再全球化	提升世界人民福利水平	有效应对全球共同挑战
·助力跨国公司降低成本 ·提升跨国公司创新能力 ·帮助中小企业降本增效	·助推全球贸易繁荣发展 ·推动世界经济稳定复苏	·促进全球生产网络形成 ·加强全球经济有机联动 ·加速经济再全球化进程	·增加各国人民收入 ·创造更多就业机会 ·加快全球减贫步伐	·加快实现全球减排目标 ·贡献节能减排经验方法 ·推动节能减排标准应用

图 1-3 全球供应链促进意义脉络

资料来源：中国贸促会研究院。

（一）促进企业优化资源配置

1. 助力跨国公司降低成本

在世界各国相互依存、经济高度全球化的今天，全球供应链促进有助于推进经济全球化、区域一体化进程，各种多双边自由贸易协定持续削减关税和非关税壁垒，降低企业在全球配置资源的制度门槛，跨国公司可以从世界各地选取低成本的原材料、土地、资金和劳动力等生产要素，在世界范围应用前沿技术，提升生产效率，组织稳定的销售渠道，极大降低企业建立全球供应链所需的各类要素成本。以手机供应链为例，它包括非洲的铝、南美的硅等原材料，北美负责开发设计，亚洲负责制造芯片等中间产品以及组装零部件，欧洲航运公司负责运输交付[①]。全球供应链促进还有助于推动通信技术和运输技术在全球范围内的应用，使企业能够应用先进技术降低全球布局的信息沟通成本和物流成本，将分散在世界各地的全球供应链各个环节高效连接，持续降低供应链成本。

2. 提升跨国公司创新能力

全球供应链促进提升创新资源在全球流通、配置调整的效率，帮助企业优化研发设计、生产制造等管理流程，消除信息不对称，提高企业创新能力和生产效率。一方

---

① Diego, A. C., Niels-Jakob H. H.. (2022). The Stretch of Supply Chains. IMF, https://www.imf.org/en/Publications/fandd/issues/2022/06/the-stretch-of-supply-chains-B2B.

面，全球供应链促进有助于推动创新要素在世界范围内流动共享。根据国际货币基金组织（IMF）测算，相较于 1995 年，无论是区域内部（紫色箭头）还是区域之间（蓝色箭头），2014 年全球知识技术联系程度显著增强（见图 1-4）。技术和标准都相对落后的经济体中的企业通过参与全球供应链，有机会接触先进的技术和生产工艺，引入新技术，获得知识溢出，实现生产效率提升 [①]。

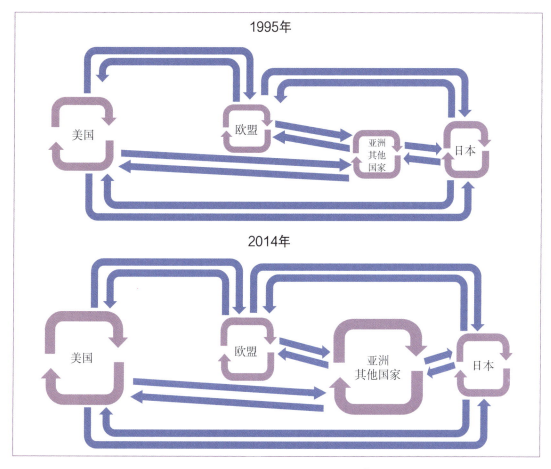

图 1-4 全球知识技术流动情况 [②]

资料来源：国际货币基金组织，根据欧洲专利局、PATSTAT 数据库相关资料测算。

注：图中显示了主要国家和地区之间（蓝色箭头）和其内部（紫色箭头）知识技术流动情况，用专利引用数量衡量，箭头的宽度与引用次数成正比。1995 年，美国、欧洲和日本在全球知识技术流动中占据主导地位，但到 2014 年中国、韩国等亚洲国家区域内（紫色箭头）和区域间（蓝色箭头）的知识技术联系不断加强

---

① Nicita, A., Ognivtsev, V., Shirotori, M. . (2013) .Global Supply Chains: Trade and Economic Policies for Development Countries. Policy Issues in International Trade and Commodities Study Series No.55, https://unctad.org/system/files/official-document/itcdtab56_en.pdf.

② Aslam, A. , Eugster , J. , Ho, G., Jaumotte, F., Piazza, R. . (2018). Globalization Helps Spread Knowledge and Technology Across Borders. IMF BLOG, https://www.imf.org/en/Blogs/Articles/2018/04/09/globalization-helps-spread-knowledge-and-technology-across-borders.

另一方面，全球供应链的领军企业通过给供应商提供知识和技术的援助产生扩散效应和示范效应，推动当地公司优化供应链产品、业务模式、营销策略、生产和出口流程；通过对供应商提出质量要求拉动了上游行业的高质量投入；通过开放供应链的合作机会促进了当地市场竞争，提高了供应链的生产率[①]（见图 1-5）。研究表明，在与国际标准接轨的要求之下，参与全球供应链的企业采用新技术和研发创新的积极性更高[②]。

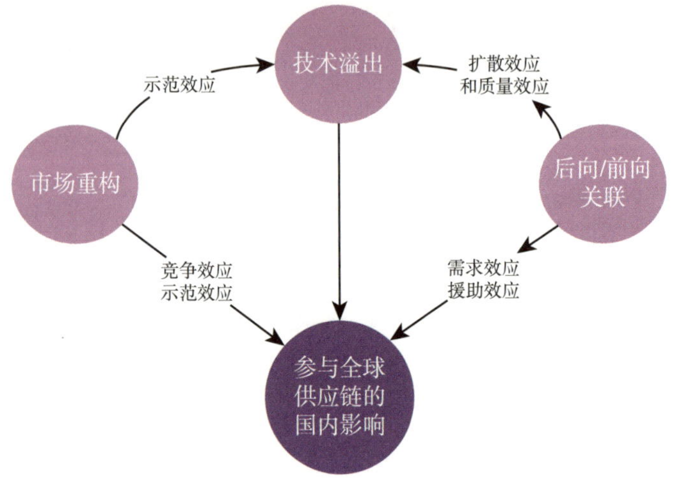

图 1-5　参与全球供应链对当地技术溢出的作用途径

资料来源：Taglioni，D.，Winkler，D..(2016). Making Global Value Chains Work for Development. World Bank Publications。

3. 帮助中小企业降本增效

中小企业承担了大量社会就业，但在增加值和出口中占比较低，这种高就业、低生产率和产出通常归因于中小企业在扩大规模和获取资源方面存在明显障碍。经济合作与发展组织对东盟的一项研究表明，参与全球供应链有助于缓解这些障碍，参与全球供应链的中小企业比只从事贸易活动的同类企业生产率高 40%[③]。亚洲开发银行的一

① Taglioni，D.，Winkler，D..(2016). Making Global Value Chains Work for Development. World Bank Publications.

② Rodrik，D.. (2018). New Technologies，Global Value Chains，and Developing Economies. NBER Working Papers 25164，National Bureau of Economic Research，Inc.

③ UN ESCAP. (2019). Integrating Southeast Asian SMEs in Global Value Chains：Enabling Linkages with Foreign Investors. UNESCAP，https://www.unescap.org/sites/default/files/Agenda_ESCAP-OECD-UNIDO_event_15%20March_2019.pdf.

项研究显示，对于越南中小企业而言，与主导企业或外国企业的生产联系比直接贸易活动更有助于企业创新，即参与全球供应链的程度越深，企业创新的可能性越高；在埃塞俄比亚，参与全球供应链的企业的生产率是参与普通贸易的同类企业的两倍多[①]。

（二）推动世界经济加快复苏

2023年6月，世界银行发布的《全球经济展望》指出，世界经济受疫情影响，未来两年仍举步维艰，并存在严重衰退风险，2023年全球GDP增长率将放缓至2.1%，世界贸易增长率也将从2022年的6%大幅下降至1.7%[②]。全球金融环境趋紧、需求低迷、持续通货膨胀等不利因素预计将拖累新兴市场和发展中经济体的增长。

1. 助推全球贸易繁荣发展

全球约2/3的贸易与全球供应链相关，世界银行发布的《2020年世界发展报告》显示，全球价值链占全球贸易的份额近50%[③]。多边和双边的全球供应链促进举措，加速了跨国公司的供应链全球布局，这种垂直专业化分工使全球中间产品贸易在全球贸易中的比重大幅上升，越来越多的跨境贸易中间产品和进口零部件用于加工再出口（Feenstra，1998）[④]，对各国的生产效率以及出口绩效产生了重大影响。2009年世界中间产品的出口首次超过了最终产品和资本产品的出口总值，占非燃料商品出口的51%（WTO和IDE-JETRO，2011）[⑤]。正是得益于全球供应链对世界经济的稳定作用，疫情期间全球贸易比在全球金融危机期间更具弹性，全球经济更快恢复（见图1-6）[⑥]。

---

① Dang, D. A. (2020). Global Value chain Participation and Firms' Innovations: Evidence from Small and Medium-sized Enterprises in Viet Nam. Industrial and Corporate Change, DOI:10.1093/icc/dtae011.

② Global Economic Prospects. (2024). The Word Bank, https://www.worldbank.org/en/publication/global-economic-prospects.

③ World Development Report 2020.(2020).The Word Bank, https://www.worldbank.org/en/publication/wdr2020.

④ Feenstra, R. C. (1998). Integration of Trade and Disintegration of Production in the Global Economy. *Journal of Economic Perspectives*, 12（4），31-50.

⑤ WTO and IDE-JETRO. (2011). Trade Pattern and Global Value Chains in East Asia: From Trade in Goods to Trade in Tasks. WTO, https://www.wto.org/english/res_e/booksp_e/stat_tradepat_globvalchains_e.pdf.

⑥ Word Trade Report 2021: Economic Resilience and trade. (2021). WTO, https://www.wto.org/english/res_e/booksp_e/wtr21_e/00_wtr21_e.pdf.

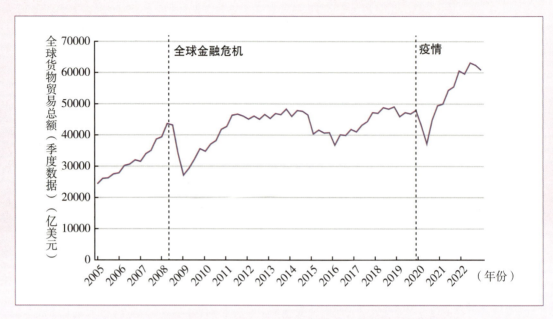

图 1-6　疫情期间与 2008 年金融危机期间全球贸易情况对比

资料来源：世界贸易组织《世界贸易报告 2021》，2021 年 11 月。

同时，全球供应链促进也为发展中国家和最不发达国家的企业提供了更多发展机遇。例如，英特尔等跨国公司从 20 世纪 90 年代开始对哥斯达黎加加大直接投资规模，极大地推动了当地电子产业的发展，高技术产品在哥斯达黎加制成品出口中的份额从 1995 年的 21% 上升到 2016 年的 60%[①]。

2. 推动世界经济稳定复苏

2019 年以来，疫情、地缘冲突、保护主义抬头等不利因素使全球贸易增速放缓，全球对外直接投资总额大幅下降（见图 1-7）。世界贸易组织的研究也显示，如果全球分裂成两个独立的贸易集团，或将导致全球 GDP 下降 5%[②]。促进全球供应链安全稳定，能够为世界各国提供更加多样化的投入来源和要素保障，提升全球市场开放包容程度，有效降低中间产品相互替代成本，提高全球经济柔韧性和灵活性，有助于世界各国提升风险挑战应对水平，促进世界经济恢复和增长。

---

① Seric, A., Tong, Y. S., What Are Global Value Chains and Why do They Matter?.Industrial Analytic Platform, https://iap.unido.org/articles/what-are-global-value-chains-and-why-do-they-matter.

② World Trade Organization, Góes, C., Bekkers, E.. (2022). The Impact of Geopolitical Conflicts on Trade, Growth, and Innovation. WTO ilibrary, https://www.wto-ilibrary.org/content/papers/10.30875/25189808-2022-9.

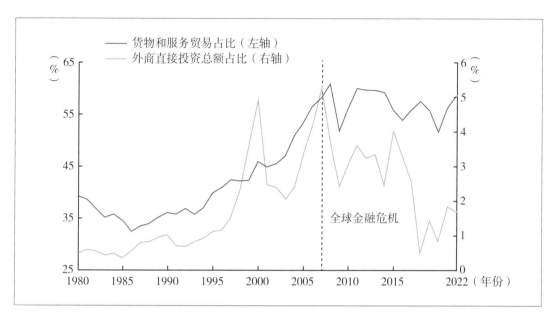

图 1-7　全球货物和服务贸易占比以及外商直接投资总额占比走势

资料来源：世界货币基金组织《世界经济展望：坎坷的复苏》，2023 年 4 月。

（三）驱动世界经济再全球化

　　当前，全球经贸规则呈现区域化、碎片化趋势，世界贸易组织改革陷入困境，多边规则的全球化进一步受到冲击。逆全球化潮流不断抬头，贸易保护主义明显上升，全球投资增速放缓，全球外商直接投资流入量由 2019 年的 1.7 万亿美元减少为 2020 年的 9619 亿美元，下降幅度为 43%，2022 年流入量增加到 12947 亿美元，仍未恢复到疫情前水平（见图 1-8）。在当前经济全球化遭受冲击挑战的背景下，全球供应链作为通过全球采购、全球制造和全球销售，实现资源和要素全球流动的组织形态，既是经济全球化的产物，又是经济全球化深入发展的推动力。世界各国各地区共同构筑安全稳定、畅通高效、开放包容、互利共赢的全球供应链，对于推动经济再全球化具有重要意义。

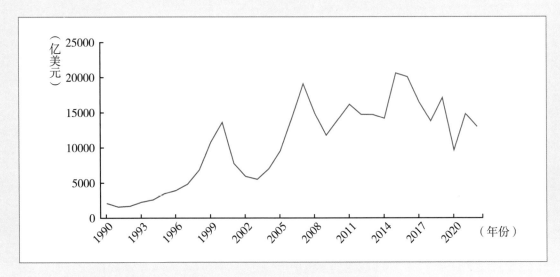

图 1-8 全球外商直接投资流入量

资料来源：联合国贸发会议，中国贸促会研究院整理。

1. 促进全球生产网络形成

世界各国依托全球供应链深度参与国际分工，不断增进国际产能合作、开展技术合作，极大地提升了本国生产制造能力，拓宽国际市场空间，加速经济全球化进程。其中，跨国公司作为全球供应链的重要架构组织和实践载体，是经济全球化的重要参与者。以头部跨国公司为例，《财富》世界 500 强企业大多数为从事跨国生产经营活动的跨国公司，2022 年数据显示，上榜企业营业收入总额约为 37.8 万亿美元，比上年大幅上涨 19.2%，相当于当年全球 GDP 的 2/5，接近中国和美国 GDP 之和[①]。跨国公司的全球化战略布局重构了国际生产分工体系，通过全球供应链不断优化资源配置，推动全球化进程，使各国共同从中获益。

2. 加强全球经济有机联动

促进全球供应链高效畅通，有助于降低世界各国间贸易壁垒，提振全球贸易、丰富商品供给、便利人员往来。受疫情影响，2020 年初，全球货物流动和人员往来规模大幅缩减，但通过促进全球供应链持续高效畅通，全球互联互通水平快速恢复，国际商业航班稳步增加（见图 1-9），全球集装箱吞吐量达到历史最高水平（见图 1-10）。全球供应链促进有助于推动各经济体交流合作，推动全球经济有机联动，提升国际循环质量和水平，推动经济朝着再全球化的正确道路发展。

[①] 《2022 年〈财富〉世界 500 强排行榜》，财富网站，2022 年 8 月 3 日，https://www.fortunechina.com/fortune500/c/2022-08/03/content_415683.htm。

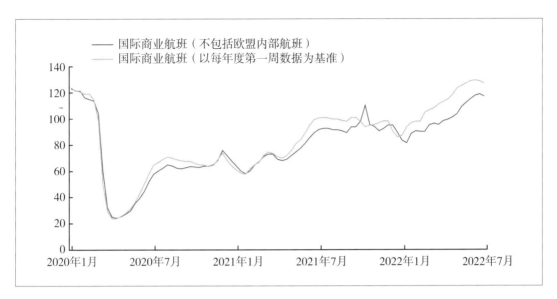

图 1-9　国际商业航班指数

资料来源：世界贸易组织《世界贸易统计数据 2022》，2022 年 11 月。

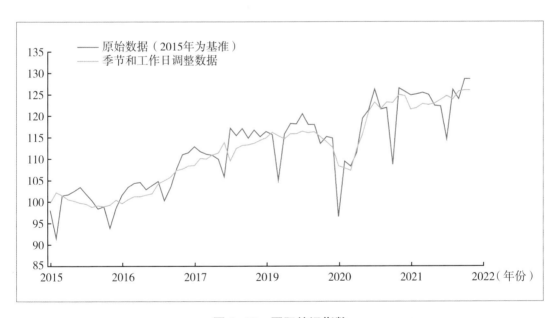

图 1-10　国际航运指数

资料来源：世界贸易组织《世界贸易统计数据 2022》，2022 年 11 月。

3. 加速经济再全球化进程

促进全球供应链数字化转型，能够有效降低各国贸易联通成本，数字技术的应用使参与国际贸易活动的成本对于中小企业不再是难以跨越的障碍，全球供应链的高效畅通使各国企业与全球市场之间的联系更加紧密，无论大型公司还是中小企业，都能够有参与接全球供应链，"天生全球化"（Born Global）[1]成为企业国际化经营的新模式。数以千万计的中小型企业通过 B 端、C 端电商平台参与全球供应链，推动经济全球化不断深化。

（四）提升世界人民福利水平

1. 增加各国人民收入

国际货币基金组织的研究显示，与全球价值链相关的贸易对人均收入有积极影响[2]。全球供应链在宏观层面推动世界经济发展和全球贸易繁荣，在企业层面有助于推动企业降本增效，使发达国家和发展中国家的人民，大型企业和中小企业的雇员，都可以通过全球供应链促进，享受生产效率提升、资源优化配置等经济全球化发展红利，提升收入水平。世界银行的研究表明，全球价值链参与度提高 1% 将使人均收入水平提高 1% 以上，约为标准贸易的 2 倍[3]。

2. 创造更多就业机会

研究表明，参与全球价值链的企业比没有参与全球价值链的企业多雇用了 6.47% 的劳动力[4]。但是，由于地缘政治紧张局势、疫情恢复不均衡以及全球供应链的瓶颈持续存在，当前全球就业形势更加严峻。国际劳工组织发布的《世界就业和社会展望：2023 年趋势》预测，2023 年全球就业增长率为 1%，较 2022 年下降 1.3 个百分点。因此，全球供应链促进将会扩大基于全球供应链的国际合作，繁荣国际贸易与投资，有助于改善全球就业市场，增加就业岗位。

3. 加快全球减贫步伐

与传统贸易促进相比，全球供应链促进所带来的减贫效果更明显。世界银行研究显示，1990 ~ 2017 年，全球价值链的增长促使中低收入国家在全球出口中的份额由

---

[1] "天生全球化"（Born Global）指企业成立之初就利用多个国家的资源向多个国家销售产品，并以此构建竞争优势。

[2] Raei, F., Ignatenko, A., Mircheva, B. . (2019). Global Value Chains: What are the Benefits and Why Do Countries Participate?. IMF, https://www.imf.org/en/Publications/WP/Issues/2019/01/18/Global-Value-Chains-What-are-the-Benefits-and-Why-Do-Countries-Participate-46505.

[3] World Development Report 2020. (2020). The Word Bank, https://www.worldbank.org/en/publication/wdr2020.

[4] 李磊、盛斌、刘斌：《全球价值链参与对劳动力就业及其结构的影响》，《国际贸易问题》2017 年第 7 期。

16% 增加至 30%，世界上生活在极端贫困中的人口比例也从 36% 下降至 9%[①]。

当今全球发展面临粮食、能源安全等挑战，根源不仅在于生产和需求问题，也在于供应链受阻导致的局部供求失衡加剧。世界银行指出，大国间的贸易冲突可能导致全球供应链收缩或分裂，但只要发展中国家深化改革、积极参与全球供应链，工业国奉行开放、可预期的政策，不同发展水平的国家共同重振多边合作，全球供应链就能继续促进增长、创造更多的就业机会和实现减贫[②]。

（五）有效应对全球共同挑战

1. 加快实现全球减排目标

气候变化已成为人类社会面临的最为严峻的共同挑战之一，只有紧急进行全系统转型，才能实现 2030 年温室气体排放的巨大削减[③]。通过全球供应链促进推动经济绿色低碳转型，是应对气候变化并实现温室气体净零排放的重要途径。目前，全球超过130 个国家和地区陆续宣布了碳中和目标[④]，绿色低碳发展是国际贸易和投资的重要内容，依托全球供应链全链路、分环节推动绿色化转型、制定减排目标，能够有效提升全球经济绿色发展的质量和能力。

2. 贡献节能减排经验方法

为应对全球气候变化，围绕可持续发展目标，各主要经济体积极推动自身绿色化转型发展，通过改善生产方式、运输方式、包装方式等，减少全球供应链在生产、分销、运输等环节的环境污染，围绕供应链建立产品全生命周期碳足迹追踪体系，推动节能减排、减污降碳协同增效。与此同时，绿色技术、绿色标准、绿色产品通过全球供应链扩大其影响辐射范围，推动低碳技术和服务在全球范围内广泛应用。例如，自 1990 年以来，太阳能发电的成本下降了 97%，很大程度上归因于生产商通过参与全球供应链有效降低了生产成本，并通过在全球合理化布局获得了规模

---

① Brenton, P., Ferrantino, M. J., Maliszewska, M. . (2022). *RESHAPING GLOBAL VALUE CHAINS IN LIGHT OF COVID-19: Implications for Trade and Poverty Reduction in Developing Countrie.* Word Bank Group, https://openknowledge.worldbank.org/server/api/core/bitstreams/0df770e3-6d5b-52da-bf5a-c497702ce367/content.

② World Development Report 2020. (2020). The Word Bank, https://www.worldbank.org/en/publication/wdr2020.

③ UNEP. (2022). Emissions Gap Report 2022. UN, https://www.unep.org/resources/emissions-gap-report-2022.

④ 中国信息通信研究院：《全球工业减碳贸易和对外投资政策研究报告（2023 年）》，2023 年 4 月。

经济[①]。

3. 推动节能减排标准应用

大型跨国公司作为全球供应链的参与者，全球供应链促进将为跨国公司节能减排营造更加有利的环境，推动跨国公司在节能减排中充分发挥带头示范作用。例如，沃尔玛宣布到 2025 年，其全球运营对可再生能源的依赖度达到 50%，苹果公司表示目前其全球所有电力需求来自可再生能源。根据供应链可持续性发展的碳信息披露项目（Carbon Disclosure Project，CDP）[②]，2018 年 35% 的全球项目成员与供应商就气候变化问题进行了沟通调整，高于前一年的 23%[③]。同时，联合国全球契约组织自 2012 年起发起领军企业（LEAD）倡议，为企业的可持续发展绩效提供认证；森林管理委员会（FSC）、海洋管理委员会（MSC）、可持续棕榈油圆桌会议（RSPO）也发起了可持续国际证书计划，激励跨国公司设定具体的碳减排目标，并在全球供应链中推广应用，有助于引导消费者形成环保、绿色的消费行为[④]。

[①] IRENA. (2021). Trading into A Bright Energy Future: The Case for Open, High-quality Solar Photovoltaic Markets. The World Trade Organization and International Renewable Energy Agency,https://www.irena.org/-/media/Files/IRENA/Agency/Publication/2021/Jul/IRENA_WTO_Trading_Energy_Future_2021.pdf?rev=8015c9829b6c4683ac1c605abda557c6.

[②] 全球供应商通过在该平台上披露有关其碳排放的信息，对环境影响保持公开透明，并优化投资活动以减少碳足迹。

[③] Villena, V. H., Gioia, D. A.. (2020). A More Sustainable Supply Chain. *Harvard Business Review*, 98（2），84–93.

[④] Global Sustainable Development Report 2023, https://sdgs.un.org/sites/default/files/2023-06/Advance%20unedited%20GSDR%2014June2023.pdf.

第二章
全球供应链发展趋势

全球供应链的扩张源于低协调成本和高专业化的综合效应。当前，世界百年未有之大变局加速演进，新一轮科技革命和产业变革深入发展，逆全球化思潮抬头，单边主义、保护主义明显上升，世界经济复苏乏力，局部冲突和动荡频发，全球性问题加剧，世界进入新的动荡变革期，"黑天鹅""灰犀牛"事件随时可能发生，全球供应链扰动因素增多，跨国公司适应性调整全球供应链布局，全球供应链呈现区域化、本土化、多元化、数字化、绿色化五大趋势。

一 全球供应链区域化

从全球供应链发展历史看，成本与效率是影响跨国公司进行供应链全球布局的最重要因素。但在当前全球供应链受到多重扰动因素冲击的情况下，越来越多跨国公司开始将区域作为供应链布局的重要考量因素，与某些经济体地理距离相近成为跨国公司供应链布局的加分项。

（一）全球供应链区域化分析模型

1. 供应链区域化的含义

区域化（Regionalization）与全球化（Globalization）都是描述全球供应链布局走势的术语。其中，区域化强调将供应链上下游不同环节布局在一定地理区域范围内，并形成产业集群。当前，全球供应链正在重塑，从超级全球化（Hyper-globalization）转变为在地化（Glocalization），呈现了显著的区域化发展趋势。

2. 区域供应链集中度指数模型

区域供应链集中度指数是能够较好体现各地区供应链布局的区域化水平的重要参考指标[1]。本报告采用 Borin 和 Mancini（2019）的方法来测度 s 国 r 部门的全球供应链参与率，具体测算公式如下[2]：

---

[1] 某地区的区域内 GVC 参与率／区域外 GVC 参与率是该区域各经济体的区域内 GVC 参与率／区域外 GVC 参与率的加权平均。其中加权数据来自该经济体占所在地区总贸易的份额。

[2] Borin, A., Mancini, M.（2019）. Measuring What Matters in Global Value Chains and Value-Added Trade, Policy Research Working Paper Series 8804, The World Bank.

$$GVC_{sr} = GVCbackward_{sr} + GVCforward_{sr}$$

其中，

$$GVCbackward_{sr} = \frac{V_s(I-A_{ss})^{-1}\sum_{j\neq S}^{G} A_{sj}B_{js}E_{sr} + \sum_{t\neq S}^{G} v_t B_{ts}E_{sr}}{u_N E_{sr}}$$

$$GVCforward_{sr} = \frac{V_s(I-A_{ss})^{-1}A_{sr}(I-A_{rr})^{-1}\left(\sum_{j\neq r}^{G} Y_{rj} + \sum_{j\neq r}^{G} A_{rj}\sum_{k}^{G}\sum_{l\neq s}^{G} B_{jk}Y_{kl}\right)}{u_N E_{sr}}$$

根据参与供应链的经济体的地理分布，我们可以把供应链参与率进一步细分为区域内和区域外：

$$区域供应链集中度指数 = \frac{区域内\ GVC_{sr}}{区域外\ GVC_{sr}}$$

当某地区的区域内供应链参与率大于区域外供应链参与率时，表明该地区的区域供应链集中度较高，反之则表明该地区的区域供应链集中度相对不足。图 2-1 为全球供应链区域化程度，图中的 45°线代表的是区域内供应链参与率等于区域外供应链参与率，45°线上方区域表明区域化程度较低，45°线下方区域表明区域化程度较高。

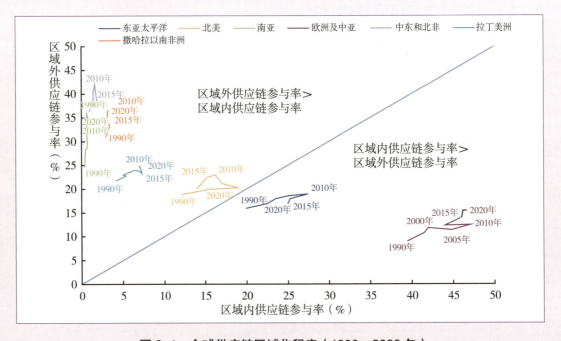

图 2-1　全球供应链区域化程度（1990～2020 年）

资料来源：世界银行、Eora26 数据库和 ADB-MRIO 数据库。

（二）全球供应链区域化的地理分布

1. 欧洲、东亚和北美区域化显著

根据世界银行的数据，运用区域供应链集中度指数模型计算后发现，欧洲、东亚和北美供应链区域化程度排名全球前三。其中，欧洲是供应链区域化程度最高的地区。2020 年，欧洲出口中高达 67.78% 的增加值来自本区域内，比 2019 年增长 7.6%[①]。从时间序列上来看，波兰、匈牙利等中东欧国家入欧加速了欧洲供应链的区域化；同时，德、法等国在中国和印度的投资设厂也提高了区域外供应链参与率。因此，1990～2020 年，欧洲区域供应链集中度指数先加强后减弱；但总体上看，欧洲仍然是供应链区域化程度最高的地区，其区域内供应链参与率是其区域外供应链参与率的 4 倍。东亚区域供应链集中度仅次于欧洲。2020 年，东亚出口中有 61.54% 为区域内中间产品增加值。随着《区域全面经济伙伴关系协定》（Regional Comprehensive Economic Partnership，RCEP）的贸易创造效应持续释放，东亚区域供应链集中度将进一步提升。北美供应链的区域化程度不及欧洲和东亚，但高于世界其他地区。过去 30 年，北美区域供应链集中度指数动态变化，但其供应链区域化程度始终低于其全球化水平。1994 年《北美自由贸易协定》（North America Free Trade Agreement，NAFTA）生效，极大地提高了北美供应链的区域化水平。2020 年 NAFTA 升级为《美国 - 墨西哥 - 加拿大协定》（United States-Mexico-Canada Agreement，USMCA，以下简称《美墨加协定》），墨西哥、加拿大成为美国的第一大和第二大贸易伙伴，北美供应链区域化程度进一步提高。

其他地区供应链区域化程度不显著。例如，在拉丁美洲国家的出口中，区域内中间产品进口占比为 26%，而且区域外的中间产品进口也不集中于某一地区，而是平均分布。值得一提的是，南亚地区的供应链几乎由区域外贸易伙伴主导，被纳入东亚和欧洲的生产网络，区域内中间产品贸易仅占 3%[②]。

2. 中、美、德是三大区域供应链中心

本报告根据全球主要经济体之间贸易增加值的流动，分别刻画了 2015 年和 2020 年全球供应链贸易的网络图，节点大小对应经济体的累计国内增加值（Domestic Value-added，DVA），线条粗细对应贸易增加值流量大小（见图 2-2）。2015 年，全

[①]　资料来源：世界银行。

[②]　资料来源：世界银行。

球供应链主要表现为中美之间的紧密联系，欧洲、东亚、北美三大区域供应链虽然初具雏形，但尚显薄弱。到 2020 年，全球供应链在三大区域内的分布更为集中、联系更为紧密，已形成以中国为中心的东亚供应链、以德国为中心的欧洲供应链和以美国为中心的北美供应链。

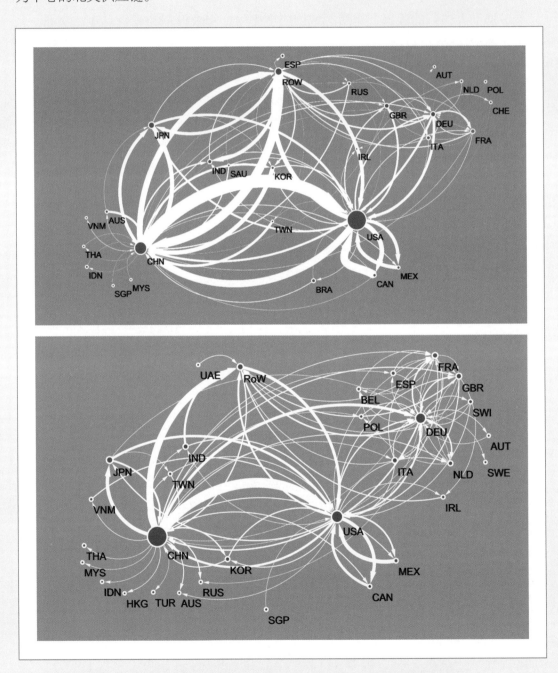

图 2-2　2015 年（上图）和 2020 年（下图）全球供应链贸易网络

资料来源：中国贸促会研究院。

（三）全球供应链区域化的领先行业

虽然很多行业呈现全球供应链区域化发展趋势，但是区域供应链集中度指数模型分析表明，汽车、化工等行业的全球供应链区域化趋势最为显著。

1. 汽车区域供应链中心在德、美、中、日

在生产的规模经济效应、区域贸易协定与全球消费需求变化等因素的推动下，汽车行业的供应链区域化发展态势明显，并形成了以德国、美国、中国和日本为中心的区域供应链，这四个国家周边的其他国家则更多参与本区域内的供应链[①]。其中，区域贸易协定对以德国和美国为中心的汽车供应链区域化的影响最为显著。NAFTA 等特大区域贸易协定均设立了针对汽车产业链的区域发展条款，比如 NAFTA 中规定只有超过 62.5% 的价值在北美内部生产才可享受税收优惠的原产地规则，并且该比重在 USMCA 中进一步提升至 75%，加速了服务北美市场的汽车供应链向北美区域转移。以中国为中心的汽车区域供应链的形成，主要得益于中国汽车市场需求的扩大吸引了欧美车企来华投资扩产，让更多供应链上下游环节靠近主要消费市场。

2. 化工区域供应链亚太"一家独大"

化工行业也具有明显的从垂直的多元化全球供应链细分市场转向在区域内集中布局供应链的趋势，并形成了规模巨大的化工产业集群。其中，石油炼制供应链正由北美、欧洲、亚太"三分天下"转变为亚太"一家独大"。美国墨西哥湾、欧洲西北欧、亚太新加坡是全球三大传统炼油中心，亚太和中东仍有大量新增炼化项目准备启动。目前，新加坡裕廊岛已形成了完整的石油和化学工业体系，有超过 100 家全球大型石油、石化和特种化工企业在裕廊工业区设厂，包括壳牌、埃克森美孚、朗盛、杜邦、巴斯夫等诸多石油化工巨头企业，涵盖炼油、化工、仓储、物流等石化供应链的各个环节，已成为全球第三大石油炼制中心和全球乙烯生产中心。此外，印度西海岸、波斯湾和红海、中国东南沿海三大新炼油中心正在崛起，而亚太以外地区炼油业发展整体持稳或萎缩，全球炼油业东移趋势将更加显著。

---

① 资料来源：中金研究院。

二 全球供应链本土化

尽管全球分工日益深化，已经形成了你中有我、我中有你的命运共同体，任何产品供应链本土化都是不现实的。然而，在一些国家强化对半导体等高科技产品供应链本土化的战略诉求影响下，跨国公司的全球供应链布局在一些行业和国别具有本土化趋势。

（一）全球供应链本土化分析模型

1. 全球供应链本土化的含义

全球供应链本土化是跨国公司的区位再选择，根据 Gray 等（2013）的定义[1]，本土化可细分为以下四类情况：一是保持内包的回流（In-house Reshoring），即将境外全资子公司控制的制造活动转移给境内全资子公司；二是为外包而回流（Reshoring for Outsourcing），即将境外全资子公司控制的制造活动外包给境内的供应商；三是为内包而回流（Reshoring for Insourcing），即将境外供应商承包的制造活动转移给境内全资子公司；四是保持外包的回流（Outsourced Reshoring），即将境外供应商承包的制造活动转移给境内供应商（见表2-1）。

表 2-1 全球供应链本土化的四种模式[2]

	境内全资子公司	境内供应商
境外全资子公司	保持内包的回流	为外包而回流
回流方向	→	
境外供应商	为内包而回流	保持外包的回流

[1] Gray, J. V., Skowronski, K., Esenduran, G., Rungtusanatham, M. J.. (2013). The Reshoring Phenomenon: What Supply Chain Academics Ought to Know and Should Do. *Journal of Supply Chain Management*, 49（2）, 27-33.

[2] Gray, J. V., Skowronski, K., Esenduran, G., Rungtusanatham, M. J.. (2013). The Reshoring Phenomenon: What Supply Chain Academics Ought to Know and Should Do. *Journal of Supply Chain Management*, 49（2）, 27-33.

2. 前后向集聚度指数模型

本报告采用前向集聚指数和后向集聚指数来量化供应链的国内集聚程度，即本土化趋势，具体计算公式如下：

$$前向集聚指数 ^{①}\mathrm{AGG}^{F}_{s,i} = \frac{V^{D}_{(s,i)}/\mathrm{va}_{(s,i)}}{\sum_{r}V^{D}_{(r,i)}/\mathrm{va}_{(r,i)}}$$

如果前向集聚指数大于 1，则认为国内增加值以最终产品形式被本国吸收的比例高于世界平均水平，说明用于本土生产的国内增加值高于世界平均水平。以芯片为例，如果国产芯片最终用于本国制造最终产品（比如手机等终端产品）的比例高于世界范围国产芯片自用率，则前向集聚指数大于 1；相反，如果小于 1，则低于世界平均水平。

$$后向集聚指数\ \mathrm{AGG}^{B}_{s,i} = \frac{Y^{D}_{(s,i)}/y_{(s,i)}}{\sum_{r}Y^{D}_{(r,i)}/y_{(r,i)}}$$

如果后向集聚指数 ^{②} 大于 1，则表示本土消费的最终产品中包含的国内增加值比重高于世界平均水平，意味着本国生产、本国消费的比例高于世界平均水平。以苹果手机为例，如果国内销售的苹果手机包含的国内增加值比例高于世界范围苹果手机包含的国内增加值比例，则后向集聚指数大于 1；相反，如果小于 1，则低于世界平均水平。

基于前向集聚指数、后向集聚指数两个维度，各经济体的国内集聚程度可以通过坐标体系可视化呈现。基于亚洲开发银行投入产出数据库，不同经济体 2000 年、2010 年和 2020 年的全球价值链的前向集聚指数（X 轴）与后向集聚指数（Y 轴）如图 2-3 所示。

---

① 分子表示的是经济体 *s* 的部门 *i* 产生的、以最终产品形式被国内吸收的增加值占经济体 *s* 的部门 *i* 产生的总增加值的比重；而分母表示的是分子比值的世界平均水平。关于实证数据的计算方法，参见 https://www.wto.org/english/res_e/booksp_e/04_gvc_ch1_dev_report_2021_e.pdf。

② 分子表示的是经济体 *s* 的部门 *i* 国内消费的最终产品中来自国内的增加值占经济体 *s* 的部门 *i* 最终产品的比重；而分母表示的是分子比值的世界平均水平。

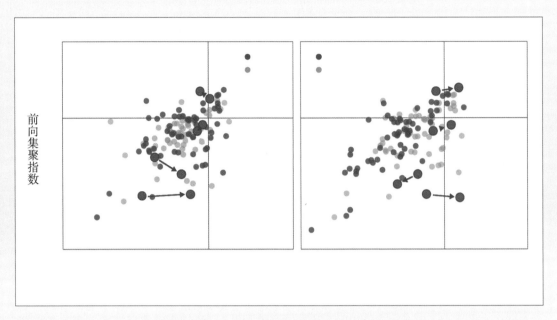

图 2-3　2000 年、2010 年和 2020 年各经济体在全球价值链的前向集聚指数与后向集聚指数

资料来源：亚洲开发银行《2021 年全球价值链发展报告》，2021 年 11 月。

（二）全球供应链本土化显著的经济体

1. 美国供应链本土化趋势较为明显

根据前述模型分析可以看出，美国无论是前向集聚指数还是后向集聚指数在 2010～2020 年都有所上升，美国供应链的本土化趋势较为明显。2000～2010 年，美国前向集聚指数有所收敛，变得小于 1，说明美国在这 10 年间，用于本土生产的国内增加值由高于世界平均水平回落，即生产外包呈上升趋势。但是 2010～2020 年，美国无论是用于本土生产的国内增加值，还是本国生产、本国消费的比例均高于世界平均水平，说明最近十年间美国开始出现供应链本土化趋势①。

2. 中国和新加坡初现供应链本土化

2010～2020 年，中国和新加坡的前向集聚指数都有所上升，并跨过 1 这一临界值。说明相较世界平均水平，中国和新加坡国内增加值以最终产品形式在本国吸收的比例均有所提升，即其供应链的国内集聚程度上升。

---

① 亚洲开发银行：《2021 年全球价值链发展报告》，2021 年 11 月。

（三）全球供应链本土化显著的产业

1. 先进制造业本土化最为明显

近年来，美国、欧盟和日本都把半导体作为全球供应链回流的重点产业，努力扩充先进制造业的本土产能。美国总统拜登在 2022 年 8 月签署了《芯片法案》（Chips Act），承诺 2022～2026 年联邦政府将提供 527 亿美元行业补贴，半导体行业有关的投资享受 25% 的税收抵免。欧盟于 2023 年 4 月推出《欧洲芯片法案》，将投入 430 亿欧元支持芯片生产、试点项目和初创企业。2022 年 8 月，日本 8 家企业宣布联合组建名为"日本丸"的半导体企业，拟于 2025 年推出 2 纳米半导体，旨在实现尖端半导体技术的国产化。联合国贸发会议的研究表明，全球电子和机械设备等先进制造业的高技术含量环节趋于本土化，而半导体供应链是典型代表。

2. 产业回流增加跨国公司成本

在政策压力下，半导体等先进制造业供应链回流或成趋势，但跨国公司将付出成本增加的代价。美国战略与国际研究中心（CSIS）的研究发现，产业回流在短期内具有一定的政治可行性，但将损害企业的创新能力。亚洲开发银行也发出警示称，将部分供应链撤回本国将增加成本、有损效率，广泛的产业回流既不可行也不可取[1]。台积电创始人张忠谋曾公开表示，在美国制造芯片的成本比在中国台湾高出 100%，而这些成本不可避免地会转嫁给消费者。

三　全球供应链多元化

供应链多元化是供应链领域一个相对较新且不断发展的趋势。在全球供应链面临不安全不稳定挑战的背景下，供应链上下游配套的协调难度加大。为了应对各种不确定性风险，跨国公司开始重视全球供应链的多元化布局，以提升供应链的韧性。

---

① Kang, J. W.. (2022). Reshore or Diversify? How to Reorganize the World's Fragile Supply Chains. Asian Development Blog, https://blogs.adb.org/blog/how-to-reorganize-the-world-s-fragile-supply-chains.

（一）全球供应链多元化的主要模式

1. 全球供应链多元化的含义

供应链多元化是指企业在采购和供应环节中，不局限于一个或少数几个供应商，而是选择多个供应商，以降低采购和供应风险、提高供应灵活性和响应速度、降低采购成本。Wang 等（2023）认为供应链多元化，是指企业战略性地使其产品类型、供应商和客户群多元化，以对冲潜在或现有的供应链风险[①]。

2. 全球供应链多元化的三种模式

跨国公司通过"备份"的方式，在略微提高成本的条件下，将生产、采购环节分散布局在供应链中断风险关联度较低的多个区域，以最大限度地减少对单个生产商、供应商和渠道商的依赖，具体可以归纳为三种模式。

一是全球供应链采购渠道的多元化。跨国公司为了避免上游原材料的供应不稳定，构建多元化的采购渠道，将采购渠道拓展到某个地区的多个经济体或全球范围内的多个地区。例如，通用汽车的供应链战略之一就是与尽可能多的供应商建立合作。跨国公司还与难以替代的关键材料供应商建立长期协议。例如，通用汽车高度依赖极少数供应商提供的电池原材料，通过与供应商签订五年或十年的协议，确保供应稳定。

二是增强全球供应链标准的包容性。跨国公司为了应对生产过程中某种核心零部件短缺的风险，有意识地提高生产的灵活性。例如，电动汽车制造商特斯拉通过重写软件兼容其他芯片，以应对全球芯片短缺危机。特斯拉在 2022 年第二季度交付了超过 20 万辆汽车，创造了 119 亿美元的收入和 11 亿美元的利润，与由于缺乏半导体芯片被迫停产的汽车品牌形成鲜明对照。同时，跨国公司提升产品的标准化水平，通过标准的互通互认，提高采购和生产的可替代性。例如，丰田汽车尝试提高汽车零部件在不同车型之间相互替代的可能性。

三是全球供应链生产布局多元化。跨国企业为了追求更低的生产成本以及分散生产风险，采取全球供应链生产布局多元化战略。根据毕马威（KPMG）对《财富》世

[①] Wang, Q., Zhou, H. D., Zhao, X. D. (2023). The Role of Supply Chain Diversification in Mitigating the Negative Effects of Supply Chain Disruptions in COVID-19. *International Journal of Operations & Production Management*, in press.

界 500 强企业中的 132 家跨国公司的调查，自 2018 年以来，有 2/3 的跨国公司在全球
供应链改革中将生产分散到两个及以上国家。

（二）全球供应链多元化的地区变化

1. 欧洲公司供应链多元化趋势明显

受俄乌冲突影响，欧洲跨国公司实施全球供应链多元化的趋势尤其明显。为了
降低成本和避免供应链中断，2022 年欧洲转移供应链的公司数量同比增加了一倍。
调查显示，40% 的欧洲企业高管表示将重新配置供应链，实现多样化供给，降低成
本、增强韧性。同时，欧洲跨国公司开始普遍接受防范性库存战略，以提高库存风
险缓冲能力。2022 年，受访企业平均持有 10.1 周的库存，比 2021 年的 8.9 周提高了
13.5%[①]。

2. 东南亚和墨西哥是多元化受益者

在全球供应链多元化以及生产控制的综合考量下，全球供应链多元化的重点区域
集中在东南亚和墨西哥，近年来美国逐渐扩大从越南、印度、马来西亚、泰国等地的
进口。2018～2022 年，美国从越南进口的制造品占其从亚洲低成本进口的制造品总
额的 11.8%，上升了 6 个百分点，从中国台湾进口的制造品增长 3.4 个百分点至 8.7%，
从印度进口的制造品增长 1.7 个百分点至 7.9%，从泰国进口的制造品增长 1.8 个百分
点至 5.5%（见图 2-4）。

墨西哥是跨国公司全球供应链多元化采购的主要受益者。由于《全面与进步跨
太平洋伙伴关系协定》（ Comprehensive and Progressive Agreement for Trans-Pacific
Partnership，CPTPP）、《美墨加协定》（ USMCA ）先后生效，墨西哥与日本、美国等
主要经济体的经贸关系更加紧密。OECD 的研究报告显示，墨西哥的出口从 2016 年
的 3780 亿美元增长到 2021 年的 4740 亿美元，出口目的地主要为美国（ 361 亿美元)、
加拿大（ 174 亿美元）、中国（ 98.2 亿美元）、中国台湾（ 80.5 亿美元）和德国（ 76.3
亿美元）。

---

① 《世界经济论坛发布报告称全球供应链正走向近岸化、多元化、科技化》，中国物流与采购网，2023 年 2 月
3 日，http://www.chinawuliu.com.cn/zixun/202302/03/597675.shtml。

图 2–4　亚洲主要经济体在美国低成本制造品进口中的占比

资料来源：科尔尼《2022 年美国制造业回流指数》。

（三）全球供应链多元化显著的行业

1. 电子产品供应链多元化模式不同

消费电子行业的供应链环节多，全球供应链多元化趋势最具有代表性，但各个跨国公司供应链多元化的模式各异。2020 年三星手机出货量 2.7 亿部，2022 年下降到 2.6 亿部。虽然 2022 年三星手机 50% 以上的产能来自越南，但与 2020 年的 60% 相比下降了 10 个百分点。三星还计划在 2024 年将位于越南的两处生产基地生产的手机、平板电脑等智能终端设备产能比重降低至 46%。相应地，三星印度工厂的产能持续提高，目前所占比重已达 21%[1]。

虽然苹果手机全球供应链也呈现多元化的走势，但苹果手机全球供应链多元化主要源自市场增量。随着移动互联网的普及，苹果手机的全球出货量从 2020 财年的 1.95 亿部增长到 2022 财年的 2.26 亿部，增长了 15.90%；2022 财年苹果手机供应商在东南

---

① 资料来源：CINNO Research。

亚与印度的生产地点已经达到了138个，较2020财年增长了近40%。但是，2022财年，苹果手机的主要供应商仍然来自中国，全球188家苹果手机主要供应商中，有151家在中国拥有为苹果手机而造的工厂，比上一财年增加1家，在中国的生产地点累计达到276个，占全球累计的比重从2021财年的36%提升至2022财年的39%[①]。

2.纺织品供应链多元化的目标不同

纺织品供应链多元化是为了追求高品质以及实现低成本，在地理分布上因产品而异。2000年，纺织品供应链主要集中在欧盟、中国、韩国、中国台湾、美国、日本。至2021年，全球纺织品出口前六大经济体变为中国、欧盟、印度、土耳其、美国和越南，巴基斯坦的纺织品出口额占比也有所上升。其中，中国和欧盟虽然成本有所上升，但是生产高品质产品的能力增强，在全球纺织品供应链中始终占据较大的份额。2000～2021年，虽然欧盟纺织品出口占全球的比重从33.4%下降到20.9%，但是仍然位居全球第二；同期，中国纺织品出口占全球的比重不降反升，从10.3%上升到41.4%（见表2-2）。由于跨国企业近年来加速向亚洲成本更低地区转移，使印度、土耳其和越南的纺织品出口占比呈现增长态势。

表 2-2　纺织品主要出口国家 / 地区情况

单位：亿美元，%

国家 / 地区	2021 年出口额	在世界出口中的占比			
		2000 年	2005 年	2010 年	2021 年
欧盟	730	33.4	32.5	25.3	20.9
美国	130	7.0	6.1	4.8	3.7
日本	60	4.5	3.4	2.8	1.8
韩国	90	8.1	5.1	4.3	2.5
中国台湾	90	7.6	4.8	3.8	2.4
中国	1460	10.3	20.2	30.4	41.4
印度	220	3.6	4.1	5.1	6.3
土耳其	150	2.4	3.5	3.5	4.3
越南	110	0.2	0.4	1.2	3.2
巴基斯坦	90	2.9	3.5	3.1	2.6

资料来源：世界贸易组织。

---

① 根据苹果手机供应商名单计算。

四　全球供应链数字化

移动互联网、云计算、物联网、区块链、人工智能等数字技术的快速发展，使全球供应链从最上游的原材料采购至下游的分销商实现了端到端的可视化、可感知、可调节，还极大拓展了产品和服务的可贸易性，促进形成了全球供应链数字化发展趋势。

（一）全球供应链数字化的主要模式

1. 全球供应链数字化的含义

全球供应链数字化是以移动互联网、云计算、人工智能、物联网、区块链等数字技术为依托，以大数据为基础，以核心产品数字化为核心，供应链流程优化重构为手段，减少信息不对称，降低交易、物流、人力成本，形成柔性化、模块化、以用户为中心的生产模式。

数据显示，跨国贸易中超 50% 的服务贸易和 12% 的货物贸易是通过数字技术实现的，WTO 预测数字经济将推动全球贸易在十年间增长 34%[1]。

2. 全球供应链数字化的四种模式

当前全球供应链数字化主要围绕供应链的核心产品数字化、销售环节数字化和生产环节数字化不断演进，并逐步形成了"从消费者到生产商"（Customer to Manufacturer，C2M）反向定制的供应链全链条数字化新模式。

全球供应链核心产品数字化。随着全球供应链核心产品数字化程度不断提高，供应链核心产品不仅包括有形的数字产品，如典型代表ICT产品[2]，还包括无形的可数字化交付的产品（服务），即数字服务[3]。全球 ICT 产品出口额由 2012 年的 1.8 万亿美元增长至 2021 年 2.77 万亿美元，年均增长率为 4.9%（见图 2-5），远高于全球货物贸易

---

[1] 世界贸易组织：《2018 年世界贸易报告》，2018 年 11 月。

[2] 经济合作与发展组织将 ICT 产品定义为通过电子手段实现信息处理和通信功能，包括传输和显示，或使用电子进程来检测、测量和记录物理现象控制物理过程的产品。

[3] 联合国贸发会议使用了"可数字化交付的国际贸易"概念（International Trade in Digitally-Deliverable Services），指可数字化交付的保险和养老金服务，金融服务，知识产权使用费，电信、计算机和信息服务，其他商业服务以及视听和相关服务的进出口。此概念实际指可数字化交付的产品（服务）的贸易，即数字服务贸易。

增长率。全球可数字化交付的服务（数字服务）贸易出口额由 2012 年的 2.2 万亿美元增长到 2021 年的 3.8 万亿美元，年均增长率为 6%；其在全球服务贸易出口总额中的比重也由 2012 年的 48.26% 增长到 2021 年的 62.77%（如图 2-6 所示）。

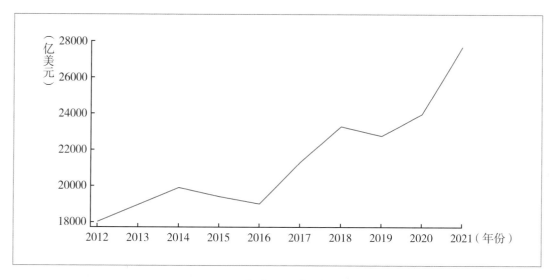

图 2-5　全球 ICT 产品出口额

资料来源：联合国贸发会议。

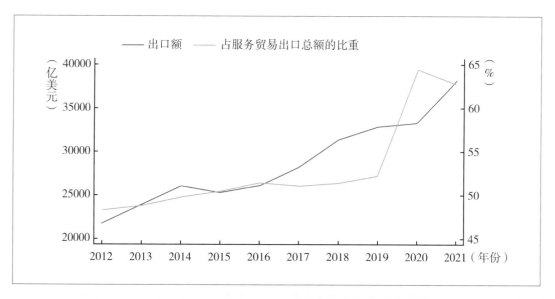

图 2-6　全球可数字化交付的服务（数字服务）贸易出口情况

资料来源：联合国贸发会议。

全球供应链销售环节数字化。全球供应链的数字化发端于渠道的数字化。大数据、云计算、物联网、移动互联网、人工智能等数字技术在全球供应链末端的应用，

推动了销售渠道的深刻革命，跨境电子商务应运而生。跨境电子商务是指分属不同关境的交易主体，通过电子商务平台达成交易、进行电子支付结算，并通过跨境电商物流及异地仓储送达商品，从而完成交易的一种国际商业活动，对于推动经济一体化、贸易全球化具有重要作用，也是全球供应链数字化转型的重要载体和重要推动力量。2021 年，全球跨境电商规模约为 17.4 万亿美元。

全球供应链生产环节数字化。数字孪生工厂是全球供应链在制造环节的重要成果，其核心理念是通过对数字孪生工厂的仿真、控制、预测，对物理实体实现反哺优化，因此数字孪生工厂有时也被称为"工业元宇宙"。数字孪生对全球供应链的数字化主要有三大促进作用：一是数字孪生有望引领全球供应链的数字化转型进入下一个阶段，数字孪生有助于向各利益相关者提供生产信息，从而提升供应链的可调控性；二是改善端到端的可视化，数字孪生可以实现全球供应链中的资产追溯，在全球供应链管理中使用数字孪生可以有效解决信息不对称的问题；三是提高全球供应链的敏捷性和恢复能力，面对随时可能发生的外部冲击，数字孪生基于模块化的建模方式可快速重新配置供应链网络，提升中断情况下的运行效率。目前，运用数字孪生的行业主要为制造业、汽车业、航空业、能源和公用事业、医疗业，在 2020 年全球数字孪生市场中的份额比重分别为 22%、18%、16%、13%、11%（见图 2-7）。

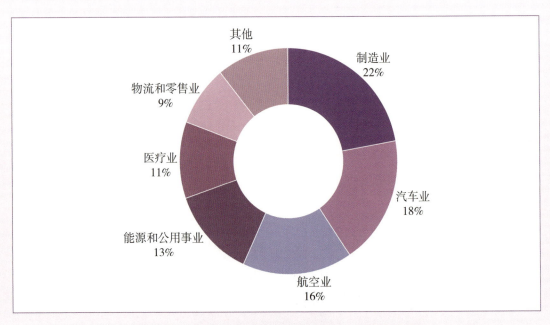

图 2-7 2020 年全球数字孪生市场分行业市场份额

资料来源：Statista 数据库。

C2M 全球供应链全链条数字化。C2M 反向定制是全球供应链全链条数字化的典型代表，是充分应用大数据使数据沿供应链逆向流动的经典模式，实现了供应链终端的销售环节数据反作用于供应链起始端的研发环节。网络零售商充分挖掘消费大数据的价值，并反馈给供应链上游的制造商，形成消费者驱动型制造的 C2M 反向定制模式，即按需定制商品。与以往上游厂商决定最终商品形态不同，C2M 反向定制模式以海量用户数据为基础，通过多维交叉分析绘制需求画像，对潜在消费需求进行相对精准的预判，发现全新增长点，并反推至上游供应商、品牌方共同合作研发新品，从源头改善消费者与厂家"供需"信息不对称的局面。消费大数据促进全球供应链研发数字化如图 2-8 所示。

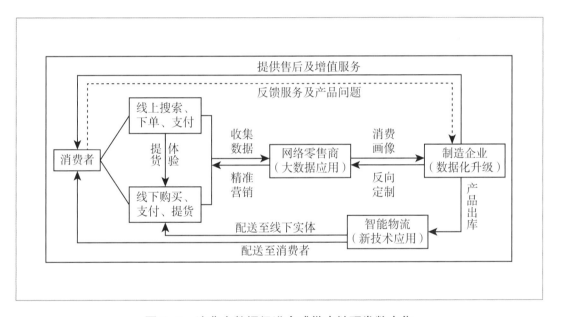

图 2-8 消费大数据促进全球供应链研发数字化

资料来源：中国贸促会研究院。

3. 多国多行业数字经济发展模型

数字技术与全球供应链的深度融合，形成了规模巨大、结构复杂的全球生产网络。本报告综合借鉴杨仁发等（2023）[1] 和 Calvino 等（2018）[2] 的做法，选择电信行

---

[1] 杨仁发、郑媛媛：《数字经济发展对全球价值链分工演进及韧性影响研究》，《数量经济技术经济研究》2023年第 8 期。

[2] Calvino F., Criscuolo C., Marcolin L., Squicciarini M. . (2018). A Taxonomy of Digital Intensive Sectors , OECD Science, Technology and Industry Working Paper, No.2018/14.

业（D61）和 IT 及其他信息服务行业（D62T63）投入之和作为数字化投入的替代变量，以各行业的数字化投入衡量行业数字化率。由于完全消耗系数法不仅可以计算该行业数字化投入占总投入的比重，且考虑了该行业生产过程中来自其他部门的数字化投入，精确度更高，故采用完全消耗系数法来衡量行业数字化率，测算公式如下：

$$\mathrm{Digital}_{ijt} = \mathrm{a}_{ijt} + \sum_{k=1}^{n} \mathrm{a}_{ijt}\, \mathrm{a}_{ijt} + \sum_{s=1}^{n} \sum_{k=1}^{n} \mathrm{a}_{ijt}\, \mathrm{a}_{ijt}\, \mathrm{a}_{ijt} + \cdots\cdots$$

其中，第一项为 i 国 j 行业在 t 年数字化投入的直接消耗量，第二项和第三项分别表示对第一轮和第二轮的间接消耗，其后依此类推，累计之和为完全消耗。此外，根据数字化投入来源将行业数字化率分为本国投入的行业数字化率和外国投入的行业数字化率。

数字经济对不同产业的渗透呈现了第一、第二、第三产业递增的特征，细分行业发展对数字要素需求的不同必然导致数字经济对不同行业渗透的程度存在差异，各行业数字化率与国家数字经济发展水平相乘得到各国各行业数字经济发展水平。公式如下：

$$\mathrm{DEI}_{ijt} = \mathrm{DIG}_{it} \times \mathrm{Digital}_{ijt}$$

其中，DEI_{ijt} 为 i 国 j 行业在 t 年的数字经济发展水平，DIG_{it} 为 i 国 t 年的数字经济发展水平，$\mathrm{Digital}_{ijt}$ 则为 i 国 j 行业在 t 年数字化率。

（二）全球供应链数字化显著的行业

1. 通信业供应链数字化程度最高

全球主要经济体的通信业供应链数字化程度均远超其他行业。其中，中国的通信业数字化程度最高，数字化率为 0.345，法国以 0.337 的数字化率居第二，英国以 0.233 的数字化率居第三（见表 2-3）。

表 2-3　全球主要经济体的主要行业数字化情况

	中国	美国	德国	日本	英国	法国	韩国	印度
农林牧渔业	0.010	0.008	0.019	0.015	0.022	0.033	0.0150	0.002
开采辅助活动业	0.037	0.012	0.034	0.009	0.005	0.024	0.006	0.007
计算机、电子和光学产品	0.016	0.060	0.083	0.049	0.032	0.012	0.037	0.013
电气设备制造业	0.036	0.018	0.039	0.026	0.036	0.032	0.013	0.009
机械设备制造业	0.015	0.016	0.053	0.026	0.028	0.031	0.034	0.009
汽车制造业	0.015	0.016	0.032	0.016	0.0267	0.030	0.040	0.008
出版、视听及广播业	0.027	0.034	0.079	0.031	0.055	0.096	0.058	0.018
通信业	0.345	0.221	0.184	0.068	0.233	0.337	0.230	0.066
IT 及其他信息服务业	0.246	0.202	0.192	0.052	0.283	0.215	0.173	0.015
金融及保险业	0.031	0.133	0.111	0.024	0.037	0.060	0.063	0.011

资料来源：杨仁发、郑嫒嫒《数字经济发展对全球价值链分工演进及韧性影响研究》,《数量经济技术经济研究》2023 年第 8 期。

2. IT 及其他信息服务业数字化程度次之

英国的 IT 及其他信息服务业数字化率在全球主要经济体中排名第一，为 0.283。中国以 0.246 位居第二，法国以 0.215 位居第三。

3. 金融及保险业供应链数字化国别差异大

金融及保险业的全球供应链数字化程度在各行业中排名第三。其中，美国金融及保险业的数字化率全球最高，为 0.133，德国金融及保险业以 0.111 位居第二。世界其他主要经济体金融及保险业的数字化率与美国和德国相比，均有不小的差距。

与前述三个行业相对照的是，全球主要经济体的其他主要行业全球供应链数字化程度均有待提升。

（三）全球供应链数字化领先的经济体

1. 中国 ICT 产品供应链数字化靠前

中国和美国的全球供应链核心产品数字化走在世界前列。其中，中国在 ICT 产品出口方面处于绝对领先地位。2021 年，中国 ICT 产品出口额为 8575 亿美元，占全球 ICT 产品出口总额的 30.97%，是美、德、日三国出口之和的两倍多（见图 2-9）。

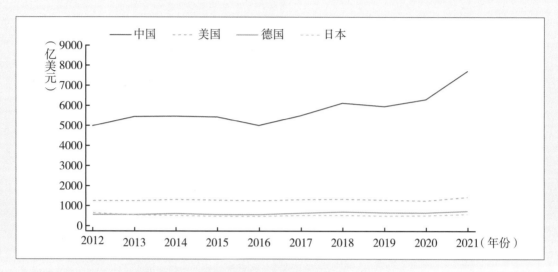

图 2-9 中国、美国、德国和日本 ICT 产品出口额

资料来源：联合国贸发会议。

2.美国在数字服务贸易中占据优势

美国在可数字化交付的服务（数字服务）贸易方面具备优势（见图 2-10）。2021年，美国可数字化交付的服务出口额为 6130 亿美元，排名全球第一，占全球比重为 16.08%。但是，从历史的角度看，数字服务贸易市场结构变化较为明显。美国在数字服务贸易方面的相对优势有所减弱，2021 年美国数字服务贸易占全球的比重较 2012年的 17.99% 下降了 1.91 个百分点。2021 年中国数字服务贸易的占比虽然仅为 5.11%，却比 2012 年提高了 1.8 个百分点。

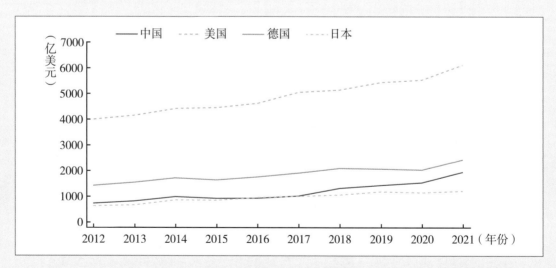

图 2-10 中国、美国、德国和日本可数字化交付的服务（数字服务）贸易出口额

资料来源：联合国贸发会议。

五　全球供应链绿色化

全球供应链的绿色发展是从国家竞争走向全球合作的过程，具有超越国界的外部性，需要世界各国携手才能完成。1972 年，联合国在瑞典首都斯德哥尔摩召开了第一届人类环境会议，发表了著名的《人类环境宣言》，并将每年 6 月 5 日定为世界环境日，揭开了人类环境保护的序幕。2008 年 10 月，联合国环境规划署为应对金融危机提出绿色经济和绿色新政倡议，强调绿色化是经济增长的动力，呼吁各国大力发展绿色经济，推动全球供应链绿色化进入加速阶段。

（一）全球供应链绿色化的主要模式

1. 全球供应链绿色化的含义

绿色供应链概念最早由美国密歇根州立大学的制造研究协会在 1996 年提出，聚焦供应链管理领域的绿色化，即在整个供应链中综合考虑环境影响和资源效率，是一种现代管理模式。中国标准化管理委员会认为，绿色供应链是指在传统供应链基础上，将绿色制造、产品全生命周期和生产者责任延伸理念融入企业业务流程，综合考虑企业经济效益与资源节约、环境保护、人体健康安全要求的协调统一的供应链系统①。

全球供应链绿色化是指将环境保护和资源节约的理念贯穿企业从产品设计、原材料采购、生产、运输、储存、销售、使用到报废处理的全过程，使企业的经济活动与环境保护相协同。

2. 全球供应链绿色化的两种模式

全球供应链绿色化一般有两种模式。一是传统产品全球供应链绿色化转型。在供应链中综合考虑环境影响和资源效率，使产品在原材料采购、生产、包装、仓储、运输、销售、使用、报废处理及回收利用的整个过程中，对环境的副作用最小、资源利用效率最高，达到节能减排效果。比如，钢铁、家电、化工等传统产业通过绿色设计、绿色材料选择、绿色制造工艺、绿色包装、绿色营销和绿色回收等环节，逐步降

---

① 绿色供应链管理国家标准《绿色制造　制造企业绿色供应链管理导则》（GB/T 33635—2017）。

低其全生命周期中的碳排放。二是天生绿色化全球供应链。天生绿色化全球供应链是指从全球供应链建立开始就将保护生态环境作为重要指标，围绕绿色核心产品，从设计、生产、运输、营销到售后服务等生产经营活动的全链条绿色化，整个供应链达到零碳排放甚至负碳排放，例如，清洁能源、新能源汽车、高度可生物降解材料的开发与利用等供应链。

3. 出口增加值隐含碳测算模型

在全球化过程中，全球供应链引发商品和服务生产专业化、模块化、碎片化，同时使生产与消费发生区位分离，碳排放等环境影响也呈现地理分离。研究发现，1990～2011 年，虽然发达国家基于《京都议定书》[①] 的要求，实现了在其领土内以生产为基础的碳排放减少，但是贸易隐含碳排放量（Emissions Embodied in Trade）增加了。2008 年，发达国家向发展中国家转移了 1.6 亿吨二氧化碳，这一数量超过了其领土内实现的减排数量[②]。

全球供应链变化与气候治理态势凸显了碳排放责任分担的问题。然而，目前大多数温室气体和碳排放核算体系及气候政策仅以生产为核算基础，忽略了以消费为核算基础的跨境交易，忽视了商品和服务贸易中转移的隐含碳排放，比如《联合国气候变化框架公约》（United Nations Framework Convention on Climate Change，UNFCCC）签约国根据领土排放原则即生产者责任制报告碳排放。2019 年，全球碳排放总量的 22% 隐含在进口商品中，并计入出口生产国的碳排放，进口消费国即最终用户得以逃避排放责任归属[③]。在全球碳排放权交易、碳关税加速推进的大背景下，对全球供应链上主要参与经济体基于贸易增加值的隐含碳排放量进行测度，有助于认定各经济体的碳责任。

本报告借鉴 Meng 等（2023）[④] 和葛露珊（2023）[⑤] 的方法，运用全球多区域投入产出模型（Global Multi Regional Input Output，GMRIO），将碳排放与全球供应链结合起来，测算全球供应链中基于出口增加值的隐含碳排放量（简称"出口增加值隐含碳"）。

---

① 《京都议定书》（Kyoto Protocol）全称《联合国气候变化框架公约京都议定书》，是 1997 年在日本京都召开的《联合国气候变化框架公约》第三次缔约方大会上通过的，旨在限制发达国家温室气体排放量以抑制全球变暖的国际性公约。

② Darwili, A., Schröder, E.（2023）. On the Interpretation and Measurement of Technology Adjusted Emissions Embodied in Trade. *Environmental and Resource Economics*，84（1），65–98.

③ 由全球效率信息研究院（Global Efficiency Intelligence）估算。

④ Meng, B., Liu, Y., Gao, Y., et al..（2023）. Developing Countries' Responsibilities for CO_2 Emissions in Value Chains are Larger and Growing Faster than those of Developed Countries. One Earth, 6(2),167–181.

⑤ 葛露珊：《全球价值链背景下出口增加值隐含碳的国别比较》，《商展经济》2023 年第 7 期。

出口增加值隐含碳指在出口贸易产品生产过程中，在其国内的原材料、零部件、中间产品到最终消费品的完整供应链中所创造的单位价值增加值里面，由能源消耗产生的全部二氧化碳排放量所占的比重，计算公式为：

$$出口增加值隐含碳 = \frac{出口贸易隐含碳}{出口贸易增加值}$$

各经济体通过出口贸易嵌入全球供应链所产生的出口增加值隐含碳为：

$$VE = \frac{uE_d L \cdot y_s y_v}{uV_d L y_s y_v}$$

其中，VE 表示出口增加值隐含碳；E_d 表示单位产出直接二氧化碳排放强度系数构成的对角矩阵，V_d 表示单位产出的直接增加值率系数构成的对角矩阵，y_s 为各行业出口占总出口的比例，y_v 为总出口，$u=（1，1，\cdots，1）$ 为求和因子。

更进一步，如果将每个经济体的碳排放分解为纯国内经济活动产生的碳排放以及不同贸易类型产生的碳排放，可分为五种情况，一是纯国内供应链引发的碳排放；二是通过复杂供应链贸易再进口产生的碳排放；三是通过传统贸易出口产生的碳排放；四是通过简单供应链贸易出口产生的碳排放；五是通过复杂全球供应链贸易出口产生的碳排放。具体核算公式 [1] 如下：

$$
\begin{aligned}
(Em^s)' &= \hat{E}^s X^s \\
&= \hat{E}^s L^{ss} Y^{ss} \\
&+ \hat{E}^s L^{ss} \sum_{r \neq S}^{G} A^{sr} \sum_{u}^{G} B^{ru} Y^{us} \\
&+ \hat{E}^s L^{ss} \sum_{r \neq S}^{G} Y^{sr} \\
&+ \hat{E}^s L^{ss} \sum_{r \neq S}^{G} A^{sr} L^{rr} Y^{rr} \\
&+ \hat{E}^s L^{ss} (\sum_{r \neq S}^{G} \sum_{t \neq S}^{G} A^{st} \sum_{u}^{G} B^{tu} Y^{ur} \\
&- \sum_{r \neq S}^{G} A^{sr} L^{rr} Y^{rr})
\end{aligned}
$$

[1] Meng, B., Liu, Y., Gao, Y., et al. (2023). Developing Countries' Responsibilities for CO$_2$ Emissions in Value Chains are Larger and Growing Faster than those of Developed Countries. One Earth, 6(2), 167–181.

（二）全球供应链绿色化的国别分析

基于全球供应链布局的变化与调整，以及各主要经济体在减排方面政策措施力度的差异，根据前述模型测算，过去十年间，全球主要经济体和地区基于出口增加值的隐含碳排放具有不同的变化趋势。

1. 中国、巴西和墨西哥降碳效果明显

中国、巴西和墨西哥三个发展中经济体降碳效果较好。其中，中国降碳效果最明显。中国出口增加值隐含碳从 2011 年的 26.43 吨 / 万美元下降到 2021 年的 14.43 吨 / 万美元，下降 45.4%，绝对值下降了 12 吨 / 万美元。巴西出口增加值隐含碳整体基数较小，但下降幅度最大，2021 年巴西出口增加值隐含碳为 2.96 吨 / 万美元，下降 54.53%。墨西哥从 2011 年的 5.4 吨 / 万美元下降至 2021 年的 5.11 吨 / 万美元，下降 5.37%（见表 2-4，下同）。

表 2-4　各国家 / 地区出口增加值隐含碳

单位：吨 / 万美元

发展中国家 / 地区	出口增加值隐含碳		发达地区	出口增加值隐含碳	
	2011 年	2021 年		2011 年	2021 年
中国	26.43	14.43	北美	6.95	4.76
印度	28.8	29.7			
南非	27.9	28.3	亚洲发达经济体	11.3	7.5
墨西哥	5.4	5.11			
巴西	6.51	2.96	欧洲发达经济体	4.82	2.73
东南亚新兴经济体	8.9	14.7			

资料来源：葛露珊《全球价值链背景下出口增加值隐含碳的国别比较》，《商展经济》2023 年第 7 期。

2. 印度和东南亚国家出口增加值隐含碳上升

印度和东南亚新兴经济体出口增加值隐含碳呈现上升趋势。2011～2021 年，印度上升了 3.13%，达到 29.7 吨 / 万美元，成为全球主要经济体中出口增加值隐含碳最高

的国家。东南亚新兴经济体（印尼、马来西亚、越南、泰国、菲律宾）是出口增加值隐含碳增幅最大的地区，从 2011 年的 8.9 吨 / 万美元上升至 14.7 吨 / 万美元，增幅高达 65.17%。

3. 发达经济体出口增加值隐含碳下降幅度大

发达经济体出口增加值隐含碳整体呈大幅下降趋势。其中，欧洲发达经济体下降幅度最大，由 2011 年的 4.82 吨 / 万美元下降至 2.73 吨 / 万美元，下降 43.36%，成为全球主要经济体中出口增加值隐含碳最低的地区；北美下降 31.51%；亚洲发达经济体（日本、韩国、新加坡、中国台湾）下降幅度为 33.63%，至 7.5 吨 / 万美元，是出口增加值隐含碳最高的发达地区。

4. 绿色化给发展中国家带来巨大挑战

从以上分析可以看出，发达经济体通过全球供应链的生产布局，将碳排放较高的环节转移至发展中经济体，基本实现了自身经济增长与碳排放的脱钩。发展中经济体虽然因参与全球供应链获得了经济发展与贸易利益，但也因此承担了全球供应链上的大部分碳排放，导致出口增加值隐含碳的增加。因此，全球供应链绿色化转型给发展中经济体的供应商带来了巨大挑战。一方面，碳关税使尚未达到零碳生产的供应商面临出口成本上涨，同时传统能源成本也在上升；另一方面，防止碳泄露的国际政策将导致国家间碳成本级差缩小，发展中经济体承接发达经济体高耗能产业转移的限制增大。

核算结果显示，基于生产的碳排放、基于消费的碳排放、出口隐含的碳排放、进口隐含的碳排放、供应链贸易隐含的碳排放等数据都表明，发展中经济体的自我排放责任和供应链排放责任均已超过发达经济体，并且正在迅速增长（见图 2-11）。全球供应链绿色化转型升级的步伐加快，将削弱发展中经济体劳动密集型和资源密集型生产的比较优势，背负超过自身能力的沉重负担，对发展中经济体继续深度参与全球供应链绿色化转型造成巨大挑战。因此，全球供应链的绿色化需要发达经济体与发展中经济体通力合作，共同应对全球气候变化给世界各国带来的挑战。

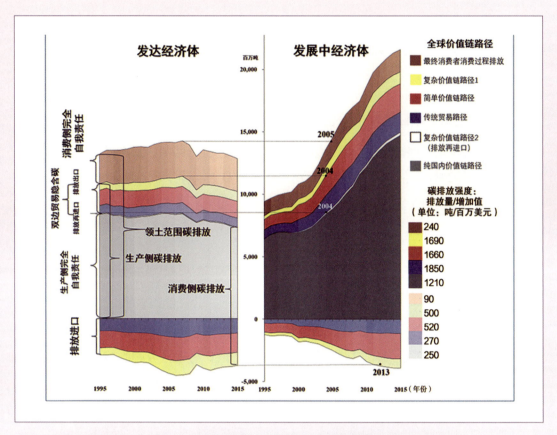

图 2-11　1995～2015 年基于全球供应链核算框架追溯全球碳排放：
发达经济体（左）和发展中经济体（右）

资料来源：Meng, B., Liu, Y., Gao, Y., et al. . (2023). Developing Countries' Responsibilities for CO_2 Emissions in Value Chains are Larger and Growing Faster than those of Developed Countries. One Earth, 6(2), 167-181.
注：图片中不同区域颜色深浅代表各价值链路径的碳排放强度。

（三）全球供应链绿色化的行业分析

1. 钢铁行业供应链绿色化转型任重道远

钢铁作为现代社会生产的物质基础，不仅是经济发展的中流砥柱，也是全球供应链绿色化的难点。传统钢铁行业作为能源消耗高密集型产业，能耗和碳排放总量分别占全球的 8% 和 7%。钢铁行业的排放量必须减少 75%，才能将全球变暖控制在 2℃[①]以内，即需要从 2020 年的 30 亿吨二氧化碳当量减少到 2050 年的 7.5 亿吨二氧化碳当量。这对全球钢铁产量大国的降碳能力提出了较高要求（见图 2-12）。

[①] 《巴黎协定》的核心目标是限制并减少各国二氧化碳等温室气体排放，将 21 世纪升温幅度控制在 2℃ 以内，并努力限制在 1.5℃。

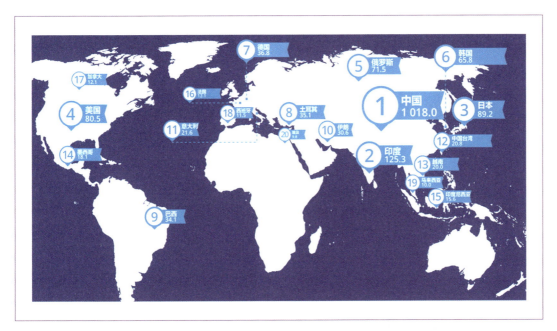

图 2-12　2022 年全球 20 大主要钢铁生产地产量（单位：百万吨）

资料来源：世界钢铁协会。

世界钢铁协会自 2008 年开始要求全球钢铁企业进行绿色化转型，并根据全球 104 家钢铁企业[①]的数据，跟踪计算全球钢铁供应链的绿色化指标（见表 2-5）。全球各大钢企积极确立碳减排目标，大力推动全行业的绿色低碳转型。2021 年，全球钢铁行业二氧化碳排放量为 1.91 吨 / 吨粗钢，能源强度为 21.31 吉焦 / 吨粗钢，原料使用效率为 97.34%，环境管理体系覆盖率 95.5%。整体上看，全球钢铁企业单位二氧化碳排放量仍需大幅降低才能达到既定目标。

2022 年 12 月 18 日，欧盟碳边境调节机制（Carbon Border Adjustment Mechanism，CBAM）正式落地[②]。受 CBAM 影响最大的是钢铁、铝、水泥、化肥、电力五个行业，欧盟相关领域的下游企业（如汽车企业）已提出了采购低碳钢、零碳钢的要求。

---

① 104 家钢铁企业产量占全球粗钢产量的 56%。

② 'Fit for 55': Council and Parliament Reach Provisional Deal on EU Emissions Trading System and the Social Climate Fund. Council of the EU, https://www.consilium.europa.eu/en/press/press-releases/2022/12/18/fit-for-55-council-and-parliament-reach-provisional-deal-on-eu-emissions-trading-system-and-the-social-climate-fund/.

表 2-5　全球钢铁绿色化指标

环境绩效	单位	2019 年	2020 年	2021 年
二氧化碳排放量	吨／吨粗钢	1.85	1.89	1.91
能源强度	吉焦／吨粗钢	20.08	20.7	21.31
原材料使用效率	%	97.49	97.86	97.34
环境管理体系覆盖率（EMS）	%	97.16	96.13	95.5

资料来源：世界钢铁协会。

2. 新能源汽车行业供应链降碳效果明显

汽车行业具有产业链长、覆盖面广的特点，汽车全生命周期的碳排放量不容忽视。但是，新能源汽车全生命周期减排效果明显。本报告采用全生命周期评价法（Life Cycle Assessment，LCA）对新能源汽车的环境影响进行评价。测算结果显示，纯电动乘用车全生命周期减排效果最显著，每公里排放 149.6 克二氧化碳当量（CO_2e），比汽油乘用车碳排放量减少了 43.4%[1]，插电混乘用车比汽油车碳排放量减少 19.36%。汽油乘用车碳排放主要来自燃料周期[2]，车辆电动化程度越高，燃料周期占比越小，车辆电动化是汽车产品低碳化的有效途径（见图 2-13）。

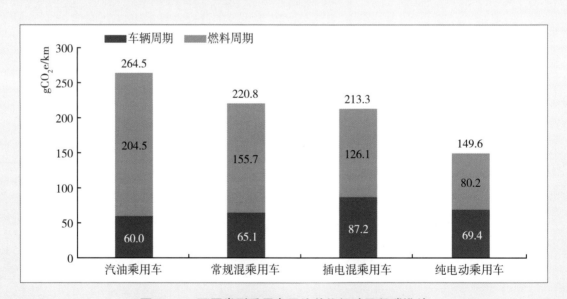

图 2-13　不同类型乘用车平均单位行驶里程碳排放

资料来源：丁莉《"碳达峰，碳中和"背景下，国内外汽车行业碳排放管理现状和发展建议》，《上海汽车》2023 年第 7 期。

---

[1]　丁莉：《"碳达峰、碳中和"背景下，国内外汽车行业碳排放管理现状和发展建议》，《上海汽车》2023 年第 7 期。

[2]　车辆周期包括材料生产、整车生产及维修保养（轮胎、铅蓄电池、液体的更换以及制冷剂的逸散）等阶段；燃料周期包括燃料的生产、运输、使用等阶段。

　　从不同类型汽车全球供应链的各环节看，新能源汽车全球供应链的上游材料生产阶段，是新能源汽车生命周期碳排放的主要来源，占比超过 60%。在材料生产阶段，不同类型乘用车各部分碳排放情况大相径庭。纯电动乘用车部件材料生产碳排放最低，但是动力电池制造及原材料获取的碳排放最高。纯电动乘用车部件材料生产碳排放占比为 49.1%，动力电池生产碳排放占比为 48.2%（见图 2-14）。汽油乘用车全球供应链的上游材料生产阶段是碳排放最多的环节，但汽油乘用车生产阶段的碳排放主要来源于部件材料，占生产阶段碳排放的 95.3%。

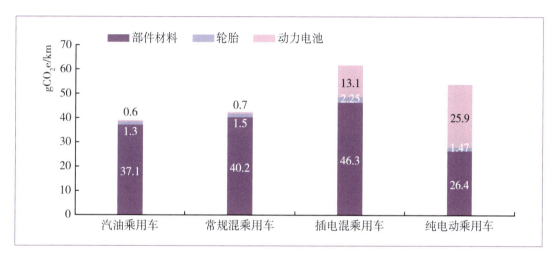

图 2-14　不同类型乘用车材料生产阶段平均单位行驶里程碳排放

资料来源：中汽数据有限公司组编《面向碳中和的汽车行业低碳发展战略与转型路径》，机械工业出版社，2022。

CHAPTER 3

第三章
全球供应链促进
体系现状

近年来，世界各国出台的有关供应链的政策和举措，有些是有利于全球供应链发展的，有些则会对全球供应链布局产生不利影响。梳理主要国际组织、主要经济体出台的供应链相关政策举措，将对全球供应链产生促进的政策举措归纳为五个方面：一是通过完善基础设施，为促进全球供应链高效联通提供硬件保障；二是通过签署多双边自由贸易协定，为保障全球供应链稳定畅通提供制度保障；三是通过出台国内法规政策标准，为促进全球供应链布局指明发展方向；四是通过促进技术进步，为推动全球供应链创新发展提供驱动力量；五是通过完善金融服务，为增强全球供应链的韧性活力提供资金支持。这五个方面构成了目前的全球供应链促进体系。

一 基础设施互联互通夯实全球供应链硬件基础

基础设施是全球供应链互联互通的基石，保障了全球供应链在物理空间的可行性。建设高质量、可持续、抗风险、包容可及的基础设施，有利于各国发挥比较优势、各类市场主体融入全球供应链，提升经济增长效能。与全球供应链直接相关的硬件基础设施包括物流基础设施、通信基础设施和金融基础设施。

（一）物流基础设施织密全球供应链运输网络

互联互通的物流基础设施是全球供应链顺畅运行的硬件基础，正是由于全球交通网络的繁密以及运输成本的下降，连接全球各个经济体的海运、空运、陆运线路不断将产品准确地输送到位，才使全球供应链上的经济活动能够有条不紊地开展。

1. 海洋运输是最重要的运输方式

海洋运输是国际物流中最主要的运输方式，占全球货物贸易总量的80%。当前，全球拥有20条海运干线，主要分布于太平洋、大西洋和印度洋三大洋航线中（见图3-1、图3-2、图3-3、表3-1、表3-2、表3-3）。

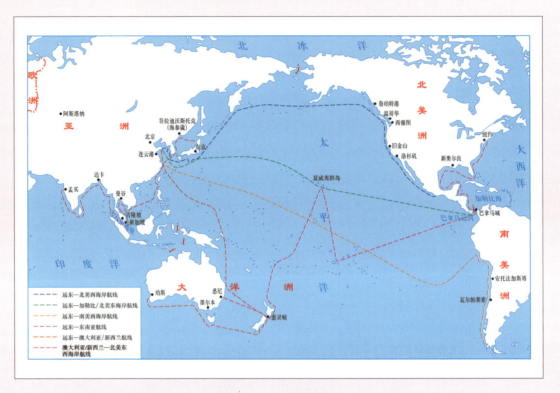

图 3-1　太平洋航线

资料来源：中国贸促会研究院，审图号为 GS 京（2023）2078 号。

表 3-1　太平洋航线范围

序号	名称	范围
1	远东—北美西海岸航线	该航线包括从中国、日本、俄罗斯远东海港到加拿大、美国、墨西哥等北美西海岸各港的贸易运输线
2	远东—加勒比/北美东海岸航线	该航线常经夏威夷群岛至巴拿马运河后到达
3	远东—南美西海岸航线	从中国北方沿海各港出发的船只多经琉球庵美大岛、硫黄列岛、威克岛、夏威夷群岛之南的莱恩群岛穿越赤道进入南太平洋，至南美西海岸各港
4	远东—东南亚航线	该航线是中、朝、日货船去东南亚各港，以及经马六甲海峡去印度洋、大西洋沿岸各港的主要航线。东海、台湾海峡、巴士海峡、南海是该航线船只的必经之路，航线繁忙
5	远东—澳大利亚/新西兰航线	从中国北方沿海港口到澳大利亚东海岸和新西兰港口，需要经由琉球的久米岛和加罗林群岛的雅浦岛进入所罗门海和珊瑚海
6	澳大利亚/新西兰—北美东西海岸航线	由澳大利亚、新西兰至北美海岸，多经苏瓦、火奴鲁鲁等太平洋上重要航站到达，至北美东海岸取道社会群岛中的帕皮提，过巴拿马运河而至

资料来源：根据公开资料整理。

图 3-2 大西洋航线

资料来源：中国贸促会研究院，审图号为 GS 京（2023）2078 号。

表 3-2 大西洋航线范围

序号	名称	范围
1	西北欧—北美东海岸航线	该航线是西欧、北美两个世界工业最发达地区之间的原材料和产品交换的运输线，两岸拥有世界 2/5 的重要港口，运输极其繁忙，船舶大多走偏北大圆航线
2	西北欧／北美东海岸—加勒比航线	该航线大多出英吉利海峡后横渡北大西洋，同北美东海岸各港出发的船舶一样，一般都经莫纳海峡、向风海峡进入加勒比海；除了去加勒比海沿岸各港，还可经巴拿马运河至美洲太平洋沿岸港口
3	西北欧／北美东海岸—地中海／苏伊士运河—亚太航线	苏伊士运河航线属世界最繁忙的航段，是北美、西北欧与亚太、海湾地区之间贸易往来的捷径
4	西北欧／地中海—南美东海岸航线	该航线一般经北大西洋岛屿加纳利群岛、佛得角群岛上的航站
5	西北欧／北美东海岸—好望角／远东航线	该航线也作南非航线，一般是巨型油轮的油航线。佛得角群岛、加纳利群岛是过往船只停靠的主要航站
6	南美东海岸—好望角—远东航线	该航线处在西风漂流海域，风浪较大，一般西航偏北行，东航偏南行，是一条以石油、矿石为主的运输线

资料来源：根据公开资料整理。

图 3-3　印度洋航线

资料来源：中国贸促会研究院，审图号为 GS 京（2023）2078 号。

表 3-3　印度洋航线范围

序号	名称	范围
1	波斯湾—好望角—西欧、北美航线	该航线主要由超级油轮经营，是世界上最主要的海上石油运输线
2	波斯湾—东南亚—日本航线	该航线东经马六甲海峡（20 万吨载重吨以下船舶可行）或龙目海峡，望加锡海峡（20 万吨载重吨以上超级油轮可行）至日本
3	波斯湾—苏伊士运河／地中海—西欧／北美运输线	该航线目前可通行载重大约 30 万吨的超级油轮
4	以上三条油运线之外印度洋其他航线	远东—东南亚—东非航线；远东—东南亚／地中海—西北欧航线；远东—东南亚／好望角—西非／南美航线；澳新—地中海—西北欧航线；印度洋北部地区—欧洲航线

资料来源：逯宇铎、苏振东、李秉强编著《国际物流学》，北京大学出版社，2007。

全球海运互联互通水平大幅提高。主要经济体进入全球供应链很大程度上取决于其运输连通性，特别是制成品进出口的定期运输服务。根据联合国贸发会议统计数据，2022 年第四季度，全球班轮运输连通性指数为 25.3①，与 2013 年第四季度相比提升了 4 个指数点（见图 3-4）。

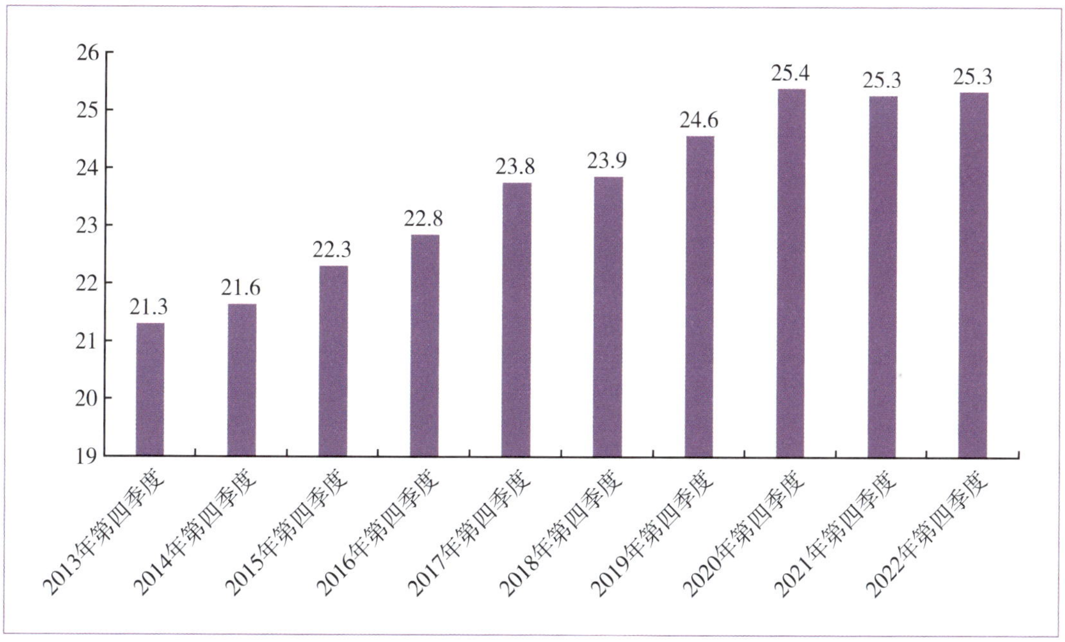

图 3-4　2013 年第四季度至 2022 年第四季度全球班轮运输连通性指数

资料来源：联合国贸发会议。

2. 国际铁路运输是陆上物流支柱

国际铁路运输承担着海陆、空陆等多式联运任务，是全球供应链陆上运输的大通道。

铁路货运量稳步增长。2022 年全球铁路货运量达到 11.69 万亿吨公里，同比增长 3.14%（见图 3-5）。2014～2019 年全球铁路客运量逐年增长，2019 年全球铁路客运量为 4.16 万亿人次公里，年平均增速达到 2.1%。由于疫情的全球性影响，铁路客运受到冲击，2021 年和 2022 年全球铁路客运量分别为 3.03 万亿人次公里和 3.20 万亿人次公里，仅为疫情前的 72.8% 和 76.9%（见图 3-6）②。

---

① 联合国贸发会议基于研究咨询机构 MDS Transmodal 提供的数据进行测算。联合国贸发会议于 2004 年开始测算全球各国或地区班轮运输连通性指数（LSCI），班轮运输连通性指数反映了一个国家或地区在全球班轮运输网络中的地位，它是由所有通过常规集装箱班轮提供服务的国家或地区生成的。指数值越高，代表连通性越好。班轮运输连通性指数设定国家或地区（中国）2006 年第一季度（Q1）的最高值为 100。

② 资料来源：国际铁路联盟。

图 3-5 2014～2022 年全球铁路货运量

资料来源：国际铁路联盟。

图 3-6 2014～2022 年全球铁路客运量

资料来源：国际铁路联盟。

全球高速铁路建设发展迅速，覆盖国家范围广、时速提升快、总里程快速增长。1964 年，日本开通第一条高速铁路，连接东京和大阪；1981 年，法国开通了欧洲第一条高速铁路，连接巴黎和里昂，全长 419 公里，最高允许速度为 300 公里/小时；2008 年，中国京津高铁成为世界上最快的列车，最高时速达 350 公里/小时；2011 年，世界上单期建成的最长高铁线路京沪高速铁路向公众提供商业服务，全长 1318 公里。2021 年全球高速铁路网络总长度已达 5.88 万公里，比 1981 年的 0.16 万公里增长了近 35 倍（见图 3-7）。

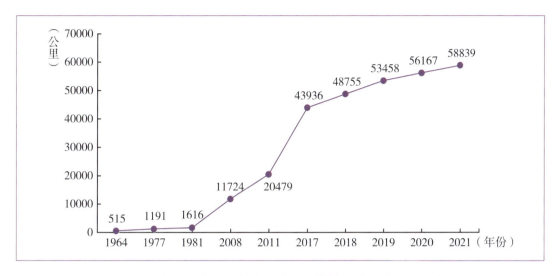

图 3-7　1964～2021 年全球商业运营高速铁路网络总长度

资料来源：国际铁路联盟。

　　国际铁路大通道是全球供应链横贯大陆的便捷运输方式。当前，全球拥有八大国际铁路通道，包括第一亚欧大陆桥、第二（新）亚欧大陆桥、中东铁路、泛亚铁路、南亚铁路、非洲南部铁路、南美两洋铁路、北美太平洋铁路（见图 3-8、表 3-4）。

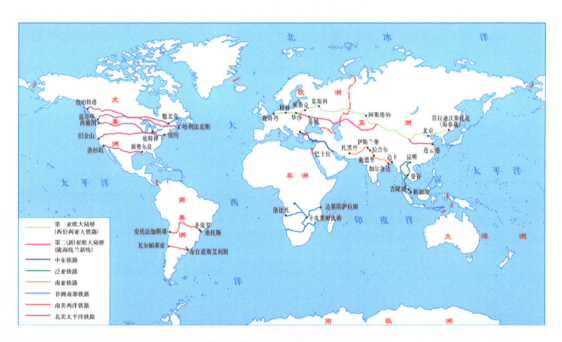

图 3-8　全球八大国际铁路通道

资料来源：中国贸促会研究院，审图号为 GS 京（2023）2078 号。

表 3-4　全球八大国际铁路通道

名称	起始	所经地区和国家	全长	作用
第一亚欧大陆桥（西伯利亚大铁路）	东起符拉迪沃斯托克（海参崴），西至荷兰鹿特丹。其中，海参崴到莫斯科段叫西伯利亚大铁路	横跨俄罗斯、中国（支线段）、哈萨克斯坦、白俄罗斯、波兰、德国、荷兰7个国家	约1.3万公里，世界上最长的铁路。	把远东、东南亚和中亚地区与欧洲、中东地区联结起来，缩短了大西洋到太平洋的运输线
第二（新）亚欧大陆桥（陇海线兰新线）	东起连云港，西至荷兰鹿特丹	横跨中国、哈萨克斯坦、俄罗斯、白俄罗斯、乌克兰、波兰、德国、荷兰8个国家	10900公里	避开了高寒地区，能常年作业
中东铁路	东起巴士拉，西至欧洲	横跨伊拉克、叙利亚、土耳其、欧洲4个国家或地区	——	将中东地区和欧洲连接起来
泛亚铁路	北起昆明，南至新加坡	东线经中国、越南、柬埔寨、泰国；中线经中国、老挝、泰国；西线经中国、缅甸、泰国；三者在曼谷汇合后，经过马来西亚吉隆坡，最后到新加坡	——	将整个中南半岛连接起来
南亚铁路	东起孟加拉国达卡，西至伊朗扎黑丹	横跨达卡、加尔各答、新德里、伊斯兰堡、拉合尔、扎黑丹	——	将南亚次大陆连接起来
非洲南部铁路	以赞比亚卡皮里姆波希为中心，向东到坦桑尼亚达累斯萨拉姆（坦赞铁路），往西到安哥拉洛比托（本格拉铁路），北到刚果（金），南到纳米比亚、博茨瓦纳、津巴布韦、南非、莫桑比克	横跨坦桑尼亚、安哥拉、赞比亚、刚果（金）、南非、博茨瓦纳、津巴布韦、莫桑比克、纳米比亚	——	连接整个非洲南部（南非、中非、东非）
南美两洋铁路	北线东起巴西桑托斯（圣保罗外港，南美洲最大港口），西至智利安托法加斯塔（智利北部最大城市）；南线东起布宜诺斯艾利斯，西至瓦尔帕莱索	北线横跨巴西、玻利维亚、阿根廷、智利；南线横跨阿根廷、智利	——	将太平洋和大西洋连接起来
北美太平洋铁路	加拿大国家铁路西起鲁珀特港，东至魁北克；加拿大太平洋铁路西起温哥华，东至哈利法克斯；美国北太平洋铁路西起西雅图，东至底特律；美国联合太平洋铁路西起旧金山，东至纽约；美国南太平洋铁路西起洛杉矶，东至新奥尔良	横跨加拿大和美国	约3000公里	连接太平洋和大西洋，横贯美洲东西

资料来源：根据公开资料整理。

3. 航空运输是国际物流重要补充

　　航空运输快速高效、节点最多，连接世界各大城市，是全球供应链的重要组成部分。全世界共有54个国家和地区拥有至少一个国际机场，全球国际机场数量约为1142个。其中，美国国际机场数量最多，有460个；其次是中国，拥有223个国际机场。此外，德国、法国、英国等国家均拥有数十个国际机场。2022 年全球出港航班量约 2719 万架次，比 2021 年增长 24.67%（见图 3-9）；2022 年全球出港航班量最大的三个国家依次为美国、中国、英国（见图 3-10）。当前，全球十大国际航线构成了连接全球的航空网络（见表 3-5）。

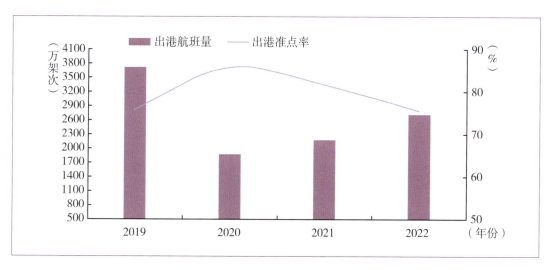

图 3-9　2019～2022 年全球出港航班量及准点率

资料来源：飞常准《2022 年度全球民航航班运行报告》，2023 年 1 月。

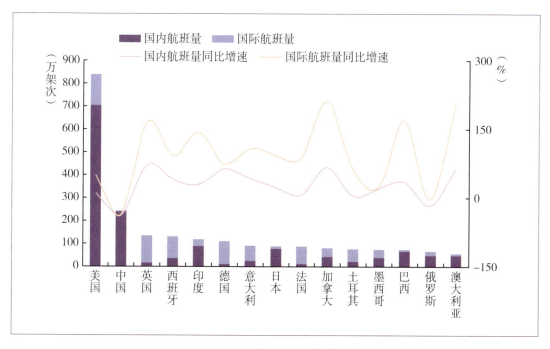

图 3-10　2022 年全球航班量 TOP15 的国家

资料来源：飞常准《2022 年度全球民航航班运行报告》，2023 年 1 月。

表 3-5　全球十大国际航线

序号	航空线名称	主要城市
1	西欧—北美间的北大西洋航空线	主要连接西欧的伦敦、巴黎、柏林、法兰克福、慕尼黑、布鲁塞尔、阿姆斯特丹、苏黎世、维也纳等，与北美的蒙特利尔、多伦多、温哥华、纽约、芝加哥、西雅图、旧金山、洛杉矶、丹佛、休斯敦、亚特兰大、迈阿密、墨西哥城等
2	西欧—中东—远东航空线	主要连接西欧的伦敦、巴黎、柏林、法兰克福、慕尼黑、布鲁塞尔、阿姆斯特丹、苏黎世、维也纳，至远东的香港、广州、上海、北京、台北、东京、首尔，并途经雅典、开罗、特拉维夫、利雅得、多哈、迪拜、德黑兰等
3	远东—北美间的北太平洋航空线	主要连接远东的香港、广州、上海、北京、台北、东京、首尔、仁川，经北太平洋上空，至北美西海岸的温哥华、西雅图、旧金山、洛杉矶，并可延伸至北美中东部的纽约、芝加哥、蒙特利尔、多伦多等，太平洋中部夏威夷的火奴鲁鲁是该航线的主要中继加油站
4	北美—南美航空线	主要连接北美洲加拿大的温哥华、多伦多、蒙特利尔，美国的旧金山、洛杉矶、西雅图、芝加哥、纽约、亚特兰大、迈阿密、休斯敦，墨西哥的墨西哥城；和南美洲哥伦比亚的波哥大，秘鲁的利马，委内瑞拉的加拉加斯，巴西的里约热内卢、巴西利亚、圣保罗，阿根廷的布宜诺斯艾利斯，智利的圣地亚哥等；以及中美洲的危地马拉城、巴拿马城、科隆、金斯顿、圣胡安、哈瓦那等
5	西欧—南美航空线	主要连接西欧伦敦、巴黎、柏林、法兰克福、慕尼黑、布鲁塞尔、阿姆斯特丹、苏黎世、维也纳；和南美哥伦比亚的波哥大，秘鲁的利马，委内瑞拉的加拉加斯，巴西的里约热内卢、巴西利亚、圣保罗，阿根廷的布宜诺斯艾利斯，智利的圣地亚哥等
6	西欧—非洲航空线	主要连接西欧伦敦、巴黎、柏林、法兰克福、慕尼黑、布鲁塞尔、阿姆斯特丹、苏黎世、维也纳；和非洲摩洛哥的卡萨布兰卡，阿尔及利亚的阿尔及尔，突尼斯，利比亚的黎波里，埃及的开罗，苏丹的喀土穆，埃塞俄比亚的亚的斯亚贝巴，肯尼亚的内罗毕，南非的约翰内斯堡和开普敦，安哥拉的罗安达，刚果（金）的金沙萨，尼日利亚的阿布贾、拉各斯，加纳的阿克拉，塞内加尔的达喀尔等
7	西欧—东南亚—澳新航空线	主要连接西欧伦敦、巴黎、柏林、法兰克福、慕尼黑、布鲁塞尔、阿姆斯特丹、苏黎世、维也纳；澳洲澳大利亚的悉尼、墨尔本、达尔文、珀斯，新西兰的奥克兰、惠灵顿；以及途经东南亚新加坡、曼谷、吉隆坡、雅加达、马尼拉、仰光等
8	远东—澳新航空线	主要连接远东的香港、广州、上海、北京、台北、东京、首尔，经东南亚上空，至澳大利亚的悉尼、墨尔本、达尔文、珀斯，以及新西兰的奥克兰、惠灵顿等
9	北美—澳新航空线	主要连接北美洲加拿大的温哥华、多伦多、蒙特利尔；美国的旧金山、洛杉矶、西雅图、芝加哥、纽约、亚特兰大、迈阿密、休斯敦、达拉斯；墨西哥的墨西哥城；澳大利亚的悉尼和墨尔本；新西兰的奥克兰
10	极地航空线	远东到北美东海岸纽约、底特律、多伦多、蒙特利尔等的北极航线

资料来源：周叶主编《航空物流管理》（第 2 版），北京大学出版社，2019。

（二）通信基础设施提高全球供应链沟通效率

通信技术的进步给人类社会带来翻天覆地的变化，大大提升了人与人之间沟通的效率和体验。通信基础设施的大范围铺设和技术升级，为保障全球供应链上信息的准确传递提供现代化支撑，信息的远距离即时传输，使供应链上各个环节在全球范围内的立即响应成为可能。

1. 5G 应用提升全球供应链响应速度

5G 技术的发展和应用进一步提升了信息传递速度，使全球供应链能够实现高效协同，全球 5G 基站建设进入快车道。截至 2023 年 5 月，全球建成 5G 基站超过 440 万个，95 个国家和地区的 256 家网络运营商推出商用 5G，全球 5G 用户达到 11.5 亿户，人口覆盖率约 30.6%[1]。预计 2023 年底，全球 5G 基站数量将突破 480 万个[2]。全球互联网协议第六版（IPv6）用户支持能力水平迅速提升。截至 2022 年 10 月，根据 APNIC Labs 国家和地区统计数据，全球 IPv6 用户支持能力已提升至 32.98%。

2. 海缆助力全球供应链数字化转型

海底电缆（海缆）技术的发展及其全球布局提供了高速、稳定和安全的数据传输通道，使跨国数据传输成为可能。全球超过 97% 的互联网流量依赖海底电缆。随着海缆带宽容量高速增长、跨国流量峰值大幅提高，全球供应链数字化水平不断提升。截至 2022 年底，全球已投产海缆达 469 条，总长度超过 139 万公里[3]，进一步夯实了全球网络和云基础设施。全球五大国际海缆分别为亚太二号海底光缆（APCN2）、泛太平洋海底光缆（TPE）、EAC-C2C 海底光缆、环球海底光缆（FLAG）和新跨太平洋海缆系统（NCP）（见表 3-6）。

---

[1] 中国信息通信研究院：《2023 全球数字经济研究报告》，2023 年 7 月。
[2] 中国信息通信研究院：《全球海底光缆产业发展研究报告（2023 年）》，2023 年 7 月。
[3] 中国信息通信研究院：《全球海底光缆产业发展研究报告（2023 年）》，2023 年 7 月。

表 3-6　全球五大国际海缆线

序号	名称	主要内容	图示
1	亚太二号海底光缆（APCN2）	由 26 个投资机构共同发起筹建，连接亚洲国家和地区，全长约 1.9 万公里，共有上海崇明、广东汕头、中国台湾新北市淡水、中国香港大屿山、日本千叶县南房总市、日本茨城县北茨城市、韩国釜山广域市、马来西亚彭亨州关丹、新加坡加东及菲律宾八打雁省八打雁市。骨干路径由四对光缆组成，每组光缆的传输速度可达 640Gbps，总容量 2.56Tbps，采用具有自愈功能的环形网络结构	
2	泛太平洋海底光缆（TPE）	长度 1.7 万公里，连接日本、韩国等	
3	EAC-C2C 海底光缆	一组连通东亚地区国家的海底光缆网络，带宽为 10.24Tbps，由东亚海底光缆系统（EAC）以及城市到城市间海底光缆（C2C）两个电缆网络合并而成。EAC 全长 1.95 万公里，现阶段每秒流量 160Gbit，计划最高能提供每秒 2.5Tbit 的流量。C2C 设计最高能提供每秒 7.68Tbit 的流量	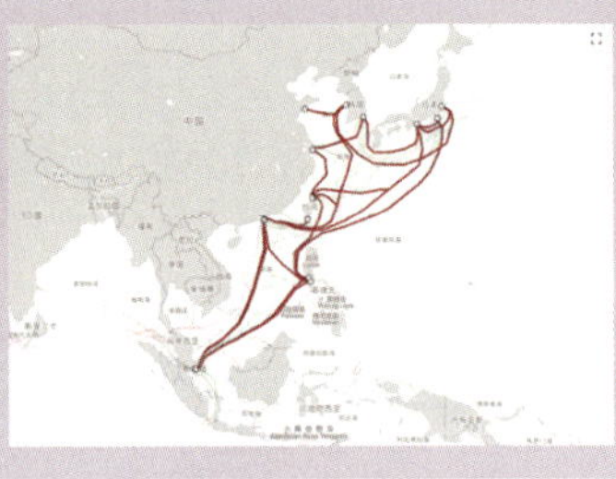
4	环球海底光缆（FLAG）	连接英国、日本等多个国家的海底光缆网络，由 Global Cloud Xchange 负责运营管理。该系统从美国东海岸连接到日本。欧亚区段在 2008 年时是全球第四长光缆，于 20 世纪 90 年代中期由海事电缆及无线电公司领头铺设。光缆登陆分为点对点直接连接，或者建立登陆站点用于连接多个光缆网络系统。光缆总长度为 2.7 万公里，包括路上过境光缆 1020 公里，其中有 6600 公里的光缆只埋藏于海底地下 1 米的地方，通过潜水犁或者海底遥控埋藏器将光缆埋入海底。通过若干年的发展，已经发展出多路冗余切换的能力，在陆地有埃及和泰国两个过境登陆站点，有多条不同的连通线路，能在 50 毫秒内完成路由故障冗余线路快速切换	
5	新跨太平洋海缆系统（NCP）	总长度约为 1.4 万公里，海缆在上海崇明和南汇、韩国、日本、中国台湾等地登陆。NCP 上海南汇段工程在上海南汇临港新城登陆后自登陆点向东铺设，通过海底分支点 BU1 连接 NCP 主干光缆	

全球国际带宽需求高速增长。2022 年全球国际带宽使用量已经达到 3811Tbps，比 2015 年的 293Tbps 增长了 12 倍，2015～2022 年复合年均增长率达到 44%[①]。国际带宽使用量最高的方向依次是欧洲内部、欧洲—美国和加拿大、亚洲内部、亚洲—美国和加拿大、拉美—美国和加拿大（见图 3-11）。

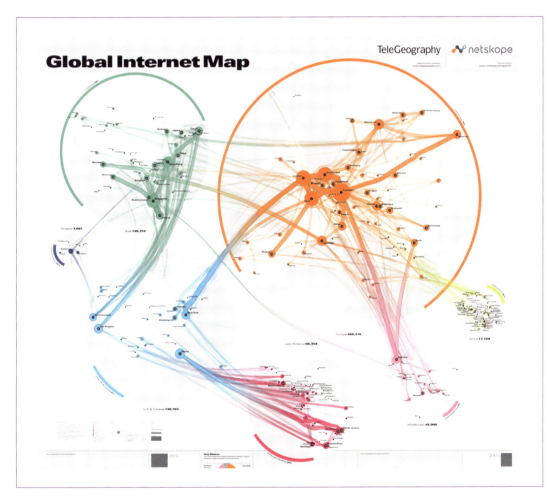

图 3-11　全球国际带宽容使用量

资料来源：全球电信市场研究咨询公司（TeleGeography）。

跨国流量峰值大幅提高。疫情明显推升了国际互联网使用量，2019～2020 年全球平均流量增长高达 48%，同期峰值流量增长高达 46%。2020～2021 年全球平均流量增

---

① 中国信息通信研究院：《全球海底光缆产业发展研究报告（2023 年）》，2023 年 7 月。

长 23%，同期峰值流量增长达到 26%，虽然全球流量增速有所下降，但是总体流量仍继续增长[1]。

3. 通信卫星拓展实时沟通范围

通信卫星可以解决海洋、天空、沙漠、森林和山区的网络覆盖问题，可靠的卫星通信技术与蜂窝通信技术相结合，利用覆盖全球的高轨卫星网络，可将实时通信覆盖地球每个角落，使全球供应链能够实现更广范围的沟通。

截至 2022 年 5 月 1 日，全球累计在轨通信卫星数量为 3624 颗。其中，美国为 2682 颗，占比高达 74%；英国为 469 颗，占比 12.94%；俄罗斯为 88 颗，占比 2.43%；中国为 68 颗，占比 1.88%；日本为 20 颗，占比为 0.55%。以上五个国家是全球卫星通信领域领先国家（见图 3-12）。

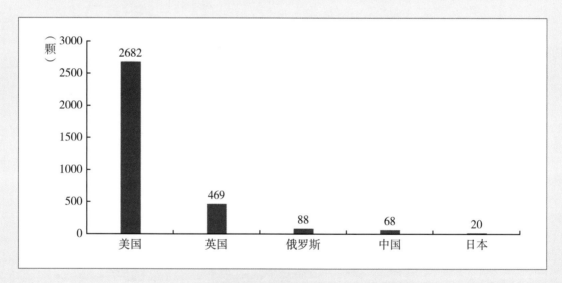

图 3-12　全球卫星通信行业在轨卫星运行情况

资料来源：忧思科学家联盟卫星数据库（UCS）。

卫星通信行业市场规模稳步扩张。2021 年全球卫星通信行业市场规模约为 1816 亿美元，同比增长 24.28%，2017～2021 年市场规模年均复合增速达到 11.98%[2]（见图 3-13）。

---

[1]　资料来源：全球电信市场研究咨询公司（TeleGeography）。
[2]　资料来源：美国卫星产业协会（SIA）发布的《卫星产业状况报告》。

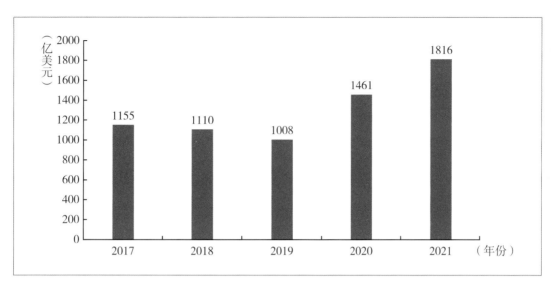

图 3-13　2017～2021 年全球卫星通信行业市场规模

资料来源：美国卫星产业协会（SIA）发布的《卫星产业状况报告》。

美国在全球商用卫星通信行业处于领先地位。根据 UCS 卫星数据库，截至 2022 年 5 月 1 日，全球排名前十的运营商在轨通信卫星数量为 3083 颗，占全球在轨通信卫星总数的比重达到 85.07%。其中，美国和欧洲占据了绝对领先地位，全球排名前十的运营商有 6 家为美国企业，4 家为欧洲企业，各国（地区）企业竞争实力差距悬殊。全球最大的商用卫星通信企业为美国的 SpaceX 公司，其发射商用通信卫星数量达到 2219 颗，占全球比重为 61.23%，处于绝对领先地位；排名第二的为英国企业 OneWeb Satellites，其在轨通信卫星数量为 427 颗，占全球比重为 11.78%。

中国卫星通信行业市场规模逐年扩大。近年来，中国卫星通信行业快速发展，卫星通信关键技术不断进步，如光开关、光信息处理、智能化星上网控、超导、新发射工具和新轨道技术，使卫星通信产生革命性变化。2022 年，中国卫星通信行业市场规模达到 878 亿元，同比增长 10.16%（见图 3-14）。

（三）金融基础设施保障全球供应链资金运转

金融基础设施为全球经济活动提供公共服务，是供应链中资金畅通流动的基础性保障。金融基础设施的高效运转可以充分发挥金融市场资源配置功能，有力支撑全球供应链上跨境交易的顺利开展。

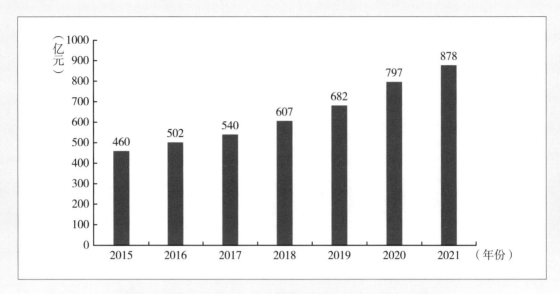

图 3-14　2015～2021 年中国卫星通信行业市场规模变化

资料来源：根据公开资料整理所得。

1. 国际金融机构搭起资金运转框架

各类国际金融机构构建了全球供应链的金融服务网络基础。国际金融机构分为全球性国际金融机构和地区性国际金融机构。其中，全球性国际金融机构主要指国际清算银行、国际货币基金组织和世界银行三大机构（见表3-7）。三大国际金融机构成立以来，成员数量持续增长。国际清算银行由最初的7个成员国发展至现在的63家中央银行或货币当局成员；国际货币基金组织由最初的44个成员增长至目前的190个成员；世界银行由最初签订协议的28个国家增长至目前的189个成员。地区性国际金融机构主要包括亚洲开发银行、亚洲基础设施投资银行、欧洲复兴开发银行、美洲开发银行、欧洲中央银行、欧洲投资银行等，成员覆盖了各地区的主要经济体（见表3-8）。

表 3-7　三大全球性国际金融机构

机构名称	成立时间	主要职责	成员构成
国际清算银行	1930 年	促进各国中央银行之间的合作并为国际金融业务提供便利	63 家中央银行或货币当局会员
国际货币基金组织	1945 年	主要负责监察货币汇率和各国贸易情况，提供技术和资金协助，确保全球金融制度正常运作	190 个成员国家或地区
世界银行	1945 年	主要向发展中国家提供长期贷款和技术协助，帮助其实现反贫困政策	189 个成员国家或地区

资料来源：根据公开资料整理。

表 3-8　主要地区性国际金融机构

机构名称	成立时间	主要职责	成员构成
亚洲开发银行	1966 年 11 月	通过发展援助帮助亚太地区发展中成员消除贫困，促进亚太地区的经济和社会发展	现有 68 个成员，其中 49 个来自亚太地区，19 个来自其他地区
亚洲基础设施投资银行	2015 年 12 月	通过在基础设施及其他生产性领域的投资，促进亚洲经济可持续发展、创造财富并改善基础设施互联互通；与其他多边和双边开发机构紧密合作，推进区域合作和伙伴关系，应对发展挑战	现有 109 个正式成员
欧洲复兴开发银行	1991 年 4 月	帮助和支持东欧、中欧国家向市场经济转型	现有 74 个会员
美洲开发银行	1959 年 12 月	对拉美和加勒比地区成员国的经济、社会发展计划提供资金和技术支持，协助其为加速经济发展和社会进步做出贡献	现有 48 个成员
欧洲中央银行	1998 年 6 月	致力于保持欧元区物价稳定、银行体系安全	现有 27 个成员
欧洲投资银行	1958 年 1 月	利用国际资本市场和共同体内部资金，促进共同体的平衡和稳定发展	成员为 27 个欧盟成员

资料来源：根据公开资料整理。

亚洲基础设施投资银行（Asian Infrastructure Investment Bank，AIIB），简称"亚投行"，成立于 2015 年 12 月 25 日，是向亚洲各个国家和地区政府提供资金以支持基础设施建设的区域多边开发机构，总部设在中国北京。截至 2023 年 4 月，亚投行累计批准 212 个项目，融资总额超过 403.7 亿美元，撬动资本近 1300 亿美元，涉及能源、交通、水务、通信、教育、公共卫生等领域的可持续基础设施建设与成员经济的绿色复苏，项目遍布全球 33 个国家和地区。亚投行核心业务是优先投资基础设施和其他生产性部门，主要包括绿色基础设施、互联互通与地区合作、技术赋能基础设施和调动私营资本。

2.跨境支付清算系统提供结算便利

跨境支付清算系统[①]的清算货币已扩展至各主要国际货币，提升了全球供应链上不同币种结算的便利化水平，并逐渐形成了以下生态系统：以美元为主的环球银行间金融通信协会支付系统（SWIFT）和纽约清算所同业支付系统（CHIPS），以欧元为主的泛欧实时全额自动清算系统（TARGET）和欧元区大额支付结算系统

---

① 跨境支付清算系统是跨国或跨境的金融机构资金清算通道。

（EURO1）^①，以英镑为主的伦敦自动清算支付系统（CHAPS），以人民币为主的人民币跨境支付系统（CIPS），以及以日元为主的外汇日元清算系统（FXYCS）和日本银行金融网络资金转账系统（BOJ-NET）（见表3-9）。跨境支付清算系统可以为世界各国和地区的企业参与全球供应链的经济活动，提供时间短、效率高、流动性强的便利化支付结算服务。

表3-9　跨境支付清算系统

结算货币类型	系统名称	建立时间	连接经济体数量（个）	会员银行数量（家）	支付结算规模^②
美元	SWIFT	1973 年	200+	11000+	日均处理金额超 5 万亿美元
	CHIPS	1970 年	——	140	日均处理金额 1.5 万亿美元
欧元	TARGET	1999 年	16	50000+	日均处理金额 1.7 万亿欧元
	EURO1	2007 年	32	48	日均处理金额 0.2 万亿欧元
英镑	CHAPS	1984 年	50+	25+	日均处理金额 0.33 万亿英镑
人民币	CIPS	2015 年	182	1441	日均处理金额 1818.15 亿元
日元	FXYCS	1980 年	——	244	日均处理金额 18 万亿日元
	BOJ-NET	1988 年	——	383	日均处理金额 200 万亿日元

资料来源：根据公开资料整理。

3. 证券交易机构拓宽企业融资渠道

交易设施是国民经济高速运转和全球供应链稳定运行的重要基础。证券市场不仅为企业融资提供平台，也通过证券价格形成过程反映企业和行业健康情况，有效保障了全球供应链安全和稳定运转。全球十大证券交易所，美国有2家，中国有3家，其次分别分布在英国、日本、欧洲、加拿大、印度（见表3-10）。2010～2020年，全球总市值总体呈上升趋势，2020年达到93.69万亿美元，较2019年增长18.9%（见图3-15）。证券市场对企业融资提供了强大支撑，大大增强供应链主体的韧性。

---

① 由欧洲银行业协会建立。
② 结算规模为 2022 年情况。

表 3-10　全球十大证券交易所

国家	名称	主要特点
美国	纽约证券交易所	历史悠久，可以追溯到 1792 年，直到 1817 年 3 月 8 日改名为纽约证券交易委员会，1863 年改为现名，目前纽约证券交易所上市公司大约为 2400 家
	纳斯达克证券交易所	1971 年成立，其特点是收集和发布场外交易非上市股票的证券商报价，现已成为全球第二大证券交易市场，是第一个面向全球采用电子交易的股市，在 55 个国家和地区设有 26 万多个计算机销售终端，目前拥有上市公司 3000 多家。纳斯达克被认为是科技公司圣地，市场化程度最高，许多跨国龙头科技公司在此上市，如苹果、微软、Facebook、亚马逊、Alphabet、特斯拉、思科等
英国	伦敦证券交易所	成立于 1773 年，为世界各地的公司及投资者提供了一个通往欧洲的理想门户，伦敦证券交易所拥有 3000 多家上市公司
日本	东京证券交易所	世界三大交易所之一，拥有将近 2300 家上市公司
中国	上海证券交易所	创立于 1990 年，在上海证券交易所上市的股票拥有以人民币交易的 A 股和以美元记账的 B 股，目前拥有 1000 多家上市公司
	香港交易所	香港交易所作为全球主要证券交易所之一，目前拥有上市公司 1800 多家
	深圳证券交易所	1990 年成立，目前拥有 1400 多家上市公司
欧洲	泛欧证券交易所	成立于 2000 年，由阿姆斯特丹交易所、布鲁塞尔交易所、巴黎交易所签署协议合并而成。在泛欧证券交易所上市的股票以欧元进行交易，目前泛欧证券交易所拥有上市公司近 1300 家
加拿大	多伦多证券交易所	1861 年成立，目前拥有上市公司 1500 多家
印度	印度国家证券交易所	成立于 1992 年，位于孟买，目前有上市公司 2700 余家

资料来源：根据公开资料整理。

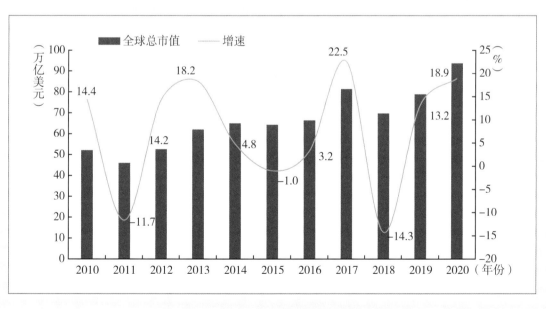

图 3-15　2010～2020 年全球总市值变化

资料来源：万德数据库。

4. 商品交易所提供商品与服务便利

期货市场广泛联系上中下游千厂万企，在促进全球供应链稳定方面发挥着重要作用。商品交易所在大宗商品全球供应链规模增长、跨境交易便利化、集疏运功能完善等方面起到了重要促进作用。国际期货业协会[①]（Futures Industry Association，FIA）对全球85家交易所进行数据统计，2022年全球场内期货和期权成交量为838.48亿手，较2021年增长了212.63亿手，增长34.0%，全球期货、期权成交量连续五年增长，创下新纪录。

需要指出的是，尽管新兴经济体基础设施发展水平快速提升，但全球基础设施互联互通仍然面临一些问题，发展中国家特别是最不发达国家的交通基础设施仍较为落后，通信基础设施互联互通面临市场开放和标准等方面的制约，金融基础设施主要由发达国家掌控，跨境支付清算系统的参与币种仍较有限、缺少单一全球支付系统。此外，跨国基础设施合作面临一些显性和隐性壁垒，使一些国家和企业无法参与全球供应链，也阻碍了全球供应链发展。

二 多双边经贸规则构筑全球供应链制度框架

多双边经贸规则保障全球供应链在制度上的可行性。当前，全球多双边经贸规则体系主要由世界贸易组织（WTO）多边经贸规则和区域贸易协定（Regional Trade Agreements，RTAs）中的区域经贸规则组成。前者在全球范围内构建了成员方普遍需要遵守的规章制度以促进全球贸易自由化、便利化；后者在区域范围内构建了成员方需要遵守的规章制度，以促进区域贸易自由化、便利化；两者相互补充，相互促进。区域贸易协定（RTAs）又分为四种类型，分别为局部贸易协定（Partial Scope Agreement，PSA）、自由贸易协定（Free Trade Agreement，FTA）、关税同盟（Customs Union，CU）、经济一体化协定（Economic Integration Agreement，EIA）。截至2022年12月1日，自由贸易协定占比55.9%，经济一体化协定占比33.8%，关税同盟占比5.3%，局部贸易协定占比5.0%[②]。

（一）WTO规则是全球供应链布局的制度基石

WTO的宗旨是使贸易尽可能自由流动，是多边经济体系的三大国际机构之一，

[①] 国际期货业协会是一个国际性的期货协会组织，有200多个公司会员，包括正式会员和联合会员。
[②] 资料来源：世界贸易组织，https://www.wto.org。

也是世界上唯一处理经济体之间贸易规则的国际组织。WTO 目前有 164 个成员[①]，成员间的贸易量占世界贸易总规模的 98% 以上[②]。WTO 通过制定和规范国际多边贸易规则、组织多边贸易谈判、解决成员之间的贸易争端，建立一个完整的、更具活力的永久性多边贸易体系。WTO 的九大基本原则包括非歧视原则、最惠国待遇原则、国民待遇原则、透明度原则、贸易自由化原则、市场准入原则、互惠原则、对发展中国家和最不发达国家优惠待遇原则、公正平等处理贸易争端原则，为全球供应链布局保驾护航，促进全球供应链安全稳定畅通。

1. GATT 与 GATS 降低市场壁垒

1994 年的《关税与贸易总协定》（General Agreement on Tariffs and Trade，GATT）是世界贸易组织法律框架的重要组成部分，规定了各成员在世界贸易中应当遵守的关税减让、过境自由等货物贸易基本原则和应履行的基本义务，通过各成员间相互削减关税，促进贸易往来，使全球供应链在 WTO 成员之间布局成为可能。

《服务贸易总协定》（General Agreement on Trade in Services，GATS）是关贸总协定乌拉圭回合谈判达成的第一套有关国际服务贸易的具有法律效力的多边协定，于 1995 年 1 月正式生效。GATS 各成员通过履行服务贸易自由化具体承诺表，向其他缔约方开放服务部门，使全球供应链上的服务环节能够随生产环节就近布局。

2. ATC 助推纺织品供应链全球化

《纺织品与服装协议》（Agreement on Textiles and Clothing，ATC）是 WTO 发展中成员在乌拉圭回合谈判中取得的重要成果之一，从根本上改变了管辖纺织品贸易长达数十年之久的贸易体制，以市场配置为基础的自由贸易取代以配额为基础的管理贸易，促进纺织品供应链从发达成员向发展中成员转移，给发展中成员更多参与全球纺织品供应链的机会，并促进发展中成员更广范围、更深层次地融入全球供应链。

3. TBT 推动各国削减技术性壁垒

技术标准是目前最为广泛的隐性贸易壁垒，存在于全球供应链和供应链的各个环节中，包括农产品、食品、机电产品、纺织服装、信息产业、家电、化工医药以及它们的初级产品、中间产品和制成品，涉及加工、包装、运输和储存等环节。《技术性贸易壁垒协议》（Agreement on Technical Barriers to Trade，TBT）旨在确保 WTO 各成

---

① 资料来源：世界贸易组织，https://www.wto.org。
② 资料来源：世界贸易组织，https://www.wto.org。

员制定的技术法规、标准以及合格评定程序不对进口产品采取歧视政策，有助于防止发达成员通过制定较高的技术标准阻碍技术发展水平低的发展中成员产品融入全球供应链。

4. TFA 大幅提升全球供应链效率

《贸易便利化协定》（Trade Facilitation Agreement，TFA）是 WTO 自 1995 年成立后达成的首个多边贸易协定，于 2017 年 2 月 22 日正式生效，也是最具历史意义和商业价值的多边贸易成果。《贸易便利化协定》主要目标是改革边境管理措施，提升贸易和生产效率，通过对发展中成员与最不发达成员的技术支持、资金援助与能力建设，降低不同成员之间的非对称执行成本并提高执行能力。对成员方来说，落实该协定可以进一步降低在全球供应链中的贸易成本和时间成本，大大提升了全球供应链效率。

（二）区域贸易协定深化成员间的供应链合作

区域贸易协定（Regional Trade Agreements，RTAs）是 WTO 多边贸易体制的有益补充。截至 2023 年 7 月 21 日，全球累计向 WTO 报备的 RTAs 达到 593 个，其中已生效的有 360 个，与 2014 年生效的 263 个相比，增加了 97 个（见图 3-16）。RTAs 追求更高标准的国际贸易投资自由化、便利化水平，在促进全球供应链安全稳定畅通方面发挥重要作用。

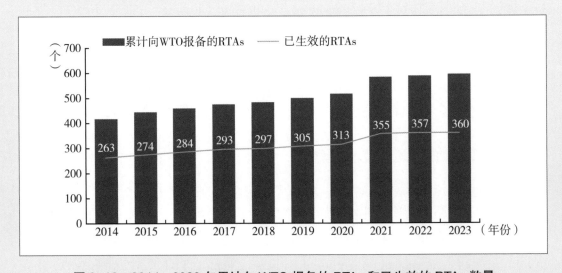

图 3-16　2014～2023 年累计向 WTO 报备的 RTAs 和已生效的 RTAs 数量

资料来源：世界贸易组织秘书处，截至 2023 年 7 月 21 日。

1. FTA 加速供应链在成员间布局

当前，新一代区域自由贸易协定的代表包括 USMCA、RCEP、CPTPP 等，与传统的自贸协定相比，自由化和便利化要求更高。例如，WTO 的《贸易便利化协定》鼓励各成员定期以一致的方式测算和公布其货物平均放行时间，但是并未对通关时间给出具体规定，而 RCEP 和 CPTPP 都规定了尽可能在货物抵达 48 小时内放行。在关税减让方面，区域贸易协定的高标准规则对供应链布局的促进作用更加明显。以 RCEP 为例，原产地累积规则 ① 使产品原产地价值成分可在 15 个成员构成的区域内累积，不仅大幅度降低各成员之间供应链布局的成本，加速成员间基于供应链的合作，也为非协定成员在亚太地区甚至全球范围内优化供应链布局提供了更好的选择。2022 年，多数 RCEP 成员在区域内的贸易和投资都呈现积极的增长态势，表明了成员间供应链合作较为活跃。

2. 数字贸易规则推动供应链转型

区域贸易协定涵盖电子商务、数字贸易等规则，符合供应链数字化的大趋势，弥补了多边规则中数字贸易规则缺失的问题。CPTPP 包含电子商务专章；USMCA 中也包含数字贸易专章；东盟成员于 2018 年 12 月签署了《东盟电子商务协定》；美国、日本于 2019 年 10 月签署了《美日数字贸易协定》；智利、新西兰和新加坡于 2020 年 6 月签署了《数字经济伙伴关系协定》(Digital Economy Partnership Agreement, DEPA)② ；很多区域贸易协定中的数字贸易条款，也为全球供应链的数字化转型提供了量身定制的制度保障。例如，CPTPP 和 DEPA 均永久取消电子传输关税，对包括人工智能、金融科技等多项新兴技术做出了合理的制度安排，并将协议中关于数字贸易的内容扩大到数字经济。再比如，《美日数字贸易协定》规定了数字贸易税收、金融服务提供商的金融服务计算设施的位置、使用密码技术的信息和通信技术产品等条款。DEPA 协议中对数字初创企业和中小企业做出特别规定。这些规则为促进全球供应链的数字化转型提供了强有力的制度保障。

需要指出的是，当前多双边规则在全球供应链促进方面仍然不尽如人意。例如，WTO 改革陷入停滞，原有的规则已经跟不上全球供应链发展的最新趋势，存在较多

---

① 根据 RCEP 第三章第一节第四条第二款的规定，在某一个成员方（例如中国）使用来自多个 RCEP 成员方的符合第三章第一节第二条定义的原产货物加工、制造某一最终产品 A，那么 A 产品的原产国可以直接使用"累积"原则确定为中国（最终产品 A 的生产和加工地），不需要另外判断和确定。

② 2021 年 11 月 1 日，中国正式提出申请加入 DEPA。

空白。双边规则中存在的"毒丸条款"，以及区域贸易协定过多，导致全球经济治理体系碎片化等问题，阻碍全球供应链进一步发展。

三 主要经济体法规影响全球供应链发展方向

全球供应链能否高效率、低成本运转并在不同国家顺利布局，很大程度上取决于参与经济体的供应链政策导向。当一国的国家战略是鼓励企业走出去进行全球供应链布局时，跨国公司的全球供应链布局就会获得更多的鼓励政策，制度成本也会大幅度下降；反之，如果一国采取脱钩断链的政策，则会使全球供应链在另一个或多个国家布局困难重重甚至成为不可能，不仅大大增加跨国公司全球供应链布局的成本，而且直接干扰了企业根据自身发展需要构建全球供应链的正常市场经济活动。

（一）供应链促进上升为国家战略

1. 美国颁布供应链相关法律

美国是最早明确提出供应链国家战略的发达经济体。2012年，美国发布《全球供应链安全国家战略》，提出"促进商品高效与安全运输"和"培养有弹性的供应链"两大战略目标。2018年12月，美国国会通过了《联邦采购供应链安全法案（2018年）》（Federal Acquisition Supply Chain Security Act of 2018），该法案通过成立联邦采购供应链安全理事会（FASS）为联邦供应链安全制定规则，保障联邦供应链安全。

2. 德国高度重视制造业供应链

德国注重通过技术应用和生产方式智能化重塑制造业高附加值环节，重构工业和制造业全球供应链。2019年11月29日，德国发布《国家工业战略2030》最终版，有针对性地扶持重点工业领域，提高工业产值。根据该战略，德国计划到2030年将工业产值占国内生产总值的比重增至25%，在欧盟经济附加值总额中占比提高到20%，并呼吁减少欧洲企业兼并重组的障碍。

3. 英国推动制造业供应链协同

2013年，英国颁布《制造业的未来：英国面临的机遇与挑战》，促进供应链上下游协同研发。2015年，英国加强制造业供应链发展战略的顶层设计，出台《加强英国制造业供应链政府和产业行动计划》，将促进制造业供应链发展上升为国家战略。2014～2016 年，分别出台《海上风电供应链管理战略》《汽车供应链发展战略》《石油和天然气供应链管理战略》，引导清洁能源供应链的发展。2017 年，英国出台《英国工业战略——全球供应链基础设施计划》，推动供应链基础设施布局。2020 年，英国颁布《国家基础设施战略》，改造英国基础设施网络。

4. 日本加大供应链补贴力度

自从日本海啸导致全球供应链中断后，日本着力提升供应链韧性。一是加强对日本企业在东南亚地区投资生产的补贴。2020 年，日本支持其企业在东南亚地区增强生产能力，对企业在东南亚地区新设或扩建工厂、引进新设备和软件提供补贴。补贴对象包括供应中断风险大、国外生产比例超过 50% 或者在某一国家生产集中度超过 15% 的产品及零部件；投资率超过 10% 的海外子公司。二是推进国家及地区间供应链合作。如对在亚太地区开展供应链可视化、物流高度化、贸易手续顺畅化、生产基地多元化的可行性调查、研究和人才培训等活动提供补贴，支持日本企业在亚太地区运用数字技术提高供应链可视化程度、扩大数据共享、建立多元化的生产供应体制等。

（二）加大供应链创新的资金投入

作为引领全球供应链发展的第一动力，创新对经济增长的驱动作用日益凸显。世界主要国家纷纷拟定创新发展战略，营造良好环境氛围，以技术创新为主导，促进全球供应链的发展。

1. 美国增加供应链技术创新投资

2021 年 6 月 8 日，美国颁布《2021 年美国创新与竞争法案》，希望促进美国半导体、人工智能等前沿技术的发展。该法案与其母本《无尽前沿法案》注重供应链创新，提出在国家科学基金会（National Science Foundation，NSF）设立一个新的"技术与创新局"（Directorate for Technology and Innovation，DTI），加速技术商业化。DTI将支持关键技术重点领域的研发；建立大学技术中心、学术技术转让中心和技术测试平台；通过发放奖学金和研究金推动 STEM（科学、技术、工程和数学）劳动力培养和发展。该法案计划向 NSF 投入超过 1000 亿美元。

2. 英国支持智能和互联技术创新

2021 年，英国研究与创新署（UK Research and Innovation，UKRI）出台"让制造更智能"（Made Smarter）国家计划，支持智能制造和互联供应链等领域，具体包括以下三个方面。一是创建数字供应链创新中心。由数字弹射中心（Digital Catapult Center）与大中型企业、高校、研究机构等实施，利用大规模实验室开展突破性技术开发，创建有效集成的创新生态系统，变革英国制造业。二是开展合作研发。通过"让制造更智能"创新挑战中的数字供应链竞赛，评选出 37 个项目提供资助。三是建设 5 个研究中心。通过数字技术的创新与运用，弥合基础研究与实际应用之间的差距，助力英国制造业提高生产力和竞争力。

3. 德国加大基础研发的支持力度

德国是世界上研发最密集的国家之一，研发投入在促进供应链创新方面发挥了重要作用。德国发布的 2022 年《德国研究与创新报告》显示，2020 年，德国研发投入约 1059 亿欧元，研发经费投入占 GDP 的比重提升至 3.14%，与 2018 年相比，增加了 0.01 个百分点，与 2016 年相比，研发投入增长了 15%[①]。

（三）推动全球供应链数字化转型

全球供应链数字化转型升级是新一代信息技术在供应链各个环节的扩散和应用，发端于由消费互联网驱动的电子商务，实现消费者网上购物、供应商之间网上交易和在线电子支付，大幅提升了营销触达率、商品销售效率、库存周转率等。目前，全球供应链借助工业互联网进入生产端数字化转型阶段。

1. 美国加快供应链数字技术应用

美国数字技术发展起步较早，进入 21 世纪，信息技术日新月异，特别是近年来数字技术不断突破，美国政府紧跟信息技术发展趋势，从国家战略高度实施了《高性能计算法案》《网络与信息技术研发计划》《大数据研究与发展计划》《机器人技术路线图》《国家宽带研究议程》《国家战略计算计划》《国家人工智能研发战略计划》

---

① 《2022 年〈德国研究与创新报告〉发布，宣告德国十年转型开始》，字节点击网，2022 年 7 月 6 日，https://byteclicks.com/39339.html。

《关键和新兴技术国家战略》等一系列技术发展相关政策（见图 3-17），始终保持数字技术发展的领先优势，为数字化转型提供了强有力的技术支持。

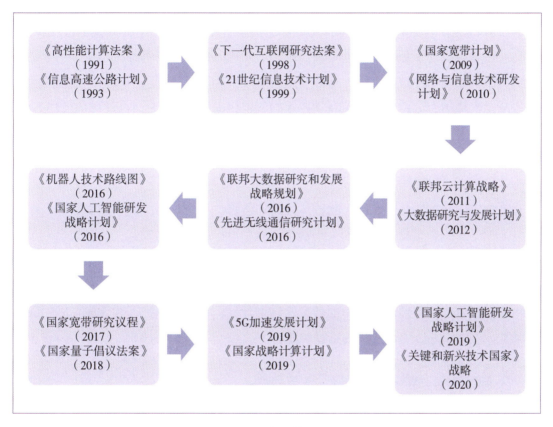

图 3-17　美国数字战略发展演进

资料来源：根据公开资料整理。

2018 年，美国制定《国家量子倡议法案》，确定了量子信息科学的十年发展目标和优先事项，承诺在五年内拨款 10 亿美元支持美国量子技术研发，要求白宫和联邦机构采取几项关键行动，包括建立国家量子协调办公室、建立研究机构和联盟、启动国家量子倡议咨询委员会以及增加联邦研发投资。2021 年，美国将《国家人工智能倡议法案》加以修订后纳入《2020 国防授权法案》，《国家人工智能倡议法案》正式升级为法律，标志着美国完成人工智能战略部署和政策设计。设计框架主要包括设置专门执行机构进行协调监督、加大研发投入、成立系列国家人工智能研究院，以打造新型战略科技创新力量、加强人工智能治理及基础设施建设。2021 年美国提出 35 项关于加密货币及区块链的政策法案，重点围绕加密货币监管、区块链技术应用、央行数字货币三大方向，加强推广区块链技术，使其在其他经济领域得到广泛应用。

2. 欧盟设立供应链数字化转型目标

2022 年 6 月，欧盟发布的《2022 年战略预见报告：新地缘政治环境中的绿色化和数字化双转型》指出，随着俄乌冲突爆发，欧盟需要加速向绿色化和数字化双转型。在交通领域鼓励用于互联和自动驾驶汽车、船舶等的数字化技术解决方案，用于记录车辆数据的数字孪生技术和用于智能交通的人工智能、云计算、半导体等技术的应用和普及。支持用于分析优化能源利用效率的数字化模型、通过匿名隐私保护数据分析消费者行为的数字日志等技术的应用。

2023 年 1 月 9 日，欧盟发布的《2030 年数字十年政策方案》（Digital Decade Policy Programme 2030）正式生效，该方案确立了欧盟体系内的监督合作机制，到 2030 年实现欧盟数字化转型的共同目标。欧盟体系内的监督合作机制措施包括建立数字十年委员会，加强欧盟委员会与成员国关于数字化转型目标的合作与沟通；创建数字十年政策新论坛，提供利益相关者参与及讨论的平台；通过数字十年状况报告和关键绩效指标，监测目标进展情况；建立多国项目，拟启动 5G、量子计算机和互联公共管理等领域的多国合作。欧盟此次提出的数字化转型计划，将进一步推动欧盟成员国层面政府采购、数字立法、外商投资政策的转变。

3. 韩国制定"数字＋制造业"创新战略

韩国提升产业数据利用率以推动供应链数字化转型。2020 年 8 月 20 日，韩国针对钢铁、半导体等行业的企业需求，发布《基于数字的产业创新发展战略》，旨在通过制定"数字＋制造业"创新发展战略，提高供应链中产业数据（产品开发、生产、流通、消费等产业活动全过程中产生的数据）的利用率，以增强韩国优势产业的竞争力。

（四）抓住供应链绿色化转型的关键环节

清洁能源既是全球供应链的核心产品之一，又是全球供应链绿色化转型的重要驱动因素。在《联合国可持续发展目标》[①]的引领下，清洁能源的应用在全球范围内不断扩大。世界主要国家均制订了清洁能源发展计划和目标，积极推动太阳能、风能、水能、生物能等清洁能源的开发和利用，持续推动全球供应链绿色化

---

① 《联合国可持续发展目标》（SDGs）是 2015 年 9 月由 193 个联合国成员国在联合国可持续发展峰会上通过的一项计划，旨在到 2030 年前实现全球可持续发展。

转型。2022 年，各种清洁电力（可再生能源和核能）占全球总电力消耗的 39%，
创下新纪录 ①。

1. 美国公布清洁氢能路线图

美国通过发布《国家环境政策法》《资源保护与回收法案》《包装中有毒物质示范
法规》《环境标志制度》《绿色采购制度》《通过废弃物减量、资源回收及联邦采购来
绿化政府行动》等一系列法律法规，促进供应链绿色化转型。2023 年 6 月，美国发布
《美国国家清洁氢能战略和路线图》，旨在加速美国清洁氢的生产、处理、交付、存储
和应用，建立美国商业化规模的氢能部署，实现长期脱碳目标。据估计，到 2030 年，
美国氢能经济可增加 10 万个就业机会，清洁氢产量将达到 1000 万吨，到 2050 年清洁
氢产量达到 5000 万吨。该路线图确定了三项关键战略：一是确保在工业部门、重型
运输和长期储能方面发挥清洁氢的高效应用；二是促进创新，刺激私营部门投资和发
展清洁氢供应链来降低清洁氢的成本；三是建立大规模清洁氢生产和终端使用的区域
性网络，实现基础设施投资效益最大化。该路线图还补充了 95 亿美元清洁氢投资内
容，包括新的清洁氢生产税收抵免等。

2. 欧盟公布一揽子绿色新政

2020 年，欧盟委员会正式推出能源系统一体化战略与氢能源战略，并计划推动数
千亿欧元的净零技术投资，以达成到 2050 年实现碳中和的目标。欧盟通过加大资金投
入、加大碳捕获、简化项目批复环节、降低市场准入、建立净零行业学院强化教育水
平、创造高质量就业机会、鼓励成员国科技创新等行动，为提升净零技术创造有利条
件。至 2022 年，欧盟 22% 的电力来自可再生能源发电，太阳能发电量同比增长 24%。
2023 年，欧盟正式发布绿色工业计划的两大基石——《净零工业法案》和《欧洲关键
原材料法案》，设定了多个绿色化目标，旨在推动欧盟全行业供应链绿色化转型，为
全球供应链绿色化转型做出了积极贡献。

3. 英国出台《净零战略》

2021 年 10 月，英国政府发布了《净零战略》，以"绿色工业革命十点计划"为基
础，制订了一项全面的经济刺激计划，旨在支持英国企业和消费者向清洁能源和绿色
技术过渡、降低英国对化石燃料的依赖、投资可持续清洁能源、抑制未来能源价格高
企和波动风险，保障英国能源安全。

---

① 资料来源：能源智库 Ember 发布的《全球电力评论》。

4. 日本完善绿色供应链体系

日本持续推动构建集绿色制造、绿色回收、绿色能源于一体的"三绿"供应链体系。从明确发展目标、引领绿色技术创新发展、强化财政金融政策扶持力度、加强规则制定与国际技术合作等角度出发，实施一系列绿色产业政策，引导日本企业转变商业经营模式，扩大绿色领域投资。计划到2030年可再生能源占日本能源总供给的比重提升至36%~38%，氢能与燃料氨占比提升至1%，核能占比提升至20%~22%。

需要指出的是，当前全球化遭遇逆风，单边主义、保护主义抬头。虽然世界各国出台政策促进全球供应链发展，但也存在一些国家直接或间接地实施供应链本地化、友岸化战略，试图阻断全球供应链。无论是直接宣扬脱钩断链，还是以可持续供应链、增强供应链韧性、保障供应链安全等为名的制造业回流政策，或是过分夸大敏感行业、滥用国家安全审查的政策，实际上都是阻止企业基于市场经济的需要在全球开展供应链布局，以政治手段干扰企业正常的经济行为，增加企业在全球供应链布局的制度障碍。

四 技术进步加速全球供应链创新升级

技术进步保障全球供应链更高效率运行。移动互联网、大数据、云计算、物联网、人工智能等新一代信息技术，以及新材料、新能源等绿色低碳技术的广泛应用，大大提升了全球供应链上下游的信息传递速度，提升了全球供应链的物流效率，促进了全球供应链的绿色化转型。

（一）数字技术促进全球供应链数字化发展

数字技术的迅猛发展改变了传统全球供应链的运作方式，使全球供应链发展模式出现了两大新的特征。一是数字场景下的产品更加复杂，生产涉及的工序和主体更加多元，数字化使全球供应链纵向延长；二是数据赋能专业化分工能够获得规模经济，数字化使全球供应链横向扩维。

1. 移动互联网提升全球供应链信息传输速度

5G网络通信技术是当前世界上最先进的网络通信技术，理论上其传输速度每秒钟能够达到数十 GB，是 4G 移动网络的数百倍。5G 网络通信技术应用于全球供应链能够使全球供应链信息传输速度提升数百倍。

5G 网络通信技术应用于零售领域带动了销售渠道数字化进入加速发展阶段，全球电子商务持续增长。2022 年全球零售电商销售额达到 5.7 万亿美元，渗透率为 19.73%。未来全球零售电商市场依然蕴含巨大增长潜力，消费线上化趋势强劲，预计 2026 年全球零售电商市场规模有望达 8.1 万亿美元，2022～2026 年复合年均增长率（CAGR）将达到 9%，增长驱动主要来自东南亚、拉美等新兴市场的快速增长以及社交电商、直播电商等新模式的巨大潜力（见图 3-18）。

图 3-18　全球零售电商销售额与渗透率发展趋势

资料来源：eMarketer、中国国家统计局。

注：2023～2026 年为预测数据。

预计 2023 年，零售电商销售额将占全球零售总额的 20.84%（见图 3-19）；移动电商销售额将达到 5118 亿美元，是 2019 年的 2206.7 亿美元的两倍多[1]。2022 年全球消费者在购物应用程序上花费了超过 1000 亿小时[2]。

---

[1] 《全球电商市场现状如何？20 项权威统计数据带你了解！》，亿邦动力网，2023 年 6 月 25 日，https://www.ebrun.com/20230625/521677.shtml?eb=search_chan_pcol_content。

[2] 《全球电商市场现状如何？20 项权威统计数据带你了解！》，亿邦动力网，2023 年 6 月 25 日，https://www.ebrun.com/20230625/521677.shtml?eb=search_chan_pcol_content。

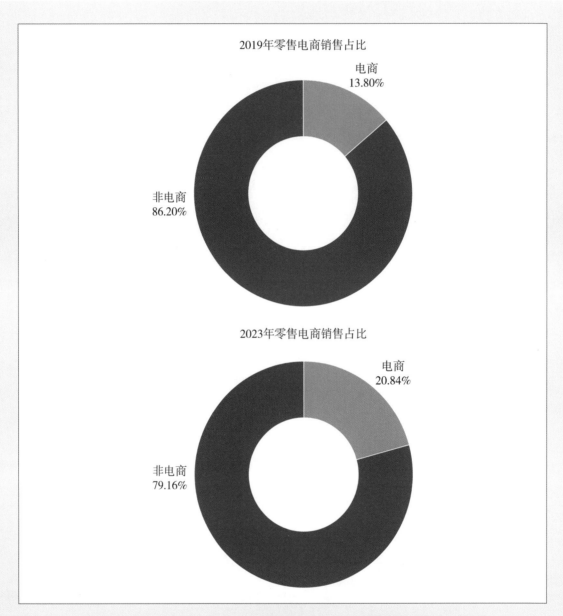

图 3-19　2019 年与 2023 年零售电商销售在全球零售总额中占比情况

资料来源：亿邦动力网。

 案例

案例 3-1　亚马逊全球零售电子商务销售持续增长

2022 年，亚马逊 iOS 和 Android 零售应用下载量接近 3000 万次。Insider Intelligence 预计，到 2023 年，亚马逊的全球零售电子商务销售额将达到 7462.2 亿美元，高于 2022 年的 5140 亿美元。

2. 大数据技术革新全球供应链管理模式

人类社会正进入大数据时代，数据规模大、生成速度快推动了数据处理技术的进步。一是数据存储能力提高，特别是高性能云存储系统的发明，能够高效且经济地实现数据的恢复、备份、复制与安全管理；二是数据处理速度大幅提高，如开源云计算框架 Hadoop、非结构化数据计算模型 MapReduce 等能够快速有效地消化和处理大型数据集；三是对数据的挖掘能力提升，大数据分析能带来新的知识与洞见。

先进的大数据技术应用于供应链领域，能够推动全球供应链的管理模式革新，形成供应链知识外溢效应。首先，端到端的供应链管理实践产生的数据量呈指数级增长，全球跨境数据持续高速流动。2011～2021年，跨境数据流动规模从 53.57Tbps 扩张至 767.23Tbps，增长了 14 倍；2011～2019年，流动规模年平均增长率超 25%，2020年之后，流动规模增长率持续稳定在高位，连续两年超过 29%[①]。其次，由于大数据的应用，全球供应链的信息流不再是单向的，消费终端的数据可以反向作用于供应链初始端的研发，中间产品的海量生产数据可以作用于不同的供应链，形成知识外溢效应。

数据技术进步推动数据基础设施完善。基础设施是大数据技术发挥作用的关键平台。当前，大数据关键基础设施在数据存储、计算、治理、管理等方面发挥了关键作用。企业级和政府级大数据管理平台是大数据管理基础设施的主要形态，前者主要服务企业内部多个子单位、子系统间的数据管理，是集团或机构业务运营的核心基础设施（见表 3-11）；后者用于服务各级政府部门的数据管理，是政务大数据资源实现共享开放的核心基础设施。当前全球电子政务发展水平不断提高，2022年电子政务发展指数（EGDI）"非常高水平"的国家有 60 个，占联合国成员国的 31%（见图 3-20）。电子政务水平提升，大大提高了全球供应链各环节与政府的沟通效率，有利于降低全球供应链的制度成本。

---

① 中国信息通信研究院：《全球数字治理白皮书 2023》，2023 年 12 月。

表 3-11　全球十大企业级大数据管理平台

机构名称	成立时间	主营业务
Adobe Audience Manager	1982 年	主要业务包括销售 Adobe 公司的软件产品、提供技术支持和服务、开展市场推广和宣传等
谷歌营销平台	2012 年	主营业务包括在市场上利用谷歌搜索引擎和广告平台帮助企业进行外贸推广和营销活动
Nielsen DMP	1923 年	主营业务包括为客户提供产品调查的方法和提高标准化数据可比性
Amobee	2005 年	主营业务包括为品牌、出版商和运营商提供端到端移动广告解决方案和服务
Lotame	2006 年	主营业务包括搭建协助客户收集和分析数据的平台，利用数据管理软件，开展数据采集分析活动
Mapp Cloud	1998 年	主营业务包括获取客户的信息、客户参与分析及与其他工具和合作伙伴连接
Oracle CX Marketing	1995 年	主营业务包括捕获实时客户行为，创建精密、有效的个性化营销活动
Media Math	2007 年	主营业务包括提供媒体购买和受众管理功能，包括活动管理、媒体管理、创意管理、定位、身份管理和消费者细分开发
The Trade Desk	2009 年	主营业务包括受众细分、相似建模、第三方客户数据集成和数据市场
Salesforce CDP	1999 年	主营业务包括数据捕获、数据质量管理、身份解析

资料来源：根据公开资料整理。

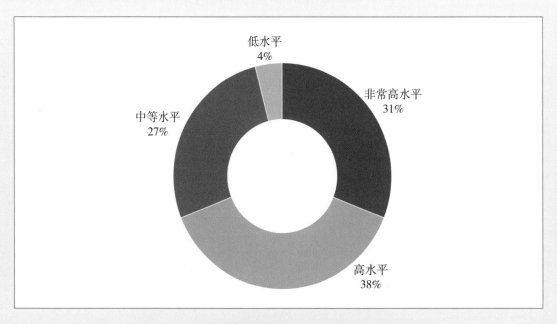

图 3-20　联合国会员国电子政务发展水平分布情况

资料来源：联合国经济和社会事务部《2022 联合国电子政务调查报告》，2022 年。

3.云计算促进全球供应链降本增效

云计算的最新进展主要包括无服务器计算技术和云原生技术。作为云上资源配置的一种新方式，无服务器计算技术是 IT 技术的又一次飞跃，也是企业对计算资源的一次消费升级，从以往相对粗放到更加精细化，应用性能的一致性也更有保障。从开发运维角度看，企业可通过在云计算平台上搭建完整的无服务器应用架构，将开发者从搬砖式的、重复的、低价值的劳动中解脱出来，进行业务创新、业务价值创造，大幅提升全球供应链的管理效率。

云原生技术未来将成为企业技术创新的关键，也将为企业完成数字化转型提供最短路径。云原生技术的发展带动了混合云平台进一步升级，应用层面的云原生架构改造将成为未来的主要发展趋势。云原生技术开发人员可以更快地发布产品和部署更新，而不用中断应用程序功能。Forrester 分析预测，全球 40% 的企业将会采用云原生技术优先战略。

 案例

案例 3-2　华为全球供应链的数字化转型

华为通过大数据、算法模型以及人工智能技术，建立了包括智慧采购、智慧制造、智慧仓储、智慧物流和智慧分销的智慧供应链。华为通过 Ariba 采购云系统管理其设立于中国、墨西哥、印度、巴西和匈牙利的 5 个供应中心，订单交付周期缩短至两周。华为松山湖南方工厂建立了 40 多条自动化生产线，平均每 20 秒就可以生产一部高档手机。华为运用人工智能和大数据技术，对其在中国、阿联酋、荷兰的区域物流配送中心进行数字化改造，实现仓储现场作业自动化。通过对全球供应链的数字化改造，华为海外客户投诉率下降至 0.5%，及时齐套发货率高达 82%，全球供应链的运营能力得到显著提升。

4.人工智能和物联网提升全球供应链运转效率

当前及未来技术进步的重要表现是人工智能技术和物联网技术的融合，共同影响人们生活的方方面面。人工智能是嵌入机器中的智能，这些机器经过训练可以模仿人类或动物的智能、情感和行为。物联网是连接到互联网上的各种实体之间的互联，通过无线数据传输相互通信，改变了人与设备沟通的方式。人工智能和物联网逐渐融合互补，物联网设备在传感器的帮助下，在操作过程中收集大量数据，人工智能可以使用这些传感器提高设备的性能。

　　人工智能和物联网技术应用于全球供应链催生了智慧物流。智慧物流作为一种现代化物流模式，能够使物流各环节实现精细化、动态化、可视化管理，提高物流系统智能化分析决策和自动化操作执行的能力，提升物流运作效率[1]。预计到 2025 年，全球智慧物流市场规模将达到 1.3 万亿美元[2]。目前全球前 20 大智慧物流供应商集中度较高，主要集中在欧美发达经济体，其中美国有 4 家、德国有 4 家，亚洲仅有 2 家日本企业入围，其他 10 家全部为欧洲企业，并且这些大型智慧物流企业均构建了遍布全球的智慧供应链系统（见表 3-12）。

表 3-12　2021 年全球 20 强智能物流企业布局情况

公司名称	总部	企业全球布局
大福	日本	已经在全球范围内进行市场布局，在亚洲、美洲、欧洲、大洋洲的 26 个国家和地区设立了公司及办事处
德马泰克	美国	在 25 个国家设有 60 个工程设计中心，在北美、欧洲以及中国、澳大利亚设有生产工厂
胜斐迩	德国	旗下 30 多家分公司遍布欧洲、美洲、亚洲
霍尼韦尔仓储物流	美国	全球范围内进行市场布局
范德兰德	荷兰	在各大洲的不同地点共同致力于推动客户业务发展
科纳普股份公司	奥地利	全球范围内进行了市场布局
村田机械株式会社	日本	主要业务仍集中在日本本土和欧美地区
MHS	美国	全球范围内进行了市场布局
Witron	德国	主要业务仍集中在欧美地区
Mecalux	西班牙	销售点遍及 70 多个国家，在美洲和欧洲拥有 11 家生产中心
伯曼集团有限公司	德国	——
西门子物流	德国	跨越四个枢纽和一个服务单元，全球有 40 多个分支机构，活跃于全球 80 多个国家，在全球范围内进行了市场布局
TGW 物流集团有限公司	奥地利	总部位于奥地利 Marchtrenk，在三大洲共设有 24 个分支机构
Swisslog AG 股份公司	瑞士	在超过 25 个国家拥有 2400 多名员工，以 Swisslog 代表其物流仓储业务，在内部物流、生产物流和供应链领域的技术实力不断增强
Fives Intralogistics	法国	在全球约 25 个国家和地区有超过 100 家分公司、近 8200 名员工
Kardex AG	瑞士	拥有约 2000 名员工，分布在 30 多个国家
Bastian Solutions	美国	主要市场在北美和印度，在美国设有 20 多个办事处，并在巴西、加拿大、印度和墨西哥设有国际办事处
Elettric 80	意大利	在全球不同地区建立了约 300 家工厂，安装了 2000 多个机器人系统和 4500 台自动激光制导系统
AutoStore AS	挪威	全球范围内进行了市场布局，在 49 个国家和地区拥有 150 多个销售系统
System Logistics SpA	意大利	全球领先的创新内部物流和物料搬运解决方案供应商，致力于优化全球仓库、配送中心和制造业务的供应链

资料来源：2022 年 5 月美国 MMH 杂志发布的《2022 年全球 20 强物流系统集成商》。

---

[1]　2009 年 12 月，中国物流技术协会信息中心、华夏物联网、《物流技术与应用》编辑部联合提出概念。
[2]　资料来源：环洋市场咨询。

案例

案例 3-3　亚马逊开设机器人配送中心（FC）扩大在
美运营和物流网络 ①

2023 年 5 月，亚马逊在康涅狄格州温莎正式启用了其 380 万平方英尺的新型机器人配送中心，用于分拣、包装和运输较小的商品，如书籍、电子产品、小型家居用品和玩具。2023 年 7 月，亚马逊在美国密歇根州底特律开设了新型机器人配送中心（FC），以扩大其在美国的运营和物流网络。

 案例

案例 3-4　全球包裹储物柜运营商 Quadient
加速全球部署自助储物柜

全球包裹储物柜运营商 Quadient 正加速在全球部署自助储物柜，截至 2023 年 7 月底，已在全球超过 18500 个地点部署自助储物柜。其中，在法国的自动包裹寄存柜数量已超过 1000 个，合作伙伴包括法国 B2C 包裹运营商 Relais Colis 和体育零售商迪卡侬，其他布局点还包括法国的家乐福超市、购物中心、火车站和其他公共场所。Quadient 自助储物柜可以提供点击提货服务，7 天 24 小时全天候管理送货和提货，也将用于退货和作为二手包裹仓库。

（二）绿色技术助推全球供应链可持续发展

绿色低碳技术在促进全球供应链绿色化、低碳化可持续发展方面起到重要作用。绿色低碳技术指通过传统能源清洁利用、节能增效、新能源利用和温室气体捕集利用封存等实现减碳、零碳和负碳效果的技术。根据《绿色低碳技术专利分类体系》，绿色低碳技术一级技术分支包括化石能源降碳技术、节能与能量回收利用、清洁能源、储能技术、温室气体捕集利用封存（CCUS）5 类。

---

① 《亚马逊在美国底特律开设新机器人配送中心》，中华人民共和国国家邮政局网站，2023 年 8 月 1 日，https://www.spb.gov.cn/gjyzj/c200007/202308/4b07ba2c525146079d3e9229d4459cbb.shtml。

1.温室气体捕集利用封存降低减排成本

温室气体捕集利用封存（CCUS）具有效率优势，能够降低全球供应链绿色化转型成本。CCUS 被认为是最具潜力和实效的减排工具，根据国际能源署（IEA）数据，要实现到 21 世纪末全球气温升幅控制在 1.5℃以内的目标，需要依靠 CCUS 技术承担全球 32%的碳减排任务。2000 年起，全球 CCUS 项目爆发式增长。2010~2020 年，全球有 60 个 CCUS 项目投入运营，是 2000~2010 年的 1.71 倍。截至 2021 年 9 月初，全球 CCUS 项目已达到 170 个，是 2010~2020 年总量的近 3 倍（见图 3-21）。到 2030 年，全球碳捕集能力将在目前水平上增加六倍，达到每年 2.79 亿吨二氧化碳捕捉量[①]。CCUS 技术的快速发展与广泛应用为全球供应链低成本实现绿色化转型做出了重要贡献，特别是给钢铁、水泥等重碳行业减碳、实现全球供应链绿色化转型带来新的发展机遇。

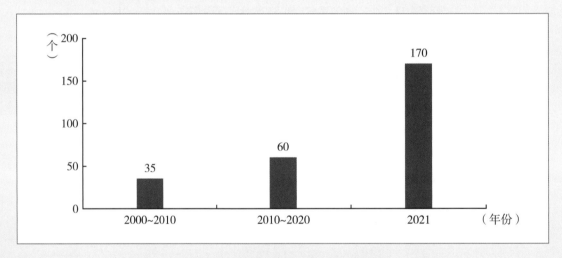

图 3-21　全球 CCUS 项目运营数量

资料来源：国际数据能源基金会，DeepTech。

2.清洁能源促进全球供应链绿色化转型

清洁能源包括太阳能、风能、地热能、水能等，以及与之相关的储能技术，既是全球供应链的核心产品之一，又是全球供应链绿色化转型的重要驱动因素。根据国际可再生能源机构（International Renewable Energy Agency，IRENA）数据，2022 年全球可再生能源装机容量达到 3372GW，比 2021 年增长 9.6%，比 2017 年增长 54.3%，五年时间全球可再生能源装机容量增长超过 50%（见图 3-22）。

---

① 资料来源：彭博新能源财经（BNEF）发布的《2022 碳捕获、利用和储存市场展望》。

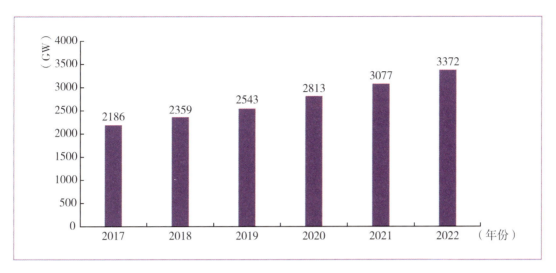

图 3-22　2017~2022 年全球可再生能源装机容量

资料来源：国际可再生能源机构。

清洁能源技术的快速发展推动了包括电池、太阳能光伏和电解槽在内的一些关键设备和产品的供应链快速扩张。2022 年，全球新增光伏装机容量为 250GW，同比增长 56%；核心技术设备多晶硅全球产能达到 131.5 万吨，同比增长 96%，全球产量为 93.8 万吨，同比增速为 49%；硅片全球产能为 567.1GW，同比增速为 34.5%，全球产量为 336GW，同比增速为 50%；电池片全球产能为 567.2GW，同比增速为 24.4%，全球产量为 330GW，同比增速为 50%；组件全球产能为 527.7GW，同比增速为 13.4%，全球产量为 310GW，同比增速为 53%（见表 3-13）。清洁能源技术的应用和普及，一方面促进全球光伏供应链本身的发展，另一方面为全球供应链提供了绿色能源保障。

表 3-13　2022 年全球光伏产业链格局

	单位	全球产能		全球产量	
		规模	同比增速（%）	规模	同比增速（%）
多晶硅	万吨	131.5	96.0	93.8	49
硅片	GW	567.1	34.5	336	50
电池片	GW	567.2	24.4	330	50
组件	GW	527.7	13.4	310	53
光伏装机	GW	——		250	56

资料来源：根据公开资料整理所得。

需要指出的是，虽然数字技术和绿色技术的创新与应用促进了全球供应链的数字化与低碳化发展，但是目前全球技术创新出现了降速、降质等现象，全球主要经济体迟迟未能出现驱动世界经济再次高速增长的革命性技术突破，甚至个别经济体开始限制研究人员的国际交流，这无疑为全球技术创新的合作与发展筑起藩篱。

五　金融服务增强全球供应链发展韧性

金融是实体经济的血脉，是畅通产业链供应链的活水。优化丰富金融供给，为全球供应链注入活力，增强全球供应链的韧性，是保障供应链安全稳定的重要政策性工具。

（一）国际金融机构助推供应链包容发展

1. 国际援助增加发展中国家参与机会

国际金融机构为发展中国家提供资金援助，帮助发展中国家应对因经济下滑、通胀上升、粮食危机、战争等因素导致的供应链脆弱问题，为发展中国家参与全球供应链提供及时有力的支持。例如，2022 财年[①]，世界银行共部署了创纪录的 1149 亿美元，用于帮助发展中国家应对食品价格上涨、加强医疗卫生准备、维持私营部门贸易、缓解和适应气候变化等。国际复兴开发银行（IBRD）向中等收入国家和少数更高收入水平国家提供了 331 亿美元贷款；国际开发协会（IDA）向最贫困国家提供了 377 亿美元赠款和零息或低息贷款，其中为处于脆弱、冲突和暴力局势的国家提供的资金达到 162 亿美元；国际金融公司（IFC）通过债券市场调动私人资本，在推动发展中国家私营部门发展方面发挥着重要作用（见表 3-14）。2022 财年 IFC 的资金承诺创下历史新高，达到 328 亿美元，其中，向最贫困国家和受冲突影响的国家提供资金援助 35 亿美元，并进一步提高了贸易融资规模，金额达到 97 亿美元。

---

① 2021 年 7 月 1 日至 2022 年 6 月 30 日为世界银行的一个财年。

表 3-14　2022 财年世界银行资金承诺

单位：亿美元

项目	金额
国际复兴开发银行（IBRD）	331
国际开发协会（IDA）	377
国际金融公司（IFC）	328
总额（不包括短期融资、外部资金动员和受援国实施的信托基金）	882
总额（包括短期融资、外部资金动员和受援国实施的信托基金）	1149

资料来源：世界银行。

注：本表采用截至 7 月 14 日的未经审计初步数据，四舍五入可能导致表中分项数据之和与总额不完全相等。

2. 贸易融资帮助中小企业融入全球供应链

资金短缺是中小企业参与全球供应链面临的主要问题。全球 80% 的贸易需要进行短期贸易融资，据亚洲开发银行统计，2020 年全球贸易融资缺口高达 1.7 万亿美元，占全球货物贸易额的 10%（见图 3-23）。在广大发展中国家，特别是最不发达国家，企业获得贸易融资的难度更大，中小微企业和女性领导的企业获得融资的机会很小。根据 WTO 调查，全球范围内，中小微企业贸易融资被拒率达 45%，女性领导的中小微企业贸易融资被拒率高达 70%。

图 3-23　2014～2022 年全球贸易融资缺口

资料来源：亚洲开发银行发布的《2022 年合作伙伴关系报告：推动增长，增强韧性》。

注：2021 年和 2022 年为预测数据。

亚洲开发银行自 2009 年推出贸易与供应链融资计划（Trade and Supply Chain Finance Programme，TSCFP），专注于通过贸易融资促进供应链可持续发展，通过担保、贷款和知识产品缩小市场差距，帮助各国实现可持续发展目标。截至 2022 年，TSCFP 在 5745 笔交易中支持了 510 亿美元的供应链贸易（60% 与中小企业相关）[1]。虽然 TSCFP 在促进全球供应链时强调端到端的碳跟踪、减少碳足迹，倡导无纸贸易，但贸易融资向中小企业和女性领导企业倾斜。

（二）出口信用保险降低参与全球供应链的风险

出口信用保险（信保）可以帮助企业有效防范参与全球供应链的风险损失。政策性出口信用保险是世界贸易组织规则允许的、国际通行的全球供应链促进手段，可以为企业开拓海外市场提供收汇风险保障和融资支持，在弥补风险损失、企业融资增信和稳定全球供应链等方面发挥突出作用。

1. 出口信用保险为全球供应链贸易提供保障

根据伯尔尼协会[2]公布的最新数据，2020 年全球主要的出口信用保险机构为占全球约 13.6% 的商品和服务贸易提供了风险保障服务，承保金额约为 2.4 万亿美元。风险保障是出口信用保险最基本的功能之一，政策性出口信用保险能够将商业银行和出口企业面临的政治风险、买方违约风险等转移给官方出口信贷机构或政府，降低企业在全球供应链中的风险损失，保障全球供应链稳定。研究发现，贸易对出口信用保险的弹性系数为 1.1，即出口信用保险渗透率增加 1 个百分点，贸易增速提高 1.1 个百分点[3]。因此，出口信用保险有助于全球供应链繁荣发展。

目前，全球主要出口信用保险机构有美国进出口银行、法国的裕利安宜集团（Euler Hermes）和科法斯（Coface）公司、荷兰全球信用保险商 Atradius 和出口信

---

[1] Regional: Supply Chain Finance Capacity Development to Support Small and Medium-Sized Enterprises. Asian Development Bank, https://www.adb.org/projects/46920-022/main.

[2] 伯尔尼协会，全称国际信用和投资保险人协会（The International Union of Credit & Investment Insurers），1934 年在瑞士伯尔尼成立。该协会共有 52 名会员，分别由来自 42 个国家和地区的官方支持的出口信用机构、私营公司，以及国际金融组织（如世界银行下属的多边投资担保机构）等组成。中国人民保险公司于 1998 年成为正式会员。2001 年，中国出口信用保险公司继承中国人民保险公司的会员资格，行使相关权利，履行相应义务。

[3] 王稳、陈字旺、张阳等：《新冠疫情、全球政治风险市场与出口信用保险的创新发展》，《保险研究》2020 年第 10 期。

贷担保局、中国出口信用保险公司、香港出口信用保险局、加拿大出口发展公司
（EDC）、捷克出口担保和保险公司（EGAP）、芬兰担保委员会（FINNVERA）、匈牙
利出口担保公司（MEHIB）、波兰出口信用保险公司、葡萄牙信用保险公司等。

2. 出口信用保险为全球供应链布局提供融资

出口信用保险通过金融服务支持企业投资项目落地。一是弥补融资担保空白，为
项目增信。出口信用保险通过为不符合融资担保条件的项目提供金融服务，有效弥补
融资担保的缺位，是结构性融资工具的重大创新，为更多企业参与全球供应链提供可
能。根据融资担保保险协会统计，只有3%的项目融资能够获得融资担保，因此出口
信用保险能够帮助其他97%的项目获得融资。二是提高项目的投资级别，降低融资成
本，延长融资期限，进而缓解项目融资难、融资贵等问题。三是推动落实投资项目的
优惠政策条款。官方出口信贷机构可以在结构性融资中凭借其"公权力"优势对东道
国发挥"震慑"作用，要求东道国的国家风险事件不波及本国在东道国的投资；或当
东道国政策发生变更时，维持本国在东道国原有的优惠政策，提升全球供应链新建项
目的履约率。

（三）供应链金融助力小微企业参与全球供应链

供应链金融是指从供应链整体出发，运用金融科技手段，整合物流、资金流、信
息流等信息，在真实交易背景下，构建供应链中占主导地位的核心企业与上下游企业
一体化的金融供给体系和风险评估体系，提供系统性金融解决方案，以快速响应供
应链上企业的结算、融资、财务管理等综合需求，降低企业成本，提升供应链各方价
值①。

1. 全球供应链金融呈现蓬勃发展态势

2020年全球供应链金融市场总规模达1.31万亿美元，同比增长35%；预计未
来3～5年将以17.1%的复合年均增长率持续增长。标普全球旗下金融分析服务公司
Coalition的数据显示，2021年上半年，全球供应链金融的收入同比增长约7%。

---

① 中国人民银行等八部门出台《关于规范发展供应链金融　支持供应链产业链稳定循环和优化升级的意见》
（银发〔2020〕226号）。

2. 供应链金融助力中小微企业解决融资难问题

供应链金融帮助供应链上的中小微企业解决供应链资金梗阻问题，优化供应链资金流，在两个方面促进全球供应链健康发展。一是围绕全球供应链上的大型核心企业，银行将资金有效注入核心企业相对弱势的上下游配套中小微企业，解决中小微企业融资难问题，降低了供应链中断风险，提高中小微企业资金流动性，获得更好的融资条件；二是通过将银行信用融入上下游企业的购销行为，增强企业商业信用，促进中小微企业与核心企业建立长期战略协同关系，提升供应链的可控性和竞争能力。

需要指出的是，虽然全球各大金融机构为保障全球供应链有序运转提供了关键的资金支持，但是对于广大发展中国家的中小微企业来说，获得参与全球供应链的融资仍然是最大的困难。此外，出口信用保险经过多年的发展，已经形成了一套保障供应链贸易顺利开展的成熟方法，但是对于全球供应链上广泛存在的生产性服务业、可数字交付的服务贸易、跨境电商等新型供应链贸易形态仍然未能有效覆盖，仍然需要加大国际金融的创新力度，以促进全球供应链高效发展。

CHAPTER 4

第四章
全球供应链促进的
中国实践

中国是全球供应链稳定畅通的建设者、贡献者，也是维护者和捍卫者。中国的供应链相关政策与实践，对全球供应链产生的重大促进作用主要表现在五方面：一是通过加快物流、通信、金融基础设施互联互通，为促进全球供应链稳定畅通提供硬件保障；二是通过持续推动贸易投资便利化、自由化，为促进全球供应链稳定畅通提供制度保障；三是通过积极深化全球供应链国际合作，为促进全球供应链稳定畅通指明正确方向；四是通过鼓励数字化、绿色化新技术应用，为促进全球供应链稳定畅通提供发展动力；五是通过增强全球供应链金融保障，为促进全球供应链稳定畅通提供资金支持。

一　加快基础设施互联互通

中国已建成全球最大的高速铁路网和高速公路网以及世界级港口群，在不断完善国内物流基础设施的同时，还持续推动全球基础设施互联互通。

（一）共建物流基础设施

通过聚焦关键通道和关键城市，中国有序推进物流基础设施国际合作，不断完善国内基础设施，显著提高物流效率、降低物流成本、改善物流条件、保证物流质量，促进了全球供应链畅通无阻。

1. 积极参与全球交通基础设施建设

目前，中国与相关国家共建了大量基础设施项目，包括立体化的海陆空交通基础设施、用于输送石油天然气的管道、信息高速公路等，直接改善和提升了亚洲乃至全球交通、能源、电信等领域的互联互通水平，为促进区域和全球经济增长提供了重要支撑。在铁路建设方面，2023年4月全长1000多公里的中老铁路跨境客运列车正式通行，开通后一年内累计发送旅客850万人，开行跨境货物列车3000列，运送货物1120万吨，跨境运输货值超130亿元；蒙内铁路于2017年5月建成并开始商业运行；亚吉铁路的开通运行大大促进了埃塞俄比亚的贸易发展。在公路建设方面，中国帮助非洲建设的公路总里程目前已超过1万公里；吉尔吉斯斯坦大量的公路都是由中国建设的。在港口建设方面，经中国公司升级改造后的希腊比雷埃夫斯港，已从前几年的衰落境况迅速转变为亚洲、欧洲、非洲三大洲海运业务枢纽；斯里兰卡汉班托塔港及其临港产业园建设完成后，成为斯里兰卡南部地区重要的新经济增长极；巴基斯坦瓜达尔港的作业能力得到较好提升，贸易量正逐步扩大；缅甸皎漂港正发挥重要作用，从该港口输入的石油和天然气已通过中缅油气管道向云南输送，缅甸从中得到的实际收入超过数亿美元。

 案例

案例 4-1　中老铁路使企业出口东南亚的
时间缩短、成本降低

2021 年 12 月 3 日，中老铁路全线通车运营。以前昆明往老挝万象的货运主要有两种方式：公路运输和铁海联运。公路运输需 3 天以上，铁海联运需 10 天以上。中老铁路开通后，昆明至老挝万象的货运时间缩短至 30 小时，加之铁路具有运量大、运输安全的优势，可有效提升企业物流效率、降低物流成本[①]。

2021 年 12 月 9 日，青岛上合示范区开通首趟"中老国际班列"。班列共 50 个标准集装箱，在青岛海关所属胶州海关办结海关手续后，由上合示范区青岛多式联运中心发出，转关运输至云南磨憨铁路口岸出境，抵达老挝万象，全程 7 天左右，相比传统海运方式运输时间可节省一半以上。

2. 不断深化物流基础设施互联互通

中国通过增强国际合作，不断畅通国际运输，有效保障了全球供应链安全。中国交通运输部的数据显示，截至 2022 年底，中欧班列已通达欧洲 25 个国家的 200 多个城市，开通国际道路客货运输线路 300 余条，海运服务覆盖"一带一路"所有沿海国家，国内航空公司经营的国际定期航班通航 62 个国家的 153 个城市[②]。

中国重点港口航道畅通高效，运输平稳有序，为全球供应链安全畅通做出重大贡献。上海国际航运研究中心发布的报告显示，2022 年，全球港口吞吐量前 50 名中，

---

① 《中老铁路新年首趟国际货物列车发车》，人民网，2022 年 1 月 2 日，http://world.people.com.cn/n1/2022/0101/c1002-32322518.html。
② 《2022 年交通运输行业发展统计公报》，中华人民共和国交通运输部网站，2023 年 6 月 16 日，https://xxgk.mot.gov.cn/2020/jigou/zhghs/202306/t20230615_3847023.html。

中国有29个；全球港口集装箱吞吐量前10名中，中国占据7席，依次是上海港（4730万标箱）、宁波舟山港（3335万标箱）、深圳港（3004万标箱）、青岛港（2567万标箱）、广州港（2486万标箱）、天津港（2102万标箱）、香港港（1664万标箱）。

 案例

案例4-2　中欧班列大大节约了中欧间的物流时效

2021年11月17日，75088/7次中欧班列"天马号"满载着50车40英尺集装箱货物，由甘肃武威南发往德国杜伊斯堡。这是"天马号"推出"中欧快铁"国际快速铁路货物运输项目后的第三次发运，也是首次绕开传统中欧班列线路，开辟了高效运行的入欧新通道。本次中欧班列绕开了由俄罗斯莫斯科、白俄罗斯布列斯特至波兰马拉舍维奇的传统线路，改从武威南站出发由霍尔果斯出境后，经哈萨克斯坦、俄罗斯，从白俄罗斯布鲁兹吉、波兰库兹尼卡通道进入欧洲，避免了通道拥堵，全程仅用时13天，实现了中欧班列高效运行，平均运输时间节省35天以上[①]。

2022年7月20日上午，首趟中欧班列"十西欧"集结班列从西安国际港站发车，一路向西开往德国杜伊斯堡。这趟装载着汽车配件等货物的中欧班列从湖北十堰出发，在西安集结后开往德国杜伊斯堡。与传统海运相比，通过中欧班列的通道运输货物，十堰到杜伊斯堡的运输时间从50天缩短至不到20天。

（二）升级通信基础设施

完善的通信基础设施能有效提高信息传输效率、降低通信成本、改变商务模式，中国积极推进全球信息基础设施建设、共建数字丝绸之路等，使新一代信息技术为全球供应链发展注入新动能。目前，中国实现了从"4G并跑"到"5G引领"，加快应用下一代互联网技术，网络规模和应用水平全球领先，在不断提升信息基础设施水平、开发前沿通信技术的同时，注重同国际社会一道，积极推进全球通信基础设施建设，推动互联网普及应用，努力提升全球供应链互联互通水平。

---

① 《甘肃"天马号"中欧班列常态化开行 成商贸流通便捷通道》，中国新闻网，2021年6月13日，https://www.chinanews.com.cn/cj/2021/06-13/9499068.shtml。

1. 与国际社会共建通信高速通道

中国通信基础设施在全球居于领先地位。根据工业和信息化部《2022年通信业统计公报》，截至2022年底，中国移动通信基站总数达1083万个，占全球的60%以上。中国同国际社会一道积极推进全球通信基础设施建设，为全球光缆海缆建设贡献力量。中国企业支持多国通信基础设施建设，为发展中国家打开了数字化信息高速通道。通过光纤和基站建设提高相关国家光通信覆盖率，推动当地信息通信产业跨越式发展，大幅提高了全球供应链的沟通效率，降低了沟通成本。

2. 与国际社会共促网络应用普及

中国开展国家顶级域名服务平台海外节点建设，覆盖全球五大洲，面向全球用户提供不间断的、稳定的国家域名解析服务。推广IPv6技术应用，为各国企业进行通信技术、信息技术、云计算和大数据技术深度融合转型构筑全球"IPv6+"网络底座。"云间高速"项目首次在国际云互联目标网络使用SRv6技术，接入海内外多种公有云、私有云，实现端到端跨域部署、业务分钟级开通，目前已应用于欧亚非10多个国家和地区。

3. 推动供应链基础设施数字化转型

中国通信技术已走在世界前列。截至2023年6月底，中国5G基站累计达到293.7万个，覆盖所有地级市城区、县城城区，5G技术已在多个领域得到广泛应用，包括智能制造、智慧城市、智能交通、智能医疗等。相关数据显示，中国在6G领域掌握的专利技术占比已达40.3%，远高于美国的35%。基于先进的通信技术，中国正积极开展通信基础设施的国际合作，如在5G技术创新及开发建设的国际合作方面，中国支持南非建成非洲首个5G商用网络和5G实验室；同时不断提升"一带一路"沿线智慧港口、智能化铁路等基础设施互联互通的数字化水平，将智慧港口建设作为港口高质量发展的新动能，加强互联网、大数据、人工智能等新技术与港口各个领域深度融合，有效提升港口服务效率、口岸通关效率，实现主要单证全程无纸化[①]。

---

① 《携手构建网络空间命运共同体》，中华人民共和国国家互联网信息办公室网站，2022年11月7日，https://www.cac.gov.cn/2022-11/07/c_1669457523014880.htm?eqid=b98b06010000719d00000002643776a2&eqid=df16d03300105e040000000564636d04。

案例

案例4-3　中国联通助力建设"数字丝绸之路"

中国联通凭借其在全球拥有的丰富国际海缆、陆缆资源，致力于打造"数字丝绸之路"，积极提升"一带一路"共建国家的网络"大连接"能力，全面统筹规划全球海底光缆、境外陆缆、海缆登陆站、国际关口局和跨境陆缆等设施建设。目前，中国联通拥有21个陆缆边境站，并已与周边数十家运营商完成互联，其中不少是特色鲜明的独有资源。例如，在深港间建设的多套大容量、低延时波分系统，是连接内地与香港及海外的重要通道；中俄、中蒙和中哈陆缆是连通中亚、欧洲的重要通道，中老、中越和中缅陆缆是连接东盟国家的重要通道。此外，中国联通在超过50个海缆系统享有容量，"一带一路"沿线的多路径陆缆、海缆可互为安全备份，连接沿线主要国家和地区。2022年5月，由中国联通参与发起的SEA-H2X海缆开始铺设，计划于2024年投产使用，将连接中国香港和海南与菲律宾、泰国、马来西亚、新加坡等地，可进一步延伸至越南、柬埔寨以及印度尼西亚。该海缆建成后，将能有效满足亚洲地区对网络带宽的需求，为亚洲及全球供应链数字化提速做出重要贡献[①]。

（三）完善金融基础设施

中国金融基础设施[②]从无到有、从封闭运行到互联互通、从单一功能到功能不断丰富，已成为世界上规模最大、最复杂的基础设施之一，有效发挥了市场定价和资源配置的功能，为跨机构、跨区域、跨市场的金融交易提供了强力支撑，为保障全球供应链安全稳定贡献了中国力量。

1.建立健全支付清算体系

中国现代化支付系统（China National Advanced Payment System，CNAPS）是由银行内支付系统、银行卡跨行支付系统、票据支付系统、银行卡跨境支付系统、互联网支付、人民币跨境支付系统（Cross-border Interbank Payment System，CIPS）等共同构成的统筹兼

---

① 《中国联通：紧抓"一带一路"建设机遇 助力打造"数字丝绸之路"》，"人民融媒体"百家号，https://baijiahao.baidu.com/s?id=1749809438861452748&wfr=spider&for=pc。

② 中国金融基础设施主要包括金融资产登记托管系统、清算结算系统（包括开展集中清算业务的中央对手方）、交易设施、交易报告库、重要支付系统、基础征信系统六类设施及其运营机构。

顾国内支付与国际支付的现代化支付清算网络体系。其中，CIPS 为推动全球供应链资金融通提供支持。自 2015 年上线以来，CIPS 系统运行稳定，参与者规模持续扩大。截至 2023 年 5 月底，CIPS 系统共有 80 家直接参与者，1361 家间接参与者，已为全球 4000 多家银行业金融机构提供跨境人民币信息交互和支付清算服务，覆盖 182 个国家和地区。

2. 提升交易设施服务能力

中国目前的交易设施可分为证券交易所、期货交易所和清算所三类。其中，证券交易所为全球供应链主体提供高效透明的融资渠道，增强全球供应链韧性。中国主要证券交易所包括上海证券交易所（上交所）、深圳证券交易所（深交所）和北京证券交易所（北交所），其中上交所是全球第三大证券交易所和最活跃的证券交易所之一。1992 年，上海真空电子器件股份有限公司在上海证券交易所发行了我国第一张人民币特种股票（B 股股票）。2002 年和 2011 年分别实施合格境外机构投资者（QFII）制度和人民币合格境外机构投资者（RQFII）制度（合称合格境外投资者制度）。2019 年，中国全面取消 QFII 和 RQFII 投资额度限制。截至 2023 年第一季度末，QFII 共计重仓持股 718 家，持股市值合计为 1659 亿元。2014 年开通的沪港通和 2016 年开通的深港通，实现了上交所市场、深交所市场与香港交易所市场之间的互联互通。2019 年沪伦通正式开通，中国企业可通过沪伦通以沪市 A 股为基础在英国发行代表中国境内基础证券权益的全球存托凭证（GDR）。2022 年 2 月，中国发布《境内外证券交易所互联互通存托凭证业务监管规定》，将沪伦通机制进一步升级扩容为中欧通，为境内外投资者建立了更为便捷的连接通道。近年来，全球最大指数公司 MSCI 新兴市场指数、全球第二大指数公司富时罗素、标普道琼斯指数陆续将 A 股纳入指数，并不断提升纳入因子和权重，表明中国交易基础设施在保障全球供应链安全融资方面的作用逐步得到国际主流投资者的认可。

期货交易所为稳定大宗商品全球供应链发挥重要作用。2022 年，郑州商品交易所（郑商所）、大连商品交易所（大商所）、上海期货交易所（上期所）和中国金融期货交易所（中金所）在全球交易所期货和期权成交量排名中分别位居第 8、第 9、第 12 和第 25 位。中国期货市场对外开放的广度和深度也在不断拓展，目前已向境外交易者开放了 23 个特定期货品种，向合格境外机构投资者（QFII）、人民币合格境外机构投资者（RQFII）开放了 39 个商品期货期权品种。其中，上期所已有 5 个特定品种可直接引入境外交易者参与交易，另有 11 个期货和期权品种已向合格境外机构投资者打开大门[①]。"上海价格"服务全球供应链的功能逐步发挥，如以 20 号胶期货价格作为

---

① 资料来源：国际期货业协会（Futures Industry Association, FIA）的全球成交量数据。

贸易定价基准的实货贸易量，占中国天然橡胶进口量的近三成，参与跨境贸易的客户来自东南亚、非洲等地。

清算所聚焦国际化和中小微企业需求不断改善全球供应链服务能力。银行间市场清算所股份有限公司（简称"上海清算所"）成立于2009年，上海清算所推动全球中央对手方协会发布"上海清算标准"，得到国际同行广泛应用，这些国际机构的业务规模占全球市场业务规模的95%以上；上海清算所积极开展国际合作，创新推出"玉兰债""债券通"等跨境业务，服务全球供应链的能力不断增强。上海清算所还协同商业银行和大宗商品现货平台，推出了"清算通"供应链金融服务，为大宗商品产业链中小微实体企业现货贸易提供线上融资服务[①]。截至2022年6月，已为2700家实体企业（约90%为中小微企业）的近11万笔现货交易提供清算服务，累计清算金额超4600亿元，交割数量约8000万吨。

二　推动贸易投资便利化、自由化

中国坚持对外开放的基本国策，坚持经济全球化正确方向，维护以世界贸易组织为核心的多边贸易体制，推进双边、区域和多边合作，促进国际宏观经济政策协调，努力营造有利于全球供应链发展的国际环境。

（一）坚决维护多边贸易体制

自加入WTO以来，中国积极参与世界贸易组织各项磋商并落实关税减让等承诺，有效降低了全球供应链的交易成本。

1. 切实全面履行入世承诺

中国完全履行了《中国入世议定书》中的承诺。中国全面加强同多边贸易规则的对接，切实履行货物和服务领域开放的承诺，强化知识产权保护，对外开放政策的稳定性、透明度、可预见性显著提高。

在加强与WTO规则对接方面，中国中央政府清理法律法规超2300件，地方政府清理法律法规超19万件，已建立了符合世界贸易组织规则的法律法规和政策体系。

---

① 《上海清算所成功推出清算通供应链金融服务》，上观新闻，2022年6月30日，https://sghexport. shobserver.com/html/baijiahao/2022/06/30/784786.html

在制定新的政策、法律和规定时，也确保与 WTO 规则相符合。在降低关税方面，中国大幅度降低关税，进口关税总水平由 15.3% 降至 2023 年 7 月的 7.3%，远低于 9.8% 的入世承诺，也低于所有发展中成员，接近发达成员水平。在服务市场开放方面，到 2007 年中国服务领域 9 大类 100 个分部门的开放承诺已经完全履行，目前实际开放分部门近 120 个，超过中国入世承诺。在遵守规则方面，为与《与贸易有关的知识产权协定》（TRIPs）相一致，中国在入世前已对《中华人民共和国专利法》做了修改，承诺在加入时完成《中华人民共和国著作权法》《中华人民共和国商标法》，以及涵盖 TRIPs 不同领域的有关实施细则的修改，并全面实施 TRIPs。同时，中国持续加大知识产权保护执法力度，积极履行透明度义务，始终尊重并认真执行争端解决机制的裁决。中国在很多地方设立了知识产权法院，在有些省份还设立了专门的知识产权法庭，加大对知识产权的保护力度。在透明度方面，中国及时向世界贸易组织通报国内法规调整和实施情况等，向世界贸易组织提交的通报已超过 1000 份①。

2. 积极参与 WTO 议题谈判

中国作为一个负责任的 WTO 成员，自加入以来一直积极参与 WTO 的各项工作、各个议题的谈判。2013 年，中国参与了在印度尼西亚巴厘岛召开的 WTO 第 9 届部长级会议，促成了《贸易便利化协定》，这个协定的全面实施使全球贸易成本降低了 14% 左右。2015 年，中国参加了在内罗毕召开的 WTO 第 10 届部长级会议，积极推动达成关于取消农产品出口补贴的协定，对促进农业贸易自由化起到了非常重要的作用；同时，中国作为重要参与方推动了信息技术产品扩围（相关的全球贸易额超过 1 万亿美元）协议的达成。2022 年，中国参加了在瑞士举办的 WTO 第 12 届部长级会议，推动"1+4"成果的达成。其中，"1"即发布《MC12 成果文件》，各方重申加强以世界贸易组织为核心的多边贸易体制，推进世界贸易组织必要改革；"4"包括四类成果，一是《关于〈与贸易有关的知识产权协定〉的部长决定》和《关于世贸组织新冠肺炎疫情应对和未来疫情应对准备的部长宣言》，二是《渔业补贴协定》，三是《关于紧急应对粮食安全问题的部长宣言》和《关于世界粮食计划署购粮免除出口禁止或限制的部长决定》，四是《关于电子商务的工作计划》。2022 年底，中国、美国、欧盟等 55 个世界贸易组织谈判参加方正式启动《服务贸易国内规制参考文件》的生效程序。该文件有助于世界贸易组织成员进一步增强服务业领域的政策透明度，降低企业跨境交易成本，惠及国际服务贸易发展。

---

① 《商务部：中国切实全面履行入世承诺》，《经济日报》客户端，2021 年 12 月 10 日，https://m.gmw.cn/baijia/2021-12/10/1302715354.html。

《投资便利化协定》是中国在 WTO 主动设置、积极引领的首个谈判议题，超过 110 个成员联署并参与该议题谈判。2023 年 7 月，《投资便利化协定》文本谈判成功结束，为增强参加方投资政策透明度、简化投资审批程序、加强投资领域国际合作、提升全球投资便利化水平、推动全球投资和供应链更加顺畅流动奠定了坚实基础。

3. 支持重启争端解决机制

中国一贯主张通过 WTO 争端解决机制妥善解决贸易争端，通过主动起诉维护自身贸易利益，同时积极应对被诉案件，尊重并认真执行 WTO 裁决。例如，为应对 WTO 争端解决机制危机，中国联合欧盟等 WTO 成员共同推出了《多方临时上诉仲裁安排》。2022 年 12 月，WTO 举行对美国的第 15 次贸易政策审议，中国、欧盟、韩国、日本、加拿大、新西兰、巴西、南非、土耳其等 65 个成员在发言中就美国相关贸易政策措施对多边贸易体制的系统性影响表达了关注；随后 WTO 举行争端解决例会，中国、澳大利亚、墨西哥等 127 个成员再次强烈敦促立即设立上诉机构成员遴选委员会[①]。2023 年 6 月，在夏休结束后的首次 WTO 争端解决例会上，墨西哥代表提出要求重启 WTO 上诉机构成员遴选程序提案，包括中国在内的 126 个成员对本次提案表示支持。

4. 提交 WTO 改革中国方案

2019 年，中国向 WTO 正式提交了《中国关于世贸组织改革的建议文件》，阐述了 WTO 改革立场：维护非歧视、开放等多边贸易体制的核心价值，为国际贸易创造稳定和可预期的竞争环境；保障发展中成员的发展利益，纠正世贸组织规则中的"发展赤字"，解决发展中成员在融入经济全球化方面的困难，帮助实现联合国 2030 年可持续发展目标；遵循协商一致的决策机制，在相互尊重、平等对话、普遍参与的基础上，共同确定改革的具体议题、工作时间表和最终结果。上述建议为广大发展中成员参与并融入全球供应链做出了重大贡献[②]。

（二）积极签订自由贸易协定

中国扩大面向全球的高标准自由贸易区网络，不断深化与自贸伙伴间基于全球供应链的合作，为促进全球供应链降本、增效、转型、创新发挥了重要作用。

---

① 《中国捍卫多边贸易体制展现大国担当》，《人民日报》（海外版）2022 年 12 月 31 日。
② 《中国关于世贸组织改革的建议文件》，中华人民共和国商务部网站，http://images.mofcom.gov.cn/sms/201905/20190524100740211.pdf。

1. 扩大面向全球的高标准自由贸易区网络

截至 2023 年 10 月底，中国自贸伙伴覆盖 29 个国家（地区），正在谈判的自贸协定共 10 个，正在研究的自贸协定共 8 个（见表 4–1）。

表 4–1　中国自由贸易协定进展情况

已签署 （包括已有协定升级版）	正在谈判 （包括已有协定的升级版）	正在研究 （包括已有协定的升级联合研究）
中国 – 东盟（含"10+1"升级）	中国 – 海合会	中国 – 哥伦比亚
内地与港澳关于建立更紧密经贸关系的安排	中日韩	中国 – 斐济
中国 – 智利（含升级版）	中国 – 斯里兰卡	中国 – 尼泊尔
中国 – 巴基斯坦（含第二阶段）	中国 – 以色列	中国 – 巴新
中国 – 新西兰（含升级版）	中国 – 挪威	中国 – 加拿大
中国 – 新加坡（含升级版）	中国 – 摩尔多瓦	中国 – 孟加拉国
中国 – 秘鲁	中国 – 巴拿马	中国 – 蒙古国
中国 – 哥斯达黎加	中国 – 韩国（自贸协定第二阶段谈判）	中国 – 瑞士（自贸协定升级联合研究）
中国 – 冰岛	中国 – 巴勒斯坦	
中国 – 瑞士	中国 – 秘鲁（自贸协定升级谈判）	
中国 – 澳大利亚		
中国 – 韩国		
中国 – 格鲁吉亚		
中国 – 马尔代夫		
中国 – 毛里求斯		
中国 – 柬埔寨		
区域全面经济伙伴关系协定（RCEP）		
中国 – 厄瓜多尔		
中国 – 尼加拉瓜		
中国 – 塞尔维亚		

资料来源：中国商务部、中国自由贸易区服务网。
注：截至 2023 年 10 月底。

中国正积极推动加入更多国际区域自贸协定。中国已就《全面与进步跨太平洋伙伴关系协定》（CPTPP）的内容进行了充分、全面和深入的研究评估，正按照 CPTPP 有关加入程序，与各成员进行接触磋商。针对《数字经济伙伴关系协定》（DEPA），中国正全面推进有关谈判，成立工作组与相关缔约方保持密切沟通，开展技术磋商。

通过实施自由贸易区战略等一系列更加积极主动的开放战略，中国已成为 140 多个国家和地区的主要贸易伙伴，货物贸易总额居世界第一，吸引外资和对外投资居世界前列，形成更大范围、更宽领域、更深层次对外开放格局，为自贸伙伴企业拓展全球供应链合作创造更多机会。

2. 新兴自贸议题拓宽供应链合作领域

中国已签署的自贸协定涵盖的议题已由传统自贸协定中的货物贸易、服务贸易、投资规则向知识产权、技术性贸易壁垒、卫生与植物卫生措施、电子商务、竞争政策等新兴议题转变，并更重视争端解决、合作、透明度等程序性条款，协定谈判领域如表 4-2 所示。新兴自贸议题有助于促进全球供应链数字化、降低全球供应链成本、提升全球供应链效率。

表 4-2　中国已签署的自由贸易协定谈判领域

协定主体	协定谈判领域	货物贸易开放程度（税目占比）
中国－东盟（含"10+1"升级）	全面经济合作措施、货物贸易、服务贸易、投资、早期收获、其他经济合作领域、时间框架、争端解决、最惠国待遇等	双方 90% 以上的货物实现零关税；升级版：主要升级原产地规则和贸易便利化措施
内地与港澳关于建立更紧密经贸关系的安排	货物贸易、原产地规则、服务贸易、贸易投资便利化、知识产权保护、金融合作和专业人员资格互认等	货物贸易已基本实现自由化
中国－智利（含升级版）	货物的国民待遇和市场准入、原产地规则、与原产地规则相关的程序、贸易救济、卫生和植物卫生措施、技术性贸易壁垒、透明度、争端解决、管理、例外、合作等	双方 90% 的货物 10 年内分阶段实现零关税；升级版：承诺进一步对 54 种产品实施零关税，总体零关税产品比例将达到 98%
中国－巴基斯坦（含第二阶段）	货物的国民待遇和市场准入、原产地规则、贸易救济、卫生和植物卫生措施、技术性贸易壁垒、透明度、投资、争端解决、管理等	双方 35% 以上的货物实现零关税；第二阶段：双方零关税产品比例增加至 75%
中国－新西兰（含升级版）	货物贸易、原产地规则、与原产地规则相关的程序、海关程序、合作、贸易救济、卫生与植物卫生措施、技术性贸易壁垒、服务贸易、自然人移动、投资、知识产权保护、透明度、管理与机制条款、争端解决等	中国 97%、新西兰 100% 的货物实现零关税；升级版：尚未生效
中国－新加坡（含升级版）	货物贸易、原产地规则、海关程序、贸易救济、技术性贸易壁垒、卫生与植物卫生措施、服务贸易、自然人移动、投资、合作、争端解决等	中国 97%、新加坡 100% 的货物实现零关税；升级版：在贸易便利化领域进行升级
中国－秘鲁	货物的国民待遇和市场准入、原产地规则、与原产地规则相关的程序、海关程序、贸易便利化、贸易救济、卫生与植物卫生措施、技术性贸易壁垒、服务贸易、自然人移动、投资、知识产权保护、合作、透明度、协定的管理、争端解决等	双方 90% 以上的产品分阶段实施零关税
中国－哥斯达黎加	货物的国民待遇和市场准入、原产地规则、与原产地规则相关的程序、海关程序、卫生与植物卫生措施、技术性贸易壁垒、贸易救济、投资、服务贸易、自然人移动、知识产权、合作、贸易关系促进与提升、透明度、协定的管理、争端解决等	双方 90% 以上的货物实现零关税

续表

协定主体	协定谈判领域	货物贸易开放程度（税目占比）
中国－冰岛	货物贸易、原产地规则、海关程序、贸易便利化、竞争、知识产权保护、服务贸易、投资、合作、机制条款、争端解决等	双方接近96%的货物实现零关税
中国－瑞士	货物贸易、原产地规则、与原产地规则相关的程序、海关程序、贸易便利化、贸易救济、技术性贸易壁垒、卫生与植物卫生措施、服务贸易、投资、竞争、知识产权保护、环境问题、经济技术合作、机制条款、争端解决等	中国84.2%、瑞士99.7%的货物实现零关税
中国－澳大利亚	货物贸易、原产地规则、与原产地规则相关的程序、海关程序、贸易便利化、卫生与植物卫生措施、技术性贸易壁垒、贸易救济、服务贸易、投资、自然人移动、知识产权保护、电子商务、透明度、机制条款、争端解决等	中国96.8%、澳大利亚100%的货物实现零关税
中国－韩国	货物的国民待遇与市场准入、原产地规则、与原产地规则相关的程序、海关程序、贸易便利化、卫生与植物卫生措施、技术性贸易壁垒、贸易救济、服务贸易、金融服务、电信、自然人移动、投资、电子商务、竞争、知识产权保护、环境与贸易、经济技术合作、透明度、机制条款、争端解决等	双方90%以上的货物实现零关税
中国－格鲁吉亚	货物贸易、原产地规则、海关程序、贸易便利化、卫生与植物卫生措施、技术性贸易壁垒、贸易救济、服务贸易、环境与贸易、竞争、知识产权保护、合作、透明度、机制条款、争端解决等	中国93.9%、格鲁吉亚96.5%的货物实现零关税
中国－马尔代夫	原产地规则、海关程序、贸易便利化、贸易救济、技术性贸易壁垒、卫生与植物卫生措施等	双方95%以上的货物实现零关税
中国－毛里求斯	货物贸易、原产地规则、与原产地规则相关的程序、卫生与植物卫生措施、技术性贸易壁垒、贸易救济、服务贸易、投资、竞争、知识产权保护、电子商务、经济技术合作、透明度、机制条款、争端解决等	中国96.3%、毛里求斯94.2%的货物实现零关税
中国－柬埔寨	货物贸易、原产地规则、海关程序、贸易便利化、技术性贸易壁垒、卫生与植物卫生措施、服务贸易、投资、合作、"一带一路"倡议合作、电子商务、经济技术合作、透明度、机制条款、争端解决等	中国97.53%、柬埔寨7.4%的货物实现零关税
区域全面经济伙伴关系协定（RCEP）	货物贸易、原产地规则、海关程序、贸易便利化、卫生与植物卫生措施、标准、技术法规和合格评定程序、贸易救济、服务贸易、自然人移动、投资、知识产权保护、电子商务、竞争、中小企业、经济技术合作、政府采购等	协定生效后区域内90%以上的货物贸易最终实现零关税
中国－厄瓜多尔	货物的国民待遇和市场准入、原产地规则、与原产地规则相关的程序、海关程序、贸易便利化、贸易救济、卫生和植物卫生措施、技术性贸易壁垒、投资、合作、电子商务、竞争、经济技术合作等	双方90%的货物将实现零关税，其中约60%在协定生效后立即取消关税

续表

协定主体	协定谈判领域	货物贸易开放程度（税目占比）
中国－尼加拉瓜	货物贸易、服务贸易、投资、其他规则等	双方超 95% 的货物将实现零关税，其中约 60% 在协定生效后立即取消关税
中国－塞尔维亚	货物贸易、原产地规则、与原产地规则相关的程序、海关程序、贸易便利化、投资、知识产权保护、竞争、一般条款、机制条款、争端解决、最终条款	双方将分别对 90% 的税目相互取消关税，其中超过 60% 的税目将在协定生效后立即取消关税

资料来源：中国商务部、中国自由贸易区服务网。

3.推动全球最大自贸区签署生效实施

《区域全面经济伙伴关系协定》（RCEP）由东盟于 2012 年发起，2020 年 11 月正式签署。RCEP 区域内的总人口达 22.7 亿，地区生产总值（GDP）达 26 万亿美元，进出口总额超过 10 万亿美元，占全球比重均在三成左右。这些指标均高于欧盟、《全面与进步跨太平洋伙伴关系协定》（CPTPP）和《美墨加协定》（USMCA）等巨型区域贸易集团，是迄今全球体量最大的区域自贸协定（巨型 FTA）。2023 年 6 月，RCEP 对 15 个成员国全面实施生效，对区域内企业和区域外企业在区域内开展供应链布局、拓展全球供应链创造了巨大商机。首先，RCEP 是高质量的自贸协定。RCEP 区域内将有超过 90% 的货物贸易最终实现零关税，服务贸易和投资总体开放水平显著高于成员间原有自贸协定，使区域内供应链布局成本大幅降低。其次，RCEP 是现代化的自贸协定，包括高水平的知识产权保护、电子商务、竞争、政府采购等现代化议题，对与全球供应链合作可能涉及的更多领域提供制度保障。再次，RCEP 是全面的自贸协定。通过采用区域累积的原产地规则，深化了区域内产业链价值链；利用新技术推动海关便利化，促进了新型跨境物流发展；采用负面清单推进投资自由化，提升了投资政策透明度。最后，RCEP 是互惠和包容的自贸协定。兼顾不同国家国情，给予最不发达国家特殊与差别待遇，加强经济技术合作，满足了发展中国家和最不发达国家加强能力建设和实现高质量发展的实际需求，为发展中国家和最不发达国家参与全球供应链合作创造更多有利条件。

三　深化全球供应链国际合作

中国积极支持全球供应链合作与发展。一方面帮助企业提升参与全球供应链的能力和水平，促进供应链数字化、绿色化转型；另一方面积极推动全球供应链国际合作，有力促进了全球供应链的安全稳定、降本增效、创新发展。

（一）大幅提升参与全球供应链的能力

欧美国家已将全球供应链竞争从企业微观层面提升到国家宏观战略层面，中国政府同样高度重视供应链战略，实施并不断优化供应链战略。

1. 国家宏观战略层面高度重视供应链发展

中国共产党第十九次全国代表大会报告提出，"在中高端消费、创新引领、绿色低碳、共享经济、现代供应链、人力资本服务等领域培育新增长点、形成新动能"。这是中国政府首次提出现代供应链概念，标志着现代供应链发展正式上升为国家战略，为加快推进中国现代供应链创新发展提供了充分的政策依据。中国共产党第二十次全国代表大会报告再次强调，要"着力提升产业链供应链韧性和安全水平"。

2. 促进供应链体系提质降本增效

中国围绕供应链发展密集出台相关促进政策。一是促进重点城市开展供应链体系建设。2017 年 8 月，《关于开展供应链体系建设工作的通知》确定天津、上海等 17 个重点城市开展供应链体系建设，不断提升区域供应链标准化、信息化、协同化水平，促进供应链提质增效降本。2022 年正式确定杭州、武汉等 12 个城市首批开展产业链供应链生态体系建设试点，推动区域产业链供应链生态体系迭代升级，形成龙头企业、配套企业、高等院校、科研院所、第三方平台、金融机构等协同联动、竞合共生的生态发展格局。二是加快推动供应链创新发展。2017 年 10 月印发的《关于积极推进供应链创新与应用的指导意见》提出，争取到 2020 年，基本形成覆盖中国重点产业的智慧供应链体系，并首次将供应链创新与应用上升为国家战略。随后，中国出台了一系列专项政策促进各行业供应链创新发展，涉及农业、制造业、服务业三大产业，并针对能源行业、物流行业等出台了更具体的促进政策，鼓励企业开展供应链创新，提升供应链的数字化、智能化、绿色化发展水平。

（二）积极倡导深化全球供应链国际合作

除了高度重视供应链战略，中国还在多个国际场合呼吁增强全球供应链合作，以促进全球供应链稳定畅通。

1. 提出全球供应链合作倡议

早在 2014 年，习近平主席在亚太经合组织（APEC）领导人非正式会议记者会上提出，实施全球价值链、供应链的领域合作倡议，加大能力建设投入，帮助各成员尤其是发展中成员更好地融入区域经济一体化发展，实现共同发展。

2. 维护全球供应链安全稳定

2021 年 10 月，习近平主席出席二十国集团领导人第十六次峰会第一阶段会议并发表重要讲话，强调要维护产业链供应链安全稳定，并倡议举办产业链供应链韧性与稳定国际论坛。

2022 年 9 月，习近平主席向产业链供应链韧性与稳定国际论坛致贺信，强调中国愿同各国一道，把握新一轮科技革命和产业变革新机遇，共同构筑安全稳定、畅通高效、开放包容、互利共赢的全球产业链供应链体系，为促进全球经济循环、助力世界经济增长、增进各国人民福祉做出贡献。论坛期间，中国同 2022 年二十国集团轮值主席国印度尼西亚及智利、古巴、巴基斯坦、塞尔维亚共同发起《产业链供应链韧性与稳定国际合作倡议》（杭州倡议），强调增强全球产业链供应链韧性和稳定性是助力各国经济复苏、畅通世界经济运行脉络、增进人类社会福祉的重要保障。

2022 年 9 月，《上海合作组织成员国元首理事会关于维护供应链安全稳定多元化的声明》重申上海合作组织成员国有意愿保障国际供应链安全稳定，保持合作开放与透明，将采取共同行动，促进上海合作组织成员国间各领域合作和贸易额增长。

（三）主动创造全球供应链合作机会

中国推动构建国际合作公共平台，提出"一带一路"倡议，积极推动中国企业"走出去"，从全球治理到国内政策双向发力，为世界各国企业参与并融入全球供应链创造更好条件。

1. 共商共建共享"一带一路"倡议

2013 年，习近平主席提出共建"丝绸之路经济带"和"21 世纪海上丝绸之路"的重大倡议，即"一带一路"倡议。十年来，"一带一路"倡议从理念到行动，从愿景到现实，开展更大范围、更高水平、更深层次的区域供应链合作，取得了丰硕成果，极大地促进了全球供应链发展，并为发展中国家参与全球供应链提供了更多机会，有效带动了发展中国家的经济增长，改善了世界人民的福祉。世界银行的报告显示，"一带一路"倡议使参与方贸易额增加4.1%、吸引外资增加5%，使低收入国家GDP增长3.4%。受益于"一带一路"建设，2012～2021年，新兴与发展中经济体GDP占全球份额提高3.6个百分点。据世界银行测算，到2030年，共建"一带一路"每年将为全球产生1.6万亿美元收益，占全球GDP的1.3%。2015～2030年，将有760万人因此摆脱绝对贫困，3200万人摆脱中度贫困。

2.支持中国企业共建全球供应链

对外投资既是中国企业国际化的重要形式，也是中国与世界经济深度融合、互利共赢、共建全球供应链的重要桥梁。经过多年的探索和完善，目前中国已基本建立了多层次的对外投资政策体系，为中国企业"走出去"，积极共建全球供应链提供了有效保障。面对贸易保护主义的大潮，很多国家都开始收缩对外投资，但中国却仍然以实际行动推动全球供应链国际合作。2022年中国对外直接投资流量为1631.2亿美元，占全球对外直接投资的10.9%（见图4-1），为全球供应链安全稳定提供了强有力支持。

图4-1　2015～2022年中国对外直接投资情况

资料来源：商务部、国家统计局、国家外汇管理局《2022年度中国对外直接投资统计公报》，2023年9月。

（四）显著提高全球供应链联通效率

贸易便利化为促进全球供应链高效运转提供了有力保障。中国持续开展促进跨境贸易便利化专项行动，促进全球供应链高效联通取得实质性成效。

1. 压缩货物通关时间

中国海关持续优化口岸通关的流程，推动重点港口公布作业时限，全面推广"提前申报""两步申报"等通关模式。在具备条件的港口，稳步推进进口货物"船边直提"和出口货物"抵港直装"试点，推广机检集中审像作业模式，扩大智能审图作业范围，提升口岸管理智能化水平。2022 年，全国进口、出口货物整体通关时间分别为32.02 小时和 1.03 小时，不仅较 2017 年同比分别压缩了 67.13% 和 91.6%，而且通关效率也远高于 CPTPP 规定的货物抵达后 48 小时通关的要求。

2. 降低贸易环节费用

目前，中国港口收费水平不仅低于日本、新加坡等周边国家，而且大大低于欧美国家的港口收费水平。中国海关规范和降低进出口环节合规成本，加强跨部门协同，推动实施《清理规范海运口岸收费行动方案》，督促各地认真落实口岸收费目录清单公示制度并动态更新，促进口岸收费公开透明，推动降低港口收费。据测算，仅沿海港口引航机构减费这一项，每年可为有关企业节省大概 3.2 亿元费用。

3. 简化贸易办理手续

深化国际贸易"单一窗口"建设，进一步深化"智慧口岸"建设和口岸数字化转型，持续推进跨境贸易数据和单证协调简化，推动部门间信息共享、业务协同和流程优化，打造"一站式"便企利民服务平台。上线进口关税配合联网核查、船舶联合登临等一批跨部门的应用，实现一窗受理、联合查验、全程跟踪反馈。截至 2022 年底，国际贸易"单一窗口"与 30 个部门系统对接，上线 22 大类 819 项服务，注册用户620 余万家，日申报业务量多达 1700 万票，基本实现口岸执法服务功能全覆盖，满足企业"一站式"业务办理需求。

（五）奋力推动全球供应链绿色化转型

中国积极参与气候变化多边进程，为《巴黎协定》的达成、生效和实施做出了历史性贡献；始终坚持"绿水青山就是金山银山"的理念，坚定不移走生态优先、绿色低碳发展之路；践行碳达峰碳中和承诺，推动产业绿色化转型；还与"一带一路"沿线国家共建绿色合作机制，积极帮助发展中国家应对气候变化，为全球供应链绿色化转型做出重要贡献。

1. 郑重承诺碳达峰碳中和

在 2020 年第七十五届联合国大会一般性辩论上，中国国家主席习近平正式宣布："中国将提高国家自主贡献力度，采取更加有力的政策和措施，二氧化碳排放力争于 2030 年前达到峰值，努力争取 2060 年前实现碳中和。"中国深入推进能源革命，重点控制化石能源消费，推动能源清洁低碳高效利用，加快规划建设新型能源体系，推进工业、建筑、交通等领域清洁低碳转型。2012～2022 年，中国以年均 3% 的能源消费增速支撑了年均 6.2% 的经济增长，能耗强度累计下降 26.4%，相当于少用标准煤约 14.1 亿吨，少排放二氧化碳近 30 亿吨。中国碳达峰碳中和行动，为全球供应链绿色低碳可持续发展做出了较大贡献。

2. 携手打造绿色丝绸之路

为应对全球气候变化等共同挑战，中国还同"一带一路"沿线国家一道，共建"一带一路"绿色低碳发展合作机制，与有关国家及国际组织签署 50 多份生态环境保护合作文件；与 31 个沿线国家共同发起"一带一路"绿色发展伙伴关系倡议，与 32 个沿线国家共同建立"一带一路"能源合作伙伴关系；发起建立"一带一路"绿色发展国际联盟，成立"一带一路"绿色发展国际研究院，建设"一带一路"生态环保大数据服务平台，帮助共建国家企业提高供应链绿色化转型的能力。

3. 开展气候变化南南合作

中国持续深化应对气候变化南南合作，尽己所能帮助发展中国家提高应对气候变化的能力。截至 2022 年 10 月，中国已累计安排超过 12 亿元人民币用于开展气候变化南南合作，与 38 个发展中国家签署 43 份应对气候变化的南南合作文件，为 120 多个发展中国家培训约 2000 名气候变化领域的官员和技术人员。

案例

案例4-4 菜鸟让包装"瘦"起来，让物流"绿"起来

　　近年来，中国快递业务快速发展，快递业务量连续9年稳居世界第一。中国政府高度重视快递包装的绿色转型。2020年，国务院办公厅转发国家发展改革委、商务部等8部门发布的《关于加快推进快递包装绿色转型的意见》，明确2022年和2025年可循环快递包装应用的量化目标。在政策引导下，快递企业多措并加快快递包装"瘦身"。例如，菜鸟物流通过技术创新，在原箱发货环节、包裹装箱环节和出口包裹环节实现包装物减量；使用可循环快递箱，依托驿站构造包装回收闭环，通过模式创新实现循环使用。2021年菜鸟可循环快递箱（盒）使用量达100万个、电商快件（天猫超市）不再二次包装率达80%，新增1.3万个设置标准包装废弃物回收装置的快递网点。菜鸟物流还在同城物流运输领域实施清洁能源替代方案，主要是通过物流运输工具的智能化，研发末端配送自动驾驶车辆"小蛮驴"和干线自动驾驶车辆"大蛮驴"，推动智能化运输工具和电动化结合，提高运输效率、推动节能减碳。菜鸟还计划在2030年前将全部同城运输车辆更换为清洁能源车辆。

四　鼓励供应链新技术应用

　　中国大力推动和支持企业运用数字化技术、绿色低碳技术，提升全球供应链的发展水平，有效解决全球供应链中的成本高、信息不对称、环节不透明、流程不标准、管理不高效、发展不环保等问题，推动全球供应链的可见、可控、可信和绿色低碳转型逐步变为现实。

（一）基本实现供应链数字化

　　随着中国数字经济与实体行业不断融合，中国企业供应链各环节的数字化、智慧化水平不断提升，不仅有效增强了供应链对市场需求的敏感度，而且带动了全球供应链高效运转。相关报告显示，中国企业供应链数字化、智能化带动运营成本降低30%

以上、销售精准度提高 50%、库存减少 75%[1]。

1. 智慧物流快速成长

中国政府积极推进"互联网＋"行动，将高效物流作为重点行动之一，开展了国家智能化仓储物流示范基地和骨干物流信息平台试点以及无车承运人试点。在相关政策支持下，物联网、云计算、大数据、人工智能、区块链等新一代信息技术与传统物流加速融合，无人仓、无人码头、无人配送、物流机器人、智能快件箱等技术装备加快应用，数字货运、数字园区、数字仓库等新基建推广建设，高铁快运动车组、大型货运无人机、无人驾驶卡车等装备设施起步发展，快递电子运单、铁路电子货票、航运与道路货运电子订单得到普及。

 案例

案例 4-5　京东物流持续推动供应链全环节降本增效

2023 年是京东创业 20 周年，也是京东物流"亚洲一号"智能产业园投入运营的第 10 年。作为中国智能物流新基建的代表，第一座"亚洲一号"仓库于 2014 年在上海正式投用，10 年间，数十座"亚洲一号"智能产业园遍布全国 20 余个省市。其高度智能化的订单处理能力与生态效应，不仅组成了全亚洲规模最大的智能仓群，大大降低社会物流成本，还与全国超 1500 个仓库协同搭建了多层级供应链基础设施网络，紧密连接生产与消费，在推动半日达等优质物流服务普及的同时，带动全产业链的提质升级。2023 年 6 月，昆山"亚洲一号"智能产业园 2 期正式建成，成为全球规模最大的仓拣一体智能物流园区。其自动分拣中心拥有超过 80 条自动分拣线，1 万个智能分拣机器人，分拣准确率达 99.99%。在"京东 618"期间，分拣中心 24 小时不间断作业，日均分拣包裹超 450 万件，效率提升 5 倍之多，代表了全球顶级水平。在仓储环节，昆山"亚洲一号"智能产业园 2 期投用了 AMR 搬运机器人、料箱拣货机器人等智能设备，还在服饰仓应用了京东物流自己研发的自动化仓储生产与管理体系——北斗新仓生产模式，将传统的人工静态拣货任务分配变为全自动动态任务分配，大幅缩短了拣货员走动距离，拣选效率提升 3 倍以上。

---

① 粟志敏：《供应链 4.0——下一代数字供应链》，《上海质量》2017 年第 3 期。

2. 电子商务蓬勃发展

随着电子商务发展模式的不断迭代升级，直播电商高速成长。中国互联网络信息中心发布的第51次《中国互联网络发展状况统计报告》显示，截至2022年12月，中国网络直播用户规模达7.51亿人，同比增长6.7%，占整体网民的70.3%。以阿里巴巴、京东等为代表的一批电商巨头日益成长为全球领先的电商平台，深度融入全球供应链，为世界各国商品进入中国市场和中国企业参与全球供应链提供了重要的数字化销售渠道。

跨境电子商务作为推动经济一体化、贸易全球化的技术基础，是全球供应链数字化转型的重要载体和重要推动力量。据中国海关统计，2022年中国跨境电商进出口规模首次超过2万亿元，同比增长7.1%，占全国货物贸易进出口总额的4.9%。2023年上半年，中国跨境电商进出口规模约为1.1万亿元，比上年同期增长16%。其中，出口8210亿元，增长19.9%，进口2760亿元，增长5.7%。中国跨境电商的快速发展，极大地拓宽了国际供应链向中国市场延伸的路径，促进了全球供应链合作的多边资源优化配置与企业间的互利共赢。

 案例

案例4-6　希音（SHEIN）携手全球卖家推出平台模式，更好满足用户需求

希音（SHEIN）是全球最大的快时尚女装品牌，在国内生产、国外销售。2022年希音销售额突破1000亿元，目前估值1000亿美元，在全球初创型"独角兽"企业中排名第三，仅次于字节跳动和SpaceX。十多年来，希音一直利用在线销售与按需供应的敏捷供应链模式，在有效降低库存、减少浪费，提升产业整体效率的同时，为消费者提供更具性价比的产品。2023年5月，希音正式宣布推出平台模式，凭借其庞大的消费者群体、"一站式"交付履约体系、在全球市场上的品牌影响力、市场营销经验和社交媒体渠道资源，给广大入驻企业融入全球供应链提供了重要平台。

（二）加快供应链绿色化转型

绿色低碳技术在促进全球供应链可持续、绿色化、低碳化发展方面起到重要作

用。中国清洁能源技术、化石能源清洁高效利用技术、绿色建筑技术、新能源汽车技术、固体废物资源化利用技术和温室气体捕集利用封存（CCUS）技术等绿色低碳技术，不仅促进了全球供应链核心产品的绿色化转型，而且极大地推动了全球供应链各环节节能降碳[①]。

1. 鼓励开发绿色产品

近年来，中国高技术、高附加值、引领绿色化转型的产品成为出口新增长点。中国商务部数据显示，2022 年，绿色新产品中的光伏产品、电动汽车、锂离子电池成中国外贸出口"新三样"，出口新动能快速成长。光伏产品出口规模达到 512 亿美元，同比增长超 80%，其中光伏组件出口额最高，约 423.61 亿美元，占全球市场的份额约为 70%。电动汽车中的纯电动乘用车出口 94.45 万辆，同比增长 90%，出口额达 200.88 亿美元，同比增长 133%，占全球新能源乘用车的比重约为 60%。锂离子电池出口数量为 37.73 亿只，同比增长 10.06%，出口额达到 509.19 亿美元，同比增长 79.12%，出货量在全球锂离子电池总体出货量中占比 69.0%。中国绿色新产品促进了世界各国围绕绿色产品开展供应链布局，形成更多绿色全球供应链，为全球供应链绿色减排做出重要贡献。例如，中国出口的风电光伏产品为其他国家减排约 5.73 亿吨二氧化碳当量，合计减排 28.3 亿吨二氧化碳当量，约占全球同期可再生能源折算碳减排量的 41%。

2. 大力发展清洁能源

中国清洁能源技术应用在全球处于领先地位。中国国家能源局的数据显示，2022年中国光伏组件、风力发电机、齿轮箱等关键零部件占全球市场份额的 70%。在光伏发电方面，中国光伏产业规模、技术水平、应用市场、产业体系等均位居全球前列，已形成了从高纯度硅材料、硅锭/硅棒/硅片、电池片/组件、光伏辅材辅料、光伏生产设备到系统集成和光伏产品应用等的完整产业链。近 10 年光伏发电成本下降了75%，光伏项目最低中标电价降至 0.1476 元/千瓦时。在风能技术方面，中国实现了从陆地到海上、集中式到分布式、关键部件到整机设计制造、风电场开发到运维的全面突破，10MW 海上风电机组成功并网，平均度电成本降至 0.35 元/千瓦时，与煤电基准价基本相当。在核电技术方面，已实现三代大型压水堆核电机组研究、设计、建

[①] 《科技部：科技创新推动节能降碳成效显著》，国家发展改革委网站，2022 年 6 月 13 日，https://www.ndrc.gov.cn/xwdt/ztzl/2022qgjnxcz/bmjncx/202206/t20220613_1327168_ext.html。

造、运行的一体化发展，跻身世界第一方阵。中国清洁能源技术的快速发展，为促进全球供应链绿色化转型做出了重要贡献。

3.传统能源减污降碳

中国化石能源清洁高效利用技术促进了传统化石能源减排。在煤电方面，高参数大容量高效燃煤机组技术实现突破和应用，660MW 超超临界二次再热发电系统实现了宽负荷条件下发电煤耗小于 256g/kWh、发电效率大于 48%，促进中国传统煤电产业的可持续发展。在油气开发方面，依托"大型油气田及煤层气开发"国家科技重大专项，成功研制的 5000 型电动压力泵成套装备可使能耗降低 20%、效率提升 71%，实现二氧化碳、氮氧化物等污染物零排放，给使用传统能源的全球供应链转型提供了更多选项。

4.仓储物流节能减排

中国绿色建筑技术的发展为促进仓储系统节能减排做出了积极贡献，有助于全球供应链仓储系统绿色化转型。研究开发不同气候区建筑节能高效供暖空调设备，形成建筑节能与可再生能源技术体系，墙体、门窗等围护结构材料性能大幅提升，建立全球最大的绿色建筑实时在线运行性能数据库。建设完成 532 项绿色建筑示范工程，能耗比现行标准约束值低 30%，绿色施工示范实现固体废弃物减排 70%，建设工期缩短 50%。

中国新能源汽车技术极大地促进了物流运输节能减排，有助于全球供应链的运输系统绿色化转型。在技术与政策驱动下，中国新能源汽车发展实现了"跟跑"向"并跑"和"领跑"的转换。在关键部件领域，量产三元材料单体电池能量密度达到 290Wh/kg，系统能量密度达到 180Wh/kg 以上，系统成本下降到 0.8 元 / 瓦时左右，A 级纯电动乘用车新欧洲驾驶周期（NEDC）工况百公里能耗为 11kWh，主流国产纯电动轿车 NEDC 工况续驶里程已超过 400 公里，技术总体处于国际领先水平。"科技冬奥"重点专项——"氢能出行关键技术研发和应用示范"项目成功研制"100% 国产、100% 绿氢、100% 零碳"的氢燃料电池客车，可在高强度、高寒、高海拔陡坡等特殊场景下高效、安全运营。

五　增强全球供应链金融保障

中国发起设立国际金融机构及投资基金，促进全球供应链向发展中国家延伸，有效保障了全球供应链安全、稳定；大力推进支付方式数字化转型，增强数字化风控和服务能力，促进了全球供应链高效运转。

（一）发起设立国际金融机构及投资基金

国际金融机构和一些投资基金在防止灾害、推进生产性资源开发、促进全球和区域经济平衡发展等方面发挥重要作用，特别是在为发展中国家的基础设施建设、可持续发展提供资源和资金支持等方面扮演了重要角色，帮助更多发展中国家参与并融入全球供应链，分享全球供应链发展红利。

1. 亚洲基础设施投资银行

亚洲基础设施投资银行（简称"亚投行"）由中国发起，于 2015 年正式成立。截至 2022 年底，已拥有来自世界六大洲的 106 个成员，覆盖全球 81% 的人口，占全球 GDP 的 65%，是成员数量仅次于世界银行的全球第二大国际多边开发机构。2016～2022 年，在基础设施建设、推动当地经济与社会发展、改善人民生活等方面，亚投行已累计批准 202 个项目，融资总额超过 388 亿美元，撬动资本近 1300 亿美元，涉及能源、交通、水务、通信、教育、公共卫生等领域的可持续基础设施建设与成员经济绿色复苏，项目遍布全球 33 个国家。亚投行还加大对域外成员的融资支持力度，批准的首个巴西项目与科特迪瓦项目进一步扩展了亚投行在拉丁美洲与非洲的业务范围，让更多发展中国家和地区融入全球供应链。2022 年，亚投行的气候融资总额已占批准融资总额的 55%，提前三年实现了其在《中期发展战略（2021—2030）》中确定的气候融资目标，推动全球供应链绿色化转型。

2. 中长期开发性投资基金

中国发起设立投资基金，促进发展中国家开展基础设施建设、促进绿色低碳发展、支持全球供应链融资，进而保障全球供应链畅通互联、高效运转。目前中国已经设立的基金主要包括丝路基金、中非发展基金、中拉合作基金、中国—东盟投资合作基金、中国—中东欧投资合作基金等（见表 4-3）。以丝路基金为例，丝路基金作为中长期开发性投资基金，通过股权、债权、贷款、基金等多元化投融资方式，为"一带一路"建设和双边、多边互联互通提供投融资支持，遵循对接、效率、合作、开放四项原则，重点支持"一带一路"基础设施建设、"一带一路"绿色发展等，同时还注重兼顾社会效益与经济效益，先后投资支持全球植物性食品供应商英国 Upfield、国际粮油供应商新加坡益海嘉里等企业，推动全球粮油供应链安全稳定发展。

表 4-3 中国发起设立的部分投资基金

基金	发展情况
丝路基金	2014 年注册成立，是为"一带一路"倡议专门设立的投资机构；截至 2022 年底，丝路基金累计签约项目 70 余个，承诺投资金额超过 200 亿美元，其中有 18 个项目纳入两届"一带一路"国际合作高峰论坛成果清单，现已全部落地
中非发展基金	设立中非发展基金是中国在 2006 年中非合作论坛北京峰会上宣布的对非务实合作 8 项举措之一，目的是支持和鼓励中国企业对非投资；基金于 2007 年 6 月开业运营，初始设计规模 50 亿美元；2015 年，国家主席习近平在中非合作论坛约翰内斯堡峰会上再次宣布，为支持中非"十大合作计划"实施，为中非发展基金增资 50 亿美元，基金总规模提升为 100 亿美元；自成立以来，中非发展基金积极支持中非经贸合作，重点投资了一批农业、基础设施、加工制造、产业园区和资源开发等项目，有力促进了中国企业对非投资，对所在国基础设施建设、技术进步、出口创汇和增加就业发挥了重要作用
中拉合作基金	中拉合作基金是由中国政府宣布设立的一支专门针对加勒比及拉美地区的、"政府指导，市场化运作"的私募股权投资基金，由中国进出口银行和国家外汇管理局共同发起；基金通过提供资金和智力支持，积极协助、引导中国企业"走出去"，实施中拉产能合作"3×3"模式，通过发挥旗帜、桥梁、纽带的作用，致力于促进中国与拉美及加勒比地区国家的投资、经贸合作，积极参与国家开放型经济发展；基金投资领域包括六大方面：能源资源、基础设施、现代农业、制造业、科技创新、信息技术，并适当向其他领域延伸
中国 – 东盟投资合作基金	中国—东盟投资合作基金是经中国国务院批准成立，并已通过国家发改委核准的离岸股权投资基金，由中国进出口银行作为主发起人，连同国内外多家投资机构共同出资成立；基金主要投资于东盟地区的基础设施、能源和自然资源等领域，具体包括交通运输、电力、可再生资源、公共事业、电信基础设施、管道储运、公益设施、矿产、石油天然气、林木等
中国 – 中东欧投资合作基金	中国—中东欧投资合作基金是由中国进出口银行作为主发起人，连同国内外多家投资机构共同出资成立的离岸股权投资基金；基金投资领域包括但不限于中东欧 16 国的基础设施、能源、电信、特殊制造业、农业和金融等潜力行业，重点关注能够扩大和深化中国 – 中东欧国家双边经贸投资合作、便利双边市场准入的项目

资料来源：根据公开资料整理。

（二）鼓励发展供应链金融

供应链金融对于稳定全球供应链，解决小微企业融资难问题具有十分重要的意义。2022 年中国供应链金融行业规模为 36.9 万亿元，其中应收账款模式占比达 60%，预计未来五年供应链金融行业规模将以 10.3% 的复合年均增长率增长，2027 年将超 60 万亿元[①]。

---

① 艾瑞咨询：《2023 年中国供应链金融数字化行业研究报告》，2023 年 4 月。

1. 商业银行供应链金融快速成长

商业银行是中国供应链金融的最初探索者，2006年平安银行（原深圳发展银行）首次提出发展供应链金融业务。2009年，平安银行率先提供线上供应链金融服务，为供应链企业提供一揽子金融解决方案，涉及粮食、汽车、有色、钢材、煤炭、矿石、油品、木材、化工等行业。服务对象包括供应链上的单个企业及该企业的上下游企业，覆盖"供—产—销"整条供应链。此后，越来越多商业银行开展供应链金融业务。例如，中国银行的线上融资产品"中银智链·融易信"，为产业链上游多级供应商提供全流程线上化、纯信用的保理融资服务，并在冷链领域发布了"中银智链·冷链物流链"等产品。2022年，中国银行累计为供应链核心企业和上下游企业分别提供2.5万亿元流动性支持和2.2万亿元表内外贸易融资支持。中国工商银行的创新金融工具"工银e信"，利用区块链去中心、防篡改、可追溯的技术优势，使供应链核心企业付款承诺数字化、标注化、可拆分、可流转、可融资，不仅解决了供应链核心企业信用难以沿产业链跨级传递的难题，精准匹配各级客户融资需求，还满足了企业在上游签约、备货、发货、开票、支付以及下游分销、零售等环节的融资需求。截至2022年末，中国工商银行普惠贷款余额突破1.5万亿元，普惠型小微企业的贷款户数突破100万户。

2. 政策性银行供应链金融初见成效

中国政策性银行纷纷发力供应链金融，为中小企业参与全球供应链提供强有力的资金支持。国家开发银行与各级地方工信部门、地方商业银行、政策性担保机构建立了多层次合作机制，加大对专精特新中小企业的融资支持。2022年，国开行发放本外币贷款和小微企业转贷款超3万亿元，人民币贷款余额新增1.06万亿元。中国进出口银行着眼高端制造业链条上的中小企业，通过特色产品，集中金融资源推动制造业强龙头、铸链条、壮集群，发挥"保理E贷"保障产业链供应链畅通运转的作用，推动核心企业信用向上下游小微企业传导。截至2023年3月末，中国进出口银行普惠小微贷款余额超1700亿元，较年初增长12%，累计服务小微企业近32万户。中国农业发展银行积极搭建"线下+线上"协同格局，开发了农发微众快贷、小微智贷等信贷系统。创新"产业链+供应链"服务模式，重点支持产业链供应链生态场景小微企业协同发展，助力涉农产业链供应链稳定循环。截至2023年4月底，中国农业发展银行线上小微贷款累放1016.83亿元，线上小微企业贷款余额为105.82亿元，惠及小微企业6万余户。

（三）引领全球数字支付革命

随着新一轮科技革命和产业变革深入发展，中国数字支付行业快速成长，以数字技术重塑服务渠道和流程，增强数字化风控和服务能力，带动全球供应链支付模式的创新发展。

1. 创新数字人民币应用场景

作为中国法定货币的数字形式，数字人民币开展常态化试点已满三年。作为一种更快捷、更安全的支付方式，数字人民币极大地促进了全球供应链数字化转型、稳定高效运行。

2022 年以来，中国多家银行机构推出了数字人民币硬件钱包，如中国工商银行公开发放的硬件钱包产品，分为卡式和手环式；中国银行与美团合作发布的面向大众的数字人民币低碳卡硬件钱包，是中国首个以硬件支付为主的媒介产品，能够用于线上线下衣、食、住、行各类消费场景。

2. 推动移动支付快速普及

银行信用卡 App 作为数字化转型的主要载体，连接金融与生活场景，并外拓合作场景、扩展服务边界，形成了"网点 +App+ 场景"的服务模式[1]。据不完全统计，2022 年第一季度中国信用卡 App 活跃用户规模约为 1.4 亿人。中国银联创新推出无界卡，整合运用大数据、Token2.0、卡码合一等创新技术，实现用户申卡、绑卡、用卡线上一体化，推动支付更加便捷流畅、支付体验与效率大幅提升。截至 2022 年末，中国银联已联合 36 家银行发行 79 款无界卡，累计发卡超 4720 万张。

移动支付为需求释放提供方便。中国支付清算协会发布的《中国支付产业年报2022》显示，2021 年中国网络支付用户规模达 9.04 亿人，占网民整体的 87.6%，国内银行处理的移动支付业务笔数和金额分别是 2012 年的 282.67 倍和 228.13 倍；《2022 年移动支付用户使用情况问卷调查报告》显示，超八成用户每天使用移动支付工具。

在促进海外需求释放方面，中国有第三方跨境支付业务牌照的公司共 27 家，交易规模从 2016 年的 1485 万亿元增长至 2021 年的 11247 万亿元[2]。支付宝（Alipay）是

---

① 中国经济信息社：《中国信用卡消费金融报告（2023）》，2023 年 6 月。
② 《2023 年中国第三方支付行业发展浅析：第三方支付已是我国金融发展领域中不可或缺一部分，市场高度集中和分布不均》，智研咨询网，2023 年 7 月 8 日，https://www.chyxx.com/industry/1148849.html。

覆盖范围最大的第三方跨境支付平台之一。2016 年，蚂蚁集团在新加坡宣布启动"Alipay+"计划，在全球打造以机场、百货和餐饮场景为中心的移动服务生态圈。根据 2022 年 11 月蚂蚁集团公布的数据，"Alipay+"已覆盖全球超 250 万家商户，商家可通过"Alipay+"一点接入，与 15 个数字支付工具覆盖的超 10 亿位消费者无缝连接，为连接全球线上、线下大中小微商家发挥了重要作用。

第五章
中国为全球供应链
合作带来新机遇

中国始终坚持深化国际合作，维护全球供应链稳定畅通，为全球供应链开放合作指明航向、搭建平台、提供机遇。中国是世界第二大经济体、第二大消费市场、第一大电子商务市场，为全球供应链合作提供了超大规模的市场机遇；中国是世界上唯一拥有全部工业门类的国家，是全球制造和供应链重要中心，为全球供应链合作提供了完备的产业配套机遇；中国货物贸易额位居世界第一，吸引外资和对外投资均居世界前列，为全球供应链合作提供了高水平的对外开放机遇；中国企业是全球供应链中最具活力的"造血细胞"，研发投入强度居发展中国家之首，为全球供应链合作提供了良好的创新发展机遇。

一　超大规模的市场机遇

中国的超大规模市场和消费潜力是激发全球供应链活力的重要引擎。中国人口超14亿人，中等收入群体超4亿人，具有超大规模市场优势。中国厚植消费扩容提质，发力壮大国内市场建设，进一步巩固强化超大规模市场优势，为全球供应链合作提供更加广阔的市场空间。

（一）消费市场规模大、成长性好

1. 消费规模全球第二

随着中国经济进入高质量发展阶段，居民收入水平不断提高，居民消费需求得到有效释放，2021年、2022年社会消费品零售总额分别为44.1万亿元和44万亿元，创历史新高，2021年社会消费品零售总额是2012年的2.1倍（见图5-1）。2022年全国居民人均可支配收入36883元，比上年名义增长5.0%，扣除价格因素后实际增长2.9%。中国作为全球第二大消费市场和第一大电子商务（网络零售）市场的地位更加巩固，超大规模市场对促进全球供应链合作的牵引作用进一步提升。

2. 农村消费快速增长

城镇消费增长态势稳健，农村消费需求有效激发，为全球供应链在中国拓展创造

图 5-1　2012～2022 年中国社会消费品零售总额及同比增速

资料来源：国家统计局。

了需求条件。中国城镇化进程加快推进，进一步带动城镇特别是城区消费集聚水平的提升和消费潜力的释放，2022 年城镇社会消费品零售额超 38 万亿元。随着脱贫攻坚工作扎实推进以及乡村振兴战略深入实施，城乡居民收入差距缩小，农村居民收入水平和消费倾向加速提升，农村消费规模不断扩大，2022 年乡村社会消费品零售额近 6 万亿元（见图 5-2）。

图 5-2　2013～2022 年中国城乡社会消费品零售额及增长情况

资料来源：国家统计局。

（二）消费结构升级步伐加快

中国区域重大战略与区域协调发展战略统筹推进，居民收入水平显著提升，为全球各个产品的供应链向中国市场延伸发展提供最精准的市场需求保障。

1. 中西部消费市场梯度发展

中西部地区消费市场较快发展，并呈现梯度发展格局，全球高中低不同档次产品的供应链都能在中国市场找到合适的细分市场。从各区域增长情况看，2013～2021 年，中部和西部地区社会消费品零售额年均分别增长 10% 和 9.7%，增速分别比东部地区高 1.6 个和 1.3 个百分点，意味着不同档次商品的市场需求都保持了较快增长，为不同类型的全球供应链合作创造了良好的市场条件。

2. 居民消费结构持续升级

中国消费结构升级步伐加快，服务消费、高品质消费在人均消费支出中的占比不断提高，文化娱乐、休闲旅游、教育培训、健康养生等逐步成为新消费热点。2022 年，中国居民人均服务消费支出 10590 元，占居民人均消费支出的比重为 43.2%（见图 5-3）；人均食品烟酒支出 7482 元，占居民人均消费支出的比重（即恩格尔系

图 5-3　2019～2022 年中国人均服务消费支出及其占居民人均消费支出的比重

资料来源：国家统计局。

135

数）为 30.5%。在食物消费结构中，蛋白质食物消费显著增加。根据联合国粮农组织（FAO）统计数据，中国人均每日蛋白质摄入量从 2000～2002 年的 83.1 克增加至 2017～2019 年的 103.1 克，高于世界和亚洲平均水平，涨幅约 24.1%（见图 5-4）。消费结构加快升级，品质消费、品牌消费占比较高，为全球供应链合作提供了新的市场空间。

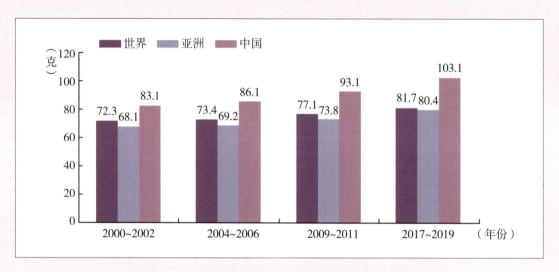

图 5-4　按来源地划分的人均每日蛋白质摄入量

资料来源：FAO。

（三）新型消费发展动力强劲

线上消费、免税经济、高端进口消费等新型消费的发展，有效激发了消费潜力，为促进全球供应链合作注入了新的动力。

1. 线上消费占比不断提高

随着互联网、云计算和人工智能等新技术快速发展，线上消费规模持续增长。2022 年，全国实物商品网上零售额为 119642 亿元，增长 6.2%，占社会消费品零售总额的比重上升到 27.2%，在全球保持领先地位（见图 5-5）。中国超大规模市场的数字化水平提升，发挥了巨大的需求牵引作用，大大推进了全球供应链的数字化发展进程。

图 5-5 2018~2022 年中国网络零售额及增速

资料来源：国家统计局。

2. 免税市场消费需求旺盛

在政策引导下，中国免税经济呈现高速发展态势。2019~2021 年，中国免税市场全球占比从 14% 提高至 28.8%，2023 年春节假期，海南海口的离岛免税购物金额和人数分别同比增长 5.88% 和 9.51%，与 2021 年同期相比分别增长 51.5% 和 64.9%[①]。中国通过大力发展免税经济，缩小国际品牌境内外价差，消除商品跨境流动壁垒，促进世界各国发挥比较优势，提高全球供应链合作的广度和深度。

3. 进口消费需求稳步增长

随着居民收入水平提高，中国进口消费品规模快速增长。2022 年，中国消费品进口额达 1.93 万亿元，比 2012 年增长 1 倍多，占进口总额比重达 11%；跨境电商进口 5600 亿元，比上年增长 4.9%，为全球优质产品进入中国提供了机遇，为增进全球供应链合作提供新商机。京东消费及产业发展研究院相关报告显示，2022 年，在京东上购买手机通信、美妆护肤、传统滋补、家具和食品饮料时，中国消费者选择进口品牌商品的比例提升。以海外高质量水果为例，2022 年中国水果进口额为 156.9 亿美元，

---

① 《两会丨全国政协委员丁佐宏：以五大国际消费中心城市试点扩大免税经济发展》，"中国营商报"百家号，2023 年 3 月 5 日，https://baijiahao.baidu.com/s?id=1759510005922440258&wfr=spider&for=pc。

同比增长 7.9%，其中主要进口水果品类为鲜榴梿、鲜樱桃（车厘子）、香蕉、山竹、椰青。

二　部门齐全的产业机遇

近年来，中国工业门类不断完善，产业创新能力不断增强，产业开放不断深化，世界第一制造大国的地位更加巩固，供应链配套体系更趋优化和完善，为全球供应链合作提供产业发展机遇。

（一）工业门类完备

中国工业、制造业门类完整齐全，规模持续稳定增长，实力日益增强，有效降低全球供应链配套成本，显著增加全球供应链配套机会和提升效率。

1. 工业体系独立完整

中国拥有 41 个工业大类、207 个工业中类、666 个工业小类，是全世界唯一拥有联合国产业分类中全部工业门类的国家。2022 年，中国工业增加值突破 7.1 万亿美元大关，占国内 GDP 比重达 33.2%，占全球工业增加值的比重为 25.38%（见图 5-6）。按照国民经济统计分类，中国制造业有 31 个大类、179 个中类、609 个小类，在全球范围内产业门类最齐全、产业体系最完整。2022 年，中国制造业增加值占国内 GDP 比重为 27.7%，占全球制造业增加值的比重高达 30.38%（见图 5-7），制造业规模连续 13 年居世界首位，是全球供应链的"世界工厂"，任何产品都能在中国找到合适的供应商、制造商。

2. 工业实力持续增强

在 500 种主要工业产品中，中国有四成以上产品的产量位居世界第一。中高端产品供给能力显著增强，水下机器人、无人机等技术以及磁共振、超声影像等高端医学影像装备处于国际领先水平，智能手机、计算机、电视机、工业机器人等新产品产量居全球首位。

图 5-6　2018～2022 年中国工业增加值及占全球比重情况

资料来源：国家统计局。

图 5-7　2018～2022 年中国制造业增加值及占全球比重情况

资料来源：国家统计局。

工业产品品种、品质、品牌稳步提升。家电、制鞋等领域与国际标准一致性程度达到 95% 以上。制造业中间产品贸易在全球占比约为 20%。2021 年，24 个工业和信息化领域品牌入选世界品牌 500 强，比 2012 年增加 14 家。

（二）产业创新发展

数字化、绿色化正成为中国产业创新发展的普遍趋势，数字化、绿色化技术全面融入经济社会发展各领域，有效促进了全球供应链数字化、绿色化转型。

1.技术密集型行业居主导地位

目前，中国技术密集型行业竞争力已超过资源密集型行业，跃居主导地位。按照资产总值从大到小排序，2022 年中国制造业 31 个大类排名前五的行业分别为计算机、通信和其他电子设备制造业，电气机械和器材制造业，汽车制造业，非金属矿品制造业，化学原料和化学制品制造业。从规模看，高技术制造业、装备制造业增加值占规模以上工业增加值比重分别达到 15.5% 和 31.8%。从出口看，机电产品位居榜首，出口额高达 13.7 万亿美元，高新技术产品出口额位列第二；制造业中间产品贸易全球占比高达 20%，有效促进了全球供应链深度融合和合作。此外，中国已创建了 445 家国家新型工业化产业示范基地，中国四分之一的制造业单项冠军企业和三分之一的专精特新"小巨人"企业来自示范基地。因此，中国高技术产业快速发展，深度嵌入全球供应链，中国先进的高技术企业、制造业重点领域和产业链关键环节的国家级单项冠军企业及专精特新企业，为技术密集型产品的全球供应链创新合作提供了新的机遇。

2.产业数字化、绿色化转型加速

中国制造业正加速向数字化、网络化、智能化、绿色化发展，为促进全球供应链数字化、绿色化转型提供了中国方案。在数字化方面，截至 2022 年底，全国工业企业关键工序数控化率、数字化研发设计工具普及率分别达到 58.6%、77.0%，比 2012 年分别提高了 34 个、28.2 个百分点。在绿色化方面，传统产业绿色化转型加快，2012～2022 年工业技术改造投资增速长期维持两位数，成为促进全球供应链低碳转型的重要力量；标杆梯级培育机制基本建立，截至 2023 年 4 月底，国家层面共创建绿色工厂 3616 家、绿色工业园区 267 家、绿色供应链管理企业 403 家。

（三）产业开放深化

在竞争日益激烈的国际环境下，中国始终坚持开放合作的发展方针，通过积极参与全球分工与合作，促进全球供应链降本增效。

1.合理缩减外资准入负面清单

中国在《中华人民共和国外商投资法》及其实施条例的基础上，推进投资自由化、便利化,《外商投资准入负面清单》经过 7 次缩减，条目越来越少，由最初的 190 项缩减到现在的 27 项，自贸试验区和自贸港的开放程度更高。联合国贸发会议发布的《2023 年世界投资报告》显示，2022 年全球外商直接投资较上年下降 12%，其中流入发达经济体的外商直接投资下降 37%，而中国吸引的外商直接投资达到创纪录的 1891.3 亿美元（见图 5-8）。

图 5-8 2012～2022 年中国吸引外商直接投资情况

资料来源：国家统计局。

2. 制造业基本实现全面开放

制造业是国民经济的基础性和战略性产业，是国家工业化和现代化的基础，也是衡量一个国家竞争力的重要标志。在制造业规模保持全球领先地位的同时，中国先进制造业蓬勃发展。早在 2015 年，麦肯锡全球研究院在《中国创新的全球效应》中就提到，中国在成为"世界工厂"的过程中也逐渐占据了效率驱动型创新的领先地位。中国一般制造业领域已实现全面开放，自贸试验区负面清单制造业条目全面清零,《鼓励外商投资产业目录（2022 年版）》继续将制造业作为鼓励外商投资的重点方向，并新增或扩展元器件、零部件、装备制造等有关条目，越来越多的跨国公司看好中国制造业的投资机会。联合国贸发会议发布的《2023 年世界投资报告》显示，2022 年流入中国的外国直接投资主要集中在制造业和高科技行业，投资大多来自欧洲的跨国企业。

3. 高技术产业不断扩大开放

高技术产业是一个国家科技实力和综合国力的重要标志。近年来，中国高技术产业投资保持较快增长态势，中国不断提升高技术产业的开放水平，积极推广服务领域负面清单管理模式，并依托自贸试验区、海南自由贸易港、服务业扩大开放综合试点、服务贸易创新发展试点等平台载体，探索高技术产业更高水平开放，与外资企业共同分享高增长市场机会。高技术产业实际利用外资规模也呈现高速增长态势，2022年，中国高技术产业实际利用外资增长 28.3%。

三　对外开放的政策机遇

中国坚定不移推进高水平开放，持续营造公开、公正、公平的营商环境，打造各类开放平台载体，为世界各国企业完善在中国的投资布局保驾护航，为世界各国企业在中国开展全球供应链合作提供更多更好机遇。

（一）积极主动对外开放

近年来，中国提出了更加积极主动的开放战略，通过设立自由贸易试验区、海关特殊监管区域、跨境电商综试区等，为世界各国企业在华布局供应链提供机遇。

1. 自由贸易试验区

完善自由贸易试验区布局，是实行高水平对外开放的重要举措。从 2013 年自贸试验区工作启动以来，中国先后设立了 21 个自由贸易试验区，形成了覆盖东西南北中的改革开放创新格局。2022 年，21 个自贸试验区占中国国土面积不足 4‰，但在中国进出口贸易总值中的占比达 17.8%，在实际使用外商直接投资中的占比更高达18.1%；而且这 21 个自贸试验区的高技术产业实际使用外资同比增长 53.2%，远高于全国平均水平。自贸试验区凭借丰富的体制机制创新经验、较高的制度创新权限，成为市场环境更加公平、服务业准入门槛更低、合作更加便利的扩大开放平台和全球供应链合作区域。特别是海南自由贸易港，已逐步构建起较为完善的自贸港政策制度体系，以"零关税、低税率、简税制"和"五个自由便利一个安全有序流动"为主要特征的 180 多项政策文件落地生效，为促进全球供应链合作搭建了更加开放的平台。

2. 海关特殊监管区域

中国海关特殊监管区域共有 6 类，分别是保税区、出口加工区、保税物流园区、跨境工业区、保税港区、综合保税区。截至 2022 年，中国海关特殊监管区域共有 168 个，其中综合保税区 156 个、保税区 8 个、保税港区 2 个、跨境工业区 1 个（珠澳跨境工业区珠海园区）、出口加工区 1 个。2023 年上半年，全国海关特殊监管区域进出口总值 38314.7 亿元，占全国外贸进出口总额的 19.1%。作为提高对外开放水平的重要基础设施，海关特殊监管区域在扩大对外开放水平、承接国际产业转移、连接国内外两个市场中发挥了重要作用，有效促进了全球供应链合作。

3. 跨境电商综试区

跨境电商综合试验区旨在通过制度创新、管理创新、服务创新和协同发展，破解跨境电商发展中的深层次矛盾和体制性难题，打造跨境电子商务完整的供应链和生态链，逐步形成一套适应和引领全球跨境电商发展的管理制度和规则，进而为全球供应链数字化转型释放新的制度红利。目前，中国已设立 165 个综试区，区内有跨境电商产业园约 690 个，跨境电商货物贸易规模占外贸比重由 5 年前的不足 1% 上升到目前的 5% 左右。中国跨境电商贸易伙伴遍布全球，中国与 29 个国家签署双边电子商务合作备忘录，为全球供应链的数字化转型提供了制度保障。

（二）打造开放合作平台

为促进中外企业合作交流，中国统筹推进各类开放平台建设，发挥平台先行作用，通过设立境外经贸合作区及举办各类国际性展会，有效推动了全球供应链的开放合作。

1. 境外经贸合作区

建设境外经贸合作区是中国实施"走出去"战略的重要形式之一，是中国企业积极拓展海外发展空间、扩大对外投资合作的一种全新模式，为企业深度融入全球供应链提供了新的思路。截至 2021 年末，纳入商务部统计的境外经贸合作区分布在 46 个国家，累计投资 507 亿美元，上缴东道国税费 66 亿美元，为当地创造就业岗位 39.2 万个，有力促进了全球供应链合作发展。境外经贸合作区作为对外投资合作的创新模式，为国内有意愿"走出去"的中小企业提供了可靠平台和保障，也为全球各类有意深度融入全球供应链的企业创造了条件和机遇。

2. 举办各类国际性展会

中国先后组织举办广交会、进博会、服贸会、消博会、链博会等国际性展会，有力促进了国际经贸领域的合作和世界经济发展。这些国际性展会活动，有利于世界更好地分享中国超大规模市场机遇和发展红利，为全球经济复苏提供了动力，也为全球供应链稳定发展做出了独特贡献。为让全球工商企业携手成链、聚沙成塔，找到供应链上下游的合作伙伴，中国贸促会将举办首届中国国际供应链促进博览会（简称"链博会"）。链博会是全球首个以供应链为主题的国家级展会，是一个上中下游衔接、大中小企业融通、产学研用协同、中外企业互动的开放型国际合作平台，纵向展示各链条上中下游全球领先的产品和技术，横向展示金融保险、物流、贸易咨询、商事法律、文化旅游及创意设计等供应链服务，形成相关产业发展的生态圈，且关注整个产业链供应链韧性和包容性，把上下游中小企业带进链来，同台展示。

四　不断涌现的创新机遇

中国凭借强有力的知识产权保护、持续的高强度投入、丰富的创新资源要素，在创新应用领域的竞争力持续增强，吸引全球创新要素加速集聚，为各国企业建立和保持技术优势提供有力支撑，为促进全球供应链降本增效、转型升级提供新机遇。

（一）加强知识产权保护

中国始终高度重视知识产权保护，深入实施知识产权强国建设，加强知识产权法治保障，完善知识产权管理体制，不断强化知识产权全链条保护，持续优化创新环境和营商环境，为全球供应链创新提供了增长动力与坚实保障。

1. 知识产权质量稳步提升

创新是引领发展的第一动力，保护知识产权就是保护创新。2022 年，中国贯彻落实《知识产权强国建设纲要（2021—2035 年）》，对知识产权工作做出新的重要部署。《深化党和国家机构改革方案》就完善知识产权管理体制做出重大优化调整，充分激发知识产权支撑全面创新的基础制度性作用。通过强有力的知识产权保护，中国知识产权质量稳步提升，2022 年授权发明专利 79.8 万件，每万人口高价值发明专利拥有量达到 9.4 件。中国大力加强知识产权法治保障，推动专利链、创新链、资金链、人才链、供应链深度融合，激发全社会创新活力，为全球供应链合作打造了优良的创新环境。

2. 开展知识产权国际合作

知识产权保护工作关系国家对外开放大局，积极主动加入国际条约，展现中国知识产权法治建设与时俱进，与国际接轨，有利于促进全球供应链深度融合、安全稳定，激发全球供应链合作潜力和活力。目前中国已加入主要知识产权国际条约，协调世界知识产权组织在中国设立办事处，推动《工业品外观设计国际注册海牙协定》和《关于为盲人、视力障碍者或其他印刷品阅读障碍者获得已出版作品提供便利的马拉喀什条约》，以及第一个在中国签署并以中国城市命名的国际知识产权条约《视听表演北京条约》正式生效，成为知识产权国际规则的坚定维护者、重要参与者和积极建设者。

（二）加速创新要素集聚

创新要素指创新活动涉及的各类生产要素，主要包括人才、资金、技术、数据等。中国已成为全球重要的创新资源集聚高地，为知识和技术密集型产业迅速发展提供了强大支撑，为全球供应链实现转型升级提供了要素保障。

1. 研发人员超百万人

研发人员数量、质量齐升，为全球供应链创新合作提供了人才保障。2012～2021年，中国研发人员数量从 324.7 万人增长到 571.6 万人（见图 5-9），连续多年居世界第一位，其中每万名就业人员中研发人员数由 43 人提高到 77 人；中国从事基础研究

图 5-9　2012～2021 年中国研发人员数量及增速

资料来源：国家统计局。

的人员数量从 21.22 万人增长到 47.20 万人，部分年份增速高达两位数（见图 5-10）。2022 年，中国入选世界"高被引科学家"的数量高达 1169 人次，世界顶尖科技人才加速涌现。

图 5-10 2012～2021 年从事基础研究的人员数量及增速

资料来源：国家统计局。

2. 研发强度再创新高

研发活动的规模和投入强度指标反映一国的科技实力和核心竞争力，研发活动的经费投入体现一国对科技创新活动的重视程度和支持力度。中国研发投入强度持续创新高，为全球供应链创新合作提供了更有力的资金保障。2012～2022 年，全社会研发经费投入从 1 万亿元增加到 3.09 万亿元，其中基础研究经费投入从 499 亿元提高至约 1951 亿元，占全社会研发经费投入的比重由 4.84% 提升至 6.32%（见图 5-11）；研发投入强度从 1.91% 提升到 2.55%，居发展中国家之首，超过欧盟 27 国之和，是日本的 3.39 倍（见图 5-12）。企业是研发投入的最重要主体，2021 年企业的研发经费投入占全社会研发经费投入比重达到 76.9%。其中，高技术制造业的研发经费投入为 5684.6 亿元；研发投入强度（研发经费投入占营业收入的比重）为 2.71%，比上年提高 0.05 个百分点。

图 5-11　2012～2022 年中国基础研究经费投入及占比情况

资料来源：国家统计局。

图 5-12　2012～2022 年中国全社会研发经费投入及研发投入强度情况

资料来源：国家统计局。

3. 科技成果取得突破

中国科技事业跨越式发展，在基础研究领域，化学、材料、物理、工程等学科整体水平明显提升，量子信息、干细胞、脑科学等前沿方向取得一批重大原创成果。在战略技术领域，中国在深海、深空、深地、深蓝等领域积极推动科技研发。在技术载体领域，截至 2022 年末，中国拥有正在运行的国家重点实验室 533 个，纳入新序列管理的国家工程研究中心 191 个，国家企业技术中心 1601 家，大众创业万众创新示范基地 212 家，国家级科技企业孵化器 1425 家，为全球供应链合作提供了技术支持。

4. 数据资源全球第二

在数字经济时代，数据已经成为重要的生产要素和创新要素。中国凭借广阔的市场空间、丰富的应用场景和更多的试错机会，产生了海量的数据资源，为全球供应链合作提供了数据保障。《数字中国发展报告（2022）》显示，2022 年中国数据产量达 8.1ZB，同比增长 22.7%，占全球数据总产量的 10.5%，位居世界第二；截至 2022 年底，中国数据存储量达 724.5EB，同比增长 21.1%，占全球数据总存储量的 14.4%[①]。中国庞大的数据资源汇聚了巨大价值，为全球供应链创新发展提供了强大动能。

---

① 国家互联网信息办公室：《数字中国发展报告（2022）》，2023 年 4 月。

第六章
全球供应链促进的
对策建议

全球供应链是重要的国际公共产品，对于推动全球经济复苏和应对全球挑战具有重要作用。当今世界经济复苏艰难、经济全球化遭遇逆流，全球供应链面临重构，需要各国共同促进、共同建设、共同维护。为促进全球供应链稳定安全、高效畅通、创新发展和绿色化转型，本报告从推动全球供应链的技术创新、加强全球供应链的开放合作、深化共建全球供应链基础设施、促进全球供应链包容与共享发展四个方面提出相应的对策建议。

一　推动全球供应链的技术创新

科技创新是推动供应链优化升级的重要手段，为充分发挥科技赋能供应链的重要作用，需要加强全球科技创新合作，推动全球供应链加速数字化、智能化转型。

（一）深化全球供应链创新合作

第一，科技创新合作是全球供应链发展的必然选择，各国应该加强创新合作，集全球之智、克共性难题，携手促进供应链领域科技创新，推动科学技术更好造福各国人民。

第二，加强政府间合作，通过双边和多边科技合作，围绕物流技术、绿色供应链技术、数字化技术等开展联合研发。

第三，充分发挥民间力量在国际科技交流合作中的纽带与桥梁作用，支持企业、大学、科研机构共同投资建立综合性或专业性的研发平台。

第四，推动供应链流通等环节的国际标准联合制定，加快检测认证国际互认，形成具有广泛共识的标准规范。

第五，搭建国际科技交流平台，举办产业链供应链前沿领域技术高端论坛和博览会，促进科技合作互利共赢。

（二）促进创新要素的自由流动

第一，限制或阻碍科技合作，高筑要素流动壁垒，不符合全球供应链发展趋势。

各国应努力打破制约知识、技术、人才等创新要素流动的壁垒，支持企业、高校、科研机构等创新主体融入全球创新网络，促进创新要素全球流动。

第二，支持设立面向全球的科学研究基金，完善公共科研经费的跨境支付政策，促进科技创新要素的跨境协同使用。

第三，各国应为科技人才跨境流动提供便利，按照国际规范强化合同约束和法律约束，保障外国科技人才的合法权益。

第四，扫除跨境数据流动障碍，进一步实现基于信任的跨境数据流动，降低研发要素流动成本。

第五，加强知识产权保护，建立完善的技术转移和知识共享机制，鼓励创新成果在全球供应链中的应用与转化，促进创新成果共享。

（三）强化数字供应链技术应用

第一，各国应充分发挥新一代信息技术推动产业升级的重要作用，提升供应链上研发、生产、物流等环节的数字化水平。

第二，激发数据等新型生产要素潜能，利用数字化手段推动产业链供应链整体实现流程再造、系统重塑，提升产业链供应链的数字化智能化水平。

第三，共同防范全球供应链信息安全、网络安全等风险，及时共享网络风险信息，有效协调处置重大风险事件，提升全球供应链安全性。

二 加强全球供应链的开放合作

维护全球供应链安全稳定是推动世界经济发展的重要保障，符合世界各国人民共同利益。地缘政治紧张与经济格局演变叠加，深刻暴露了全球供应链的脆弱性，各国应加强合作，共同维护全球供应链的安全稳定。

（一）坚定维护WTO多边贸易体制

第一，各国应坚定支持以世界贸易组织为核心、以规则为基础的多边贸易体制，致力于营造自由、开放、透明、包容、非歧视的贸易与投资环境，构建互利共赢的全球供应链，引导经济全球化正确发展方向。

第二，共同推进世界贸易组织改革，以维护世界贸易组织基本原则为前提，确保世界贸易组织的良好运作和相关性，更好发挥世界贸易组织多边贸易谈判、争端解决和贸易政策监督等核心功能。

第三，促进区域贸易安排和投资协定深化发展，持续降低国际贸易投资壁垒，推动贸易和投资自由化便利化[①]。

（二）携手应对全球供应链风险挑战

第一，发达国家应持续清除贸易和技术壁垒，在资金、技术、市场、能力建设等方面给予发展中国家更多帮助。

第二，各国应加强行动协调，维护国际农产品贸易平稳运行，保障粮食生产和供应链畅通。

第三，各国应为保障能源运输创造安全稳定的环境，共同维护全球能源市场和能源价格稳定。

（三）强化各国宏观政策的沟通协调

第一，充分利用已有机制和平台开展国际对话交流，支持联合国、国际货币基金组织、世界银行、世界贸易组织等国际组织及亚太经合组织、上海合作组织等区域组织深化经济政策对接协调。

第二，各国应加强经济领域政策沟通，广泛建立政府间多双边经济对话机制，确保对话机制的公平性和包容性，完善国际经济治理结构。

第三，各国应以全球视野考虑自身发展利益，要树立共同体意识，强化系统观念，采取负责任的宏观经济政策，充分考虑本国政策的外溢效应，避免对其他国家参与全球供应链造成负面冲击。

第四，鼓励举办全球性发展论坛，为各国政府、国际组织、智库和企业等发挥各自优势、参与全球经济治理提供平台。

---

① 世界银行研究显示，全球价值链中交易的商品在边境延迟 1 天相当于增加 1% 的关税。

三　深化共建全球供应链基础设施

基础设施是全球产业链供应链发展的基础，不仅要加强物流、通信等有形基础设施"硬联通"，也要实现金融、规则标准和信息共享等"软联通"。

（一）改善物流基础设施联通

第一，各国应加强物流基础设施建设和互联互通，提升全球港口能效，促进跨国铁路连通，推动边境口岸扩能升级，提高国际航空货运和基地物流服务能力，保障全球供应链物流运输畅通。

第二，加强南北合作、南南合作，为发展中国家、最不发达国家交通基础设施建设提供更多支持，促进全球供应链包容发展。

第三，践行共商共建共享的全球治理观，以规划共商、项目共建、标准互认、开放共享为原则，全面推进物流基础设施建设合作，增强供应链互联互通的效果。

（二）加强数字基础设施建设

第一，在全球供应链数字化转型加速的背景下，推动发展中国家建设和完善供应链数字基础设施。

第二，各国应携手推动数字互联互通，加快网络基础设施建设，帮助发展中国家和弱势群体融入数字化浪潮，让供应链数字化红利惠及全球。

第三，加快建设新型数字基础设施，推动数字基础设施建设国际合作，强化技术合作与联合攻关，在5G、物联网、人工智能、工业互联网等技术研发和应用方面推出更多务实举措。

第四，加速传统基础设施数字化改造，发展智慧海关、智慧交通和智慧物流，促进各国海关及供应链各方智能化互联互通。

（三）健全金融基础设施功能

第一，各经济体提高金融包容性和韧性，促进经济增长，加强全球金融基础设施建设。

第二，要充分发挥国际金融机构对全球供应链的金融保障作用，扩大国际货币基金组织资金来源，加强多边开发银行促进融资的能力，开发新的融资工具，强化多边开发融资体系。

第三，共同探索建立具有明确规则的新型支付结算基础设施，为全球化跨境支付制定标准，促进统一、高效、公平、安全的跨境支付体系建设，提升跨境支付服务的可及性并降低成本。

第四，加强国家层面的监管与国际监管框架相协调，持续监控并化解金融风险，保障金融基础设施安全。

（四）促进标准衔接数据共享

第一，标准是国际贸易体系的基石，为全球供应链参与者创建了通用语言，降低了国际生产分工和全球供应链运行的成本。各国应提高国际规则标准"软联通"水平，推进产品和服务标准、计量、认证认可、检验检测等协调对接，降低企业参与全球供应链的成本。

第二，合理促进各国物流信息互联共享，推进物流供应链国际标准和准则制定和互认，提升物流效率。

第三，在遵守各国法律法规并保护商业机密信息的前提下，推动有关零部件库存、生产能力、物流和供应链中断风险等信息的共享，构建防范和控制供应链风险的数字化预警机制，解决信息不对称问题。

四　促进全球供应链包容与共享发展

全球供应链应坚持包容与共享发展原则，让全球各国和大中小企业共享全球供应链发展机遇、发展成果，通过包容共生的供应链体系推动全球经济发展。

（一）提升发展中国家参与程度

发展中国家拥有相对较低的劳动力成本和丰富的自然资源，成为全球供应链中重要的生产和制造基地。但发展中国家在参与全球供应链的过程中，自主创新、品牌构

建和建立全球营销渠道的能力较为缺乏，面临分工地位不高、附加值创造能力较低等问题。

第一，应切实保障发展中国家的发展权，为更多发展中国家提供参与国际分工的机会，促进全球供应链分工朝着地位更加平等的方向发展。

第二，帮助发展中国家改善供应链基础设施，增强其在全球供应链布局中的竞争力。

第三，支持各国在世界贸易组织、世界海关组织等国际组织设立发展基金，开展贸易能力建设，支持发展中经济体更好融入多边贸易体制。

第四，落实多边贸易体制中对发展中国家的特殊和差别待遇机制，降低发展中国家参与全球供应链的成本。

第五，支持世界贸易组织促进技术转让和提供能力建设，建议更好地利用贸易与技术转让工作组、TRIPS 理事会等平台，推动技术向发展中成员转让和传播。

第六，鼓励发达国家通过科技人员交流、共建联合实验室、提供科技融资等方式，为发展中国家提供科技创新要素，提升发展中国家参与全球供应链的能力。

（二）为最不发达国家提供支持

当前，最不发达国家在参与全球供应链上面临着生产、运输和出口等环节成本过高等问题，最不发达国家进出口清关平均时长为 30～40 天，平均有 9 种不同的文件要求①。全球供应链中产品、劳工和环境等方面的国际标准也对最不发达国家企业设置了较高门槛。最不发达国家作为最脆弱的国家群体，需要得到更有力的全球支持。

第一，各国应助力最不发达国家实施贸易便利化措施、提高贸易法律法规的透明度，为最不发达国家进口商和出口商提供贸易培训。

第二，为最不发达国家提供更多技术援助，缩小"数字鸿沟"，促进其抓住数字贸易发展的机遇。

第三，支持落实《标准与贸易发展基金》（STDF）及《增强综合框架》（EIF）多边伙伴关系，协助最不发达国家供应商满足国际标准，促进贸易成为最不发达国家增长、可持续发展和减贫的引擎。

第四，支持落实最不发达国家发展路线图《多哈行动纲领》，将行动纲领转化为更多实际成果。

---

① WTO Members Explore Ways of Boosting LDCs' Participation in Global Supply Chains. Word Trade Organization, https://www.wto.org/english/news_e/news23_e/ldevc_20feb23_e.htm.

第五，鼓励最不发达国家提升自主发展能力，将外部资源有效转化为可持续发展的内生动力。

（三）增强中小微企业发展韧性

中小微企业占全球企业的绝大多数，贡献了全球 60% 的就业岗位，是创造就业和促进全球经济发展的重要贡献者[①]。在新兴经济体中，中小微企业更是贡献了高达 40% 的 GDP[②]。然而，中小微企业在融入全球供应链时面临着许多阻碍，包括技能不足、贸易融资缺乏、缺少对国际市场的了解以及面临较高的产品合规成本等。为促进中小微企业更好地融入全球价值链，各国应采取一揽子措施促进中小微企业参与全球供应链。

第一，在复苏计划中，各国应充分考虑企业面临的新挑战并提供针对性的政策支持和技能培训，促进产业集群发展，通过技术转移和知识共享促进中小微企业技术升级。

第二，提供多元融资途径，帮助中小微企业克服短期流动性问题，支持中小微企业中长期转型升级投资。

第三，保护高科技中小微企业知识产权，提高企业创新积极性。

[①] Informal Working Group on Micro, Small and Medium-sized Enterprises (MSMEs). Word Trade Organization, https://www.wto.org/english/tratop_e/msmes_e/msmes_e.htm.

[②] Faye, I., Goldblum, D. . (2022). Quest to Better Understand the Relationship between SME Finance and Job Creation: Insights from New Report. World Bank Blog, https://blogs.worldbank.org/en/psd/quest-better-understand-relationship-between-sme-finance-and-job-creation-insights-new-report.

SUB REPORT 1

分报告一
智能汽车全球供应链
促进报告

目前，世界各国对智能汽车尚无统一定义。欧盟网络安全局（ENISA）在 2016 年发布的关于智能汽车的研究报告中将智能汽车定义为具备多个传感器，在某些条件下自主执行所有驾驶功能，同时提供互联增值功能，以增强汽车用户体验和提高汽车安全性的高度自动化网联汽车[1]。美国交通部对自动驾驶汽车和网联汽车分别做出定义，自动驾驶汽车（Automated Vehicle）指无须人工干预，通过技术实现转向、加速和制动的车辆；网联汽车（Connected Vehicle）指连接交通信号、标志和其他道路设施或从云端获取数据，通过信息交换实现安全驾驶并改善交通拥堵的汽车。在中国，2020年国家发改委、工信部、科技部等 11 个部委联合印发的《智能汽车创新发展战略》将智能汽车定义为通过搭载先进传感器等装置，运用人工智能等新技术，具有自动驾驶功能，逐步成为智能移动空间和应用终端的新一代汽车。本报告结合全球智能汽车发展的最新趋势，认为智能汽车是具备环境感知、智能决策和自动控制，或与外界信息交互，乃至协同控制功能的汽车[2]，又称为智能网联汽车。其中，以电动智能网联汽车为主体。

一　智能汽车全球供应链发展现状

（一）智能汽车全球供应链图谱

1. 智能汽车供应链的主要特征

在智能汽车供应链中，电动化、智能化等核心技术是智能汽车区别于传统汽车的关键，"三电"和"三智"系统是智能汽车供应链的关键组成部分（见表 1）。其中，"三电"系统软件硬件包括动力电池、驱动电机和电控系统。"三智"系统是指智能驾驶、智能交互和智能服务。按照智能汽车产业链分工，围绕智能汽车这个核心产品，智能汽车全球供应链可以划分为上中下游三个组成部分。

---

[1]　ENISA Good Practices for Security of Smart Cars. ENISA, https://www.enisa.europa.eu/publications/smart-cars.

[2]　《工业和信息化部 国家标准化管理委员会关于印发〈国家车联网产业标准体系建设指南（智能网联汽车）（2023 版）〉的通知》，中国政府网，2023 年 7 月 18 日，https://www.gov.cn/zhengce/zhengceku/202307/content_6894735.htm。

表 1　智能汽车供应链的核心组成部分

核心价值		说明
"三电"	动力电池	电能存储装备，作为"心脏"决定车辆续航能力
	驱动电机	动力输出设备，作为"肌肉"决定车辆动力性能
	电控系统	电能和动力控制设备，作为"大脑"调和动力性能需求和电能转化
"三智"	智能驾驶	配备 L2～L5 级的辅助驾驶功能，在某一环节为驾驶员提供辅助甚至代替操控车辆；融合现代通信与网络技术，实现车与人、路、云、网的智能信息交换共享
	智能交互	配备智能化和网联化车载产品，包括可实现人、车、路智能交互的座舱，语音／手势车机控制和中控触屏
	智能服务	自动驾驶客运服务、自动驾驶货运服务

资料来源：《亿欧智库 | 2022 中国智能电动汽车产业链全景图》，亿欧网，https://www.iyiou.com/research/202212211110。

2. 智能汽车供应链的上中下游

智能汽车供应链上游主要由关键原材料、"三电"系统软硬件和部分"三智"系统组成。其中，关键原材料主要用于生产底盘、车架、电机和传感器等，如钢铁、有色金属、稀有金属及相关矿产资源，以及橡胶和纺织品等；"三电"系统软硬件包括动力电池、驱动电机和电控系统；部分"三智"系统是指智能驾驶和智能交互，主要包括智能交互中的车载信息娱乐系统（中控触屏）、智能座椅，以及智能驾驶中的感知层、决策层、执行层的硬件和软件。

智能汽车供应链中游包括"三智"系统中的智能驾驶技术开发，以及智能座舱生产和整车生产。

智能汽车供应链下游包括汽车销售以及"三智"系统中的智能服务，如自动驾驶客运服务和快递、即时配送、干线物流等自动驾驶货运服务，以及社交和生活服务等（见图 1）。

智能汽车基础设施是智能汽车高效运行和提供良好用户体验的重要保障，主要包括充电站、换电站、智能化道路基础设施、车用无线通信网络、道路交通地理信息系统、大数据云控基础平台等。

图 1 智能汽车全球供应链

资料来源：中国贸促会研究院整理。

163

（二）智能汽车全球供应链布局

为更好地描述智能汽车全球供应链布局现状，本报告选取智能汽车供应链中全球化程度高、重要性强、技术水平高的关键环节——"三电"和"三智"的重要环节进行详细阐述。

1. 智能汽车供应链上游的全球布局

智能汽车动力电池供应链具有市场集中度高、链条长和生产周期长等特点。动力电池供应链包含原材料加工、电池组件生产、电芯 / 电池组生产等（见图 2）。

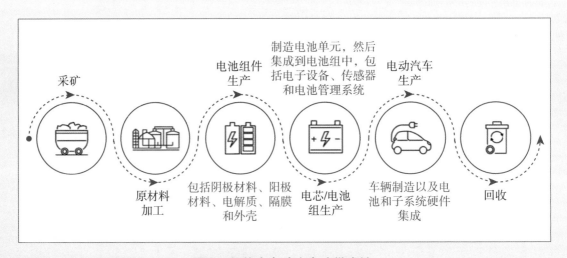

图 2　智能汽车动力电池供应链

资料来源：国际能源署《2022 年全球电动汽车展望》，2022 年 5 月。

电池原材料全球分布高度集中。电池生产所需的五种重要原材料为锂、钴、镍、石墨和锰。2021 年全球 52% 的锂来自澳大利亚（见图 3）；70% 的钴来自刚果（金）；"1 类镍"的第一大生产国为俄罗斯，产量占全球的 20%。

在电池组件生产方面，中国生产了 70% 的阴极材料和 85% 的阳极材料，韩国拥有全球 15% 的阴极材料和 3% 的阳极材料的生产能力，日本拥有 14% 的阴极材料和 11% 的阳极材料的生产能力。

在电池组生产方面，2021 年中国电动汽车电池产能为 655GWh，占全球产能的 76%；欧洲和美国均占全球电池产能的 7%（见图 4）。

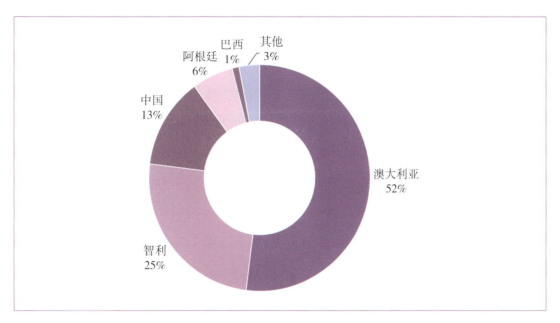

图 3　2021 年全球锂产量份额

资料来源：英国石油（BP）。

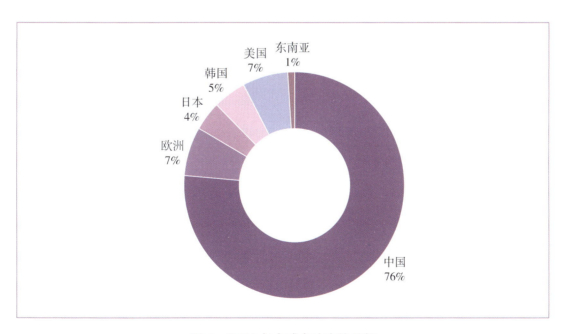

图 4　2021 年全球电池产能份额

资料来源：国际能源署。

　　"三智"系统的智能驾驶和智能交互一般也称为自动驾驶系统，其软硬件分为四个层级，即上游的感知层、决策层、执行层和下游应用层（见表2）。其中，感知层供应商主要来自美、日、韩、德，如在车载摄像头（含摄像头和软件算法）领域，尤其是其核心零部件感光元器件（CMOS）领域，美、日、韩企业占据大部分市场，其中美国企业安森美（OnSemi）车载CMOS市场占有率达46%；美国企业Mobileye的软件算法市场份额高达90%。在高精地图领域，互联网科技巨头、自动驾驶初创公司为主要市场主体[①]，美国和德国的企业走在前列，美国的谷歌和英特尔具有较强的市场影响力。决策层的自动驾驶芯片是智能汽车的"大脑"，各国均加大研发力度，目前英伟达、Mobileye、特斯拉等美国企业占据市场主要地位。执行层软硬件主要由传统车企、初创公司、互联网科技公司、传统汽车零部件供应商提供。

表2　智能汽车实现自动驾驶功能软硬件

层级	重点产品或服务	主要参与方
感知层	摄像头、激光雷达、毫米波雷达、高精地图	科技巨头、初创公司
决策层	自动驾驶芯片、辅助驾驶系统（ECU）	互联网科技公司、芯片供应商
执行层	电子刹车、电子助力转向、电子车身稳定系统、整车	传统车企、初创公司、互联网科技公司、传统汽车零部件供应商
下游应用层	物流服务	服务机器人公司、互联网公司

资料来源：中国贸促会研究院整理。

2. 智能汽车供应链中游的全球布局

　　美欧企业在自动驾驶技术开发上具有领先优势。英伟达推出自动驾驶处理器Xavier，运算性能可达到30万亿次/秒；英特尔打造了由CPU、FPGA、EyeQ、5G构成的通信和计算平台；谷歌在自动驾驶技术研发方面排名第一[②]。奥迪公司于2017年发布了全球首款量产型L3自动驾驶汽车A8；通用汽车加大对新兴技术的投入，凯迪拉克CT6搭载了Super Cruise（超级巡航）辅助驾驶系统。

[①] 根据《智能网联汽车高精地图白皮书（2020）》，高精地图是指绝对精度和相对精度均在1米以内的高精度、高新鲜度、高丰富度的电子地图，英文称为HD Map（High Definition Map）或HAD Map（Highly Automated Driving Map）。

[②] 资料来源：Patent Result发布的"全球自动驾驶技术专利竞争力排名"。

中、美、日是智能座舱生产领域的领先者。2022 年，全球智能座舱市场规模为 325 亿美元，中国为 123 亿美元，占比 37.85%①；当前全球智能座舱渗透率约为 50%②。全球在智能座舱领域的相关专利申请量约为 19.3 万件，其中，中国以 8.23 万件的专利申请量成为智能座舱技术最主要的申请国，占比约 43%；日本排名第二，申请量为 3.19 万件，占比约 17%；美国排名第三，申请量为 1.93 万件，占比约 10%。中、日、美三国专利申请量占该领域专利申请总量的约 70%③。

中、美、欧是全球电动汽车整车生产领域的领先者。2022 年，全球电动汽车产量首次突破 1000 万辆，同比增长 57%，约占全球汽车产量的 14%。全球电动汽车整车产量排名前 15 的企业中，中国车企 6 家，美国车企 3 家，其他国家车企 6 家（见图 5）。中国车企比亚迪 2022 年产量增长 211%，超越特斯拉和大众，成为全球第一大电动汽车制造商。

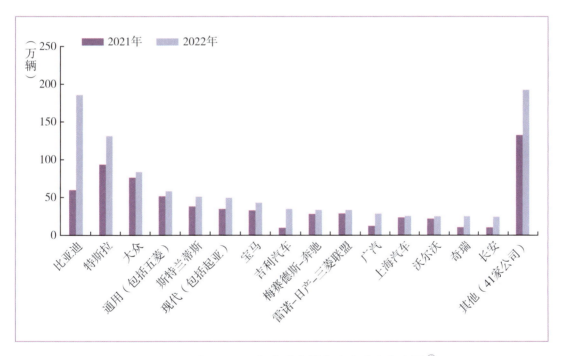

图 5　2021 年、2022 年全球主要车企电动汽车产量④

资料来源：Ev-volumes。

---

① 资料来源：华经产业研究院。
② 资料来源：IHS Markit。
③ 智慧芽创新研究中心：《智能汽车产业系列之一智能座舱及车载信息娱乐系统技术洞察报告》，2021 年 11 月。
④ 包含纯电动汽车和插电混合动力汽车两类。

3. 智能汽车供应链下游的全球布局

中、欧、美为全球电动汽车前三大销售市场。2022年，中国是电动汽车第一大销售市场，占全球电动汽车销量的60%；欧洲、美国位列第二、第三，分别占全球电动汽车销量的15%和9%。2022年，美国电动汽车市场销量同比增长55%（见图6）。

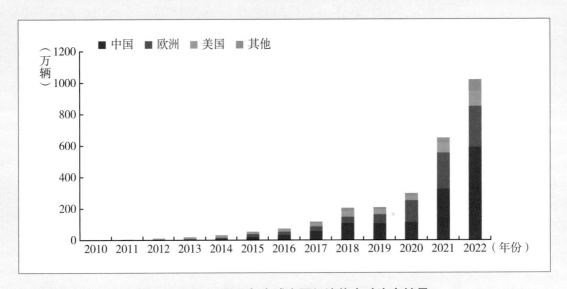

图6 2010～2022年全球主要经济体电动汽车销量

资料来源：国际能源署《2023年全球电动汽车展望》，2023年4月。

智能汽车销售采用以直销为主、经销为辅的模式。与传统汽车4S店经销模式不同，智能汽车零部件数量减少并趋于模块化，降低了对4S店汽车保养服务的需求，用户更关注智能网联软件性能的维护和升级，这一变化驱动汽车销售模式转变。特斯拉首创智能汽车直销模式，包括体验店与直营两种渠道，同时负责交付和售后服务。

全球自动驾驶场景商业应用进程加快。目前，自动驾驶有八大主流应用场景，分别为Robobus、Robotaxi、港口、封闭园区、矿区、无人环卫、干线物流和末端配送（见表3）。其中，港口已投入使用自动驾驶，中国上海、天津、宁波、深圳等13个港口开展自动驾驶集卡试运营；矿区已实现无人开采；欧洲、美国、中国、以色列等已开展无人清扫作业；封闭园区内的无人物流也已投入使用；Robobus、Robotaxi、末端配送等应用场景均已进入开放道路测试阶段，尚未实现规模化投放。

表 3　自动驾驶应用场景与主要代表企业

序号	八大应用场景	代表企业
1	Robobus	apollo　文远知行 WeRide　蘑菇车联　ZOOX　cruise　olli
2	Robotaxi	pony.ai　上汽集团 SAIC MOTOR　TESLA　WAYMO　W　滴滴
3	港口	tu 图森未来　TRUNK 主线科技　ZPMC 上海振华重工　KONECRANES　VDL　Gottwald a part of every industry
4	封闭园区	CiDi　CAINIAO 菜鸟　美团
5	矿区	CATERPILLAR　KOMATSU　VOLVO　踏歌智行　WESTWELL　踏歌智行
6	无人环卫	智行者 IDRIVERPLUS　autowise.ai　Gaussian 高仙机器人
7	干线物流	ARGO　OTTO　Aurora　一汽解放　东风商用车 DONGFENG TRUCKS　中国重汽 SINOTRUK
8	末端配送	nuro　UBER　auto　NEOLIX 新石器无人车　Suning 苏宁　京东

资料来源：根据公开资料整理。

二　智能汽车全球供应链的促进政策

为促进智能汽车的快速发展，国际行业组织积极出台行业标准、发布行业倡议，世界主要经济体均出台相关政策法规。

（一）国际组织

1. 积极推动自动驾驶标准制定

标准体系建设对智能汽车发展具有基础性和规范性作用，是促进技术创新和商业应用的重要政策工具。联合国和多个国际非政府组织积极推动智能汽车技术标准的制

定和应用。

2016 年 3 月 23 日，针对道路交通管理的《国际道路交通公约（维也纳）》修正案正式生效，为自动驾驶技术在交通运输中的应用清除了障碍。该修正案明确规定，在符合联合国车辆管理条例或者驾驶员可以选择关闭该技术功能的情况下，自动驾驶技术可以应用到交通运输中。以联合国世界车辆法规协调论坛（UN/WP.29）、国际标准化组织（ISO）、国际汽车工程师学会（SAE）为代表的全球标准化组织机构分别出台了自动驾驶的相关标准。

国际非政府组织中，ISO 和 SAE 在智能汽车标准制定方面走在前列。SAE 是智能汽车自动驾驶标准方面最具影响力的行业组织，出台的驾驶自动化分级标准 SAEJ3016（TM）被全球自动驾驶产业界普遍采用，该分级标准描述了道路机动车辆驾驶自动化水平，涵盖 L0～L5 驾驶自动化级别的功能定义（见表 4）。ISO 制定了关于自动驾驶的标准，包括关于车辆电气系统和电子系统的功能安全的 ISO 26262，关于预期功能安全（非预期 / 非故障性问题、错误指令 / 行为等）的 ISO/PAS 21448，以及关于道路机动车辆驾驶自动化系统分类和术语定义的标准文件 ISO 22736 等。

表 4　SAEJ3016 对自动驾驶分级定义

级别	名称	定义
L0	无驾驶自动化	由驾驶员执行所有驾驶任务
L1	驾驶辅助	由驾驶员控制车辆，但车辆具备驾驶辅助功能
L2	部分驾驶自动化	车辆具有加速、转向等自动化功能，但驾驶员需要持续执行驾驶任务并监控环境
L3	条件驾驶自动化	驾驶员无须监控环境，但要随时准备好控制车辆
L4	高度驾驶自动化	车辆能在特定条件下执行所有驾驶任务，驾驶员可以选择控制车辆
L5	全驾驶自动化	车辆能在所有条件下执行所有驾驶任务，驾驶员可以选择控制车辆

资料来源：国际汽车工程师学会（SAE）。

2. 发布电动汽车国际合作倡议

当今世界正处在新一轮科技创新和能源革命浪潮中，全球供应链面临绿色重构挑战，推广零排放、低排放的电动汽车成为全球气候治理的重要组成部分。清洁能源部长级会议（Clean Energy Ministerial）是全球范围清洁能源领域唯一的常设部长级会议，也是推动清洁能源领域协同创新的国际多边机制，目前有中国、美国、欧盟、英

国、日本等 25 个成员。清洁能源部长级会议机制框架下与电动汽车有关的举措主要
包括"电动汽车倡议"（Electrical Vehicle Initiative，EVI）[①] 和"全球商用车零排放运动"
（Drive to Zero）。2010 年成立的 EVI 作为一个多政府政策论坛，致力于推动全球电动
汽车的发展和应用。"全球商用车零排放运动"旨在推动全球零排放商用车辆的发展，
到 2025 年实现零排放技术具有商业竞争力，到 2040 年在特定车辆的细分市场和地区
实现零排放商用车辆占据主导地位。

（二）美国

1. 制定自动驾驶汽车法律和标准

美国联邦政府层面主要从智能汽车产业发展和安全监管角度制定相关政策法规和
标准。自 2016 年开始，美国连续发布智能汽车发展政策（见表 5），为智能汽车企业
及其监管机构提供规章制度框架指南，如《联邦自动驾驶汽车政策》旨在统一各州与
联邦政府的监管框架。2017 年 9 月发布的《确保车辆演化的未来部署和研究安全法案》
（也称《自动驾驶法案》，Self Drive Act，H.R.3388）是首个联邦政府层面的自动驾驶
汽车监管立法。2022 年 3 月，美国出台了《自动驾驶车辆乘员保护安全标准》。

表 5　美国发布的智能汽车相关的政策

时间	文件名称	发布单位
2016 年 9 月	《联邦自动驾驶汽车政策》（Federal Automated Vehicles Policy）	美国交通部、美国国家交通安全管理局
2017 年 9 月	《自动驾驶系统 2.0：安全愿景》（Automated Driving Systems 2.0: A Vision for Safety）	美国交通部、美国国家交通安全管理局
2018 年 10 月	《准备迎接未来交通：自动驾驶汽车 3.0》（Automated Vehicles 3.0: Preparing for the Future of Transportation）	美国交通部
2020 年 1 月	《确保美国在自动驾驶技术领域的领先地位：智能驾驶汽车 4.0》（Ensuring American Leadership in Automated Vehicle Technologies: Automated Vehicles 4.0）	国家科学技术委员会
2022 年 3 月	《自动驾驶车辆乘员保护安全标准》（Occupant Protection Safety Standards for Vehicles Without Driving Controls）	美国交通部、美国国家交通安全管理局

资料来源：中国贸促会研究院整理。

[①] 参与"电动汽车倡议"的国家包括加拿大、智利、中国、芬兰、法国、德国、印度、日本、荷兰、新西兰、
挪威、波兰、葡萄牙、瑞典、英国和美国。

各州政府则从驾驶员管理与车辆使用的角度出发，为自动驾驶测试与应用提供政策和法律依据。截至 2023 年 2 月，共有 47 个州和哥伦比亚特区发布自动驾驶汽车相关法案，涉及领域包括公共道路运行、商业应用、网络安全、基础设施和保险责任等[1]。

2. 加大电动汽车财政补贴力度

美国对充电基础设施、消费者购买本土电动汽车提供补贴。2021 年通过的《基础设施投资与就业法案》（Infrastructure Investment and Jobs Act）提出，政府将在五年内为电池本土供应链提供 60 亿美元投资补贴，用于资助电动汽车供应链所需材料的国内生产，包括镍、锂、钴及稀土金属的精炼。美国向电池材料处理基金提供 30 亿美元，为电池材料精炼和生产工厂、电池和电池组制造设施以及回收设施提供资金。《两党基础设施法》（Bipartisan Infrastructure Law）于 2021 年发布，提出将投资 75 亿美元建立全国电动汽车充电网络，到 2030 年将建设 50 万个充电桩，以加速电动汽车的应用[2]。《美国通胀削减法案》（Inflation Reduction Act）于 2022 年签署通过，该法案支持绿色产业并为消费者购买电动汽车提供补贴，适用补贴的车辆需满足严格的本土产零部件比例和在北美地区进行总装配的要求。

（三）欧盟

1. 出台智能汽车总体规划

2018 年 5 月，欧盟委员会在《通往自动化出行之路：欧盟未来出行战略》中提出了智能汽车发展愿景，即到 2030 年普及高度自动驾驶[3]。2019 年，欧盟出台《清洁车辆指令》（Clean Vehicles Directive），确定了清洁能源车辆在各成员国公共采购中的最低比例，该指令于 2021 年 8 月转化为法律，欧盟将于 2027 年审查指令执行情况。

2. 修订《车辆通用安全法规》

2022 年 7 月，欧盟修订《车辆通用安全法规》，引入了关于先进驾驶辅助系统的内容，建立了关于自动驾驶和全自动驾驶车辆认证批准的法律框架[4]。基于该法规，欧盟委员会将制定 L3、L4 级别自动驾驶技术规则，全面规范试验、数据安全、数据保

① Autonomous Vehicles Legislation Database. NCSL, https://www.ncsl.org/transportation/autonomous-vehicles-legislation-database.
② 资料来源：美国政府官网。
③ 资料来源：欧盟法律官网。
④ 资料来源：欧盟委员会官网。

存、性能监控和事故上报等内容，在全自动驾驶车辆商业化前，建立一套综合评价方法。

3. 支持充电基础设施建设

2022 年 12 月，欧盟委员会批准了 18 亿欧元的支持计划，推动德国电动汽车高效充电（High Power Charging，HPC）基础设施建设，预计将为德国 900 个地区新增 8500 个高效充电设施[①]。2022 年，欧盟修订《电池指令》(The EU Battery Directive)，重点关注电池的生产、可持续性、回收和再利用。2020 年欧盟发布的《可持续和智能交通战略》(Sustainable and Smart Mobility Strategy)提出，到 2025 年公共充电点达 100 万个，到 2030 年达到 300 万个。

（四）日本

1. 推进自动驾驶技术研发

作为高度重视人工智能应用且汽车产业发达的国家，日本在 2013 年启动"日本复兴计划战略性创新创造计划"（SIP），其中"自动驾驶系统战略性创新创造计划"（SIP-adus）通过官民合作推进自动驾驶基础技术研发。2022 年 6 月，日本提出"战略性创新创造计划（SIP）自动驾驶研发计划"，确立了自动驾驶领域的总体目标（见表 6）。

表 6　日本 SIP 自动驾驶研发计划总体目标

类型	目标
客运服务	到 2022 年实现有限区域内远程监控的全自动驾驶运输服务
物流服务	到 2025 年实现卡车在高速公路上的全自动驾驶
私家车	到 2025 年实现高速公路自动驾驶（SAE L4）；城市道路驾驶辅助技术进一步完善（SAE L2 以上）

资料来源：中国贸促会研究院整理。

2. 完善自动驾驶监管法规

2018 年 3 月，日本发布《自动驾驶相关制度整备大纲》，明确自动驾驶汽车的责任划分，原则上由车辆所有者承担赔偿责任，将自动驾驶汽车与普通汽车同等对待，

---

① 资料来源：欧盟委员会官网。

因外部黑客入侵汽车系统导致事故的损害由政府赔偿。2018 年 9 月，日本国土交通省正式发布《自动驾驶汽车安全技术指南》，明确 L3、L4 级别自动驾驶汽车须满足的安全条件。2019 年 5 月，日本通过《道路运输车辆法》修正案，将自动驾驶装置和程序纳入立法。日本向国际标准化组织提交的自动变道系统的国际标准提案于 2020 年通过实施，明确了高速公路上时速 60 公里及以下的自动变道系统标准 [①]。

（五）英国

1. 依法规范自动驾驶

2017 年，英国制定了《自动与电动汽车法案》（Automated and Electric Vehicles Bill），明确了适用于自动驾驶汽车的保险和责任规则。对于在"自动驾驶"状态下发生的事故，保险人或车辆所有人应当承担首要责任。2017 年 8 月发布的《联网与自动驾驶汽车网络安全主要原则》明确了自动驾驶汽车上路需遵循的原则。

2. 发展零排放智能汽车

2017 年至今，英国电动汽车支持政策体系不断完善，先后发布《英国道路近旁氮氧化物减排计划》和《零排放之路》，明确到 2040 年停止传统燃油车新车销售；到 2050 年争取全部在用乘用车或轻型厢式货车都是零排放汽车。英国还出台《电动汽车居家充电计划》（EVHS）、《工作场所充电计划》（WCS）和《住宅区临街充电计划》（ORCS）三个政策，分别覆盖了家庭充电、办公区域充电和住宅区道路充电三种主要充电场景。其中，EVHS 为家庭安装充电桩提供相关总成本 75% 的资金补贴，上限为500 英镑。2022 年，英国发布的《电动汽车基础设施战略》提出，将投资至少 16 亿英镑扩大充电网络，计划到 2030 年将电动汽车充电站的数量增加 10 倍，达到 30 万个。

（六）韩国

1. 自动驾驶进入国家战略

2019 年 10 月，韩国政府发布《未来汽车产业发展战略》，重点推动智能汽车和绿色汽车发展，计划到 2024 年完成全国主要道路自动驾驶所需通信设施、高精地图、交通管制、道路建筑等基础设施建设，制定了包括无人驾驶、电动汽车等在内的汽车

---

① 资料来源：日本经济产业省官网。

产业发展规划。2019 年 4 月发布的《促进和支持自动驾驶汽车商业化法》允许自动驾驶开展商业化示范，明确了相应的监管和保障措施。2020 年 1 月发布的《自动驾驶汽车安全标准》制定了 L3 级别自动驾驶车道保持、突发情况下对驾驶员的监控、启动紧急制动信号等方面的标准。韩国成为全球首个为 L3 级别自动驾驶制定安全标准与商用标准的国家。

2. 出台电动汽车发展政策

韩国发布《零排放汽车供应实施计划》，要求 2022 年汽车制造商低排放车辆销售份额达到 20%，零排放车辆销售份额达 12%。韩国 "2050 年碳中和绿色增长委员会" 在第二次全体会议上提出，到 2025 年纯电动和燃料电池乘用车存量分别达到 113 万辆和 20 万辆，到 2030 年分别达到 362 万辆和 88 万辆。为实现上述目标，2023 年韩国修改了电动汽车补贴计划，对多个韩国品牌或在韩生产的电动乘用车及商用车提供补贴，包括现代、起亚、通用韩国、特斯拉韩国、奔驰韩国等品牌的多个车型[①]。2021 年 2 月，韩国发布《第四期新能源汽车发展规划（2021—2025 年）》，提出到 2025 年在家庭和工作场所建设 5 万个充电设施，在高速公路上安装 1.7 万个充电桩[②]。

三　智能汽车全球供应链促进的中国实践

中国高度重视促进智能汽车全球供应链发展，出台了一系列政策，支持智能汽车技术研发、基础设施布局和智能汽车消费，鼓励中国企业全方位参与智能汽车全球供应链，在智能汽车全球供应链上的技术创新、制造能力改善、渠道拓展等方面做出了突出贡献。

（一）优化智能汽车供应链促进政策

1. 完善智能汽车供应链顶层设计

中国立足交通强国、美丽中国战略，优化智能汽车供应链的顶层设计。2019 年，中国印发《交通强国建设纲要》，提出加强智能网联汽车研发。2020 年，国务院办公厅印发《新能源汽车产业发展规划（2021—2035 年）》，提出了到 2025 年高度自动驾

---

① 资料来源：韩国零排放汽车综合网站。
② 资料来源：韩国能源署官网。

驶汽车实现限定区域和特定场景商业化应用和到 2035 年高度自动驾驶汽车实现规模
化应用的具体目标。按照《2030 年前碳达峰行动方案》，提出智能汽车市场发展目标，
即到 2030 年，当年新增新能源、清洁能源动力的交通工具比例达 40% 左右。

2. 出台智能汽车供应链支持政策

中国智能汽车供应链支持政策包括四个方面。一是智能汽车供应链全链条支持政
策。2021 年，中国发布《关于加强产融合作推动工业绿色发展的指导意见》，提出提
升新能源汽车和智能网联汽车关键零部件、汽车芯片、基础材料、软件系统等产业链
水平，加快充电桩、换电站、加氢站等基础设施建设运营，推动新能源汽车动力电池
回收利用体系建设。二是智能汽车供应链需求牵引政策。2023 年 1 月，中国发布《关
于组织开展公共领域车辆全面电动化先行区试点工作的通知》，提出在全国范围内启
动公共领域车辆全面电动化先行区试点，提出城市公交、出租车、环卫、邮政快递、
城市物流配送等领域新能源车占比达 80% 的目标[1]。2023 年 6 月，中国将新能源汽车
车辆购置税减免政策延长 4 年至 2027 年，预计 2024 ~ 2027 年减免的车辆购置税总额
将达到 5200 亿元。三是不断完善智能汽车测试政策配套。测试是智能汽车发展的关键
环节，2018 年 4 月，工业和信息化部、公安部、交通运输部发布了《智能网联汽车道
路测试管理规范（试行）》，明确了自动驾驶车辆在公共道路上进行测试的程序、要求
和监管措施，为自动驾驶技术的研发和测试提供了明确的法律依据和管理框架。2021
年 7 月，《智能网联汽车道路测试与应用管理规范（试行）》发布，该规范对智能网联
汽车道路测试与示范应用进行明确规定，并提供申请指南。截至 2022 年 8 月，全国
累计发放智能网联汽车道路测试和示范应用牌照超过 1600 张，开放测试道路超 8500
公里，形成了完善的智能网联汽车测试评价验证体系[2]。四是加强智能汽车相关数据
保护。目前，中国智能汽车数据安全法律框架形成了以《中华人民共和国个人信息保
护法》《中华人民共和国数据安全法》《中华人民共和国网络安全法》等法律为基础，
以《汽车数据安全管理若干规定（试行）》《关于加强智能网联汽车生产企业及产品准
入管理的意见》《关于加强车联网网络安全和数据安全工作的通知》等法规、规章和
一般指导性文件为依据，以《汽车采集数据处理安全指南》等国家标准和《车联网信
息服务用户个人信息保护要求》等行业标准为指南的较为完善的体系。其中，由国家

---

① 《工业和信息化部等八部门关于组织开展公共领域车辆全面电动化先行区试点工作的通知》，中国政府网，
2023 年 1 月 30 日，https://www.gov.cn/zhengce/zhengceku/2023-02/03/content_5739955.htm?eqi
d=81d335e300009750000000036472c433。

② 《车路协同自动驾驶系统（车路云一体化系统）协同发展框架》，中国汽车工程学会网站，2023 年 1 月 16 日，
https://www.sae-china.org/news/society/202301/5730.html。

网信办等部门联合发布的《汽车数据安全管理若干规定（试行）》首次对"汽车数据"进行政策层面的定义，严格管理和保护汽车行业数据安全。

3.构建智能汽车供应链标准体系

目前，中国已经制定的智能汽车标准分为三大类。一是自动驾驶标准。2021年8月，《汽车驾驶自动化分级》（GB/T 40429—2021）明确了驾驶自动化的定义，即车辆以自动的方式持续地执行部分或全部动态驾驶任务的行为，并划分为0～5级，确定了每个等级的技术要求，并提示相应级别下汽车用户应承担的驾驶任务，为自动驾驶的有序规范发展提供标准基础。此外，中国还发布了两项智能驾驶标准，主要适用智能驾驶电子道路模型[①]。二是电池标准。《锂离子电池行业规范条件（2021年本）》《锂离子电池行业规范公告管理办法（2021年本）》提出，加强电池行业管理，推动行业转型升级和技术进步。出台了《车用动力电池回收利用、梯次利用国家标准》，对动力电池资源循环利用做出指导。三是车联网标准。《国家车联网产业标准体系建设指南（总体要求）》发布了信息通信、电子产品与服务、智能交通等细分领域标准。《车联网网络安全和数据安全标准体系建设指南》明确提出，到2023年底初步构建车联网网络安全和数据安全标准体系，到2025年形成较为完善的标准体系，覆盖基础共性、终端与设施网络安全、网联通信安全、数据安全、应用服务安全、安全保障与支撑6个部分的标准。《国家车联网产业标准体系建设指南（智能网联汽车）（2023版）》提出，到2030年全面形成能够支撑实现单车智能和网联赋能协同发展的智能网联汽车标准体系。

（二）推动智能汽车全球供应链创新

早在2013年，中国便建立了以"车—能—路—云"融合发展为目标的智能汽车产业发展部际协调机制，重点开展支持关键技术攻关、完善网联基础设施、深化测试示范应用等方面的工作，并逐步构建了包含支持关键基础技术研发、建立测试评价体系以及开展应用示范试点的技术创新促进体系。

1.支持智能汽车关键技术研发

《车联网（智能网联汽车）产业发展行动计划》提出，重点发展L3级别以

---

① 《关注！一批重要国家标准发布！》，国家标准化管理委员会网站，2023年6月6日，https://www.sac.gov.cn/xw/bzhdt/art/2023/art_dce7b6cd2b8848b5b05776f42a1b0318.html。

上智能网联汽车计算基础平台架构，支持 V2X 等无线通信关键技术研发与产业化。

在政策支持下，中国智能汽车技术创新发展迅猛。2015 年以来，中国自动驾驶技术专利申请量快速增长，2019 年达 23281 件（见图 7）。

图 7   2010～2019 年中国自动驾驶技术专利申请量及增长率

资料来源：工信部电子知识产权中心《2020 人工智能中国专利技术分析报告》，2020 年 11 月。

2. 提升智能汽车测试技术能力

《交通运输部关于促进道路交通自动驾驶技术发展和应用的指导意见》提出，组织开展自动驾驶和车路协同测试理论研究，推动检测设备、数据分析软件、虚拟仿真系统等测试工具的自主研发与制造，从理论与应用层面同步提升测试技术水平。

3. 推动智能汽车试点示范应用

支持开展自动驾驶载货运输、客运出行服务试点，鼓励自动驾驶新业态发展，以加强创新成果转化应用。

（三）适度超前布局智能汽车基础设施

1. 加快完善智慧交通基础设施

智慧交通建设为智能汽车供应链提供了良好的外部条件。2019 年 9 月，《交通强国建设纲要》明确提出大力发展智慧交通，推动大数据、互联网、人工智能、区块链、超级计算等新技术与交通行业深度融合，推进数据资源赋能交通发展，加速交通基础设施网与运输服务网、能源网、信息网融合发展，构建泛在先进的交通信息基础设施，构建综合交通大数据中心体系，推进北斗卫星导航系统应用。2020 年 8 月，《关于推动交通运输领域新型基础设施建设的指导意见》提出，以技术创新为驱动，以数字化、网络化、智能化为主线，推动交通基础设施数字转型、智能升级。2021 年 9 月，《交通运输领域新型基础设施建设行动方案（2021—2025 年）》提出，到 2025 年，打造一批交通新基建重点工程，形成一批可复制推广的应用场景，制定、修订一批技术标准规范，促进交通基础设施网与运输服务网、信息网、能源网融合发展。2022 年 1 月发布的《"十四五"现代综合交通运输体系发展规划》提出，打造数字智能的智慧运输服务体系，加快建设智慧公路，稳步推进智慧路网云控平台建设，构建交通新型融合基础设施网络。

2. 全面改善充电基础设施体系

中国持续加大充电基础设施建设力度。2022 年 1 月，《关于进一步提升电动汽车充电基础设施服务保障能力的实施意见》提出，各地要加快推进居住社区充电基础设施安装、优化城乡地区充电网络建设布局。2023 年 5 月出台的《关于加快推进充电基础设施建设 更好支持新能源汽车下乡和乡村振兴的实施意见》提出，进一步完善智能汽车充电设施。2023 年 6 月发布的《关于进一步构建高质量充电基础设施体系的指导意见》，对构建覆盖广泛、规模适度、结构合理、功能完善的高质量充电基础设施体系做出明确安排。"十四五"以来，作为新型道路基础设施的重要组成部分，充电基础设施建设规模快速扩大。截至 2022 年底，中国各类充电桩保有量达到 521 万个，较 2020 年增加 259.3 万个，增长近 1 倍；换电站保有量达到 1973 座。充电基础设施技术创新不断发展，主要新建公共快充桩的额定功率由 60 千瓦时提升至 120 千瓦时。

SUB REPORT 2

分报告二
智能手机全球供应链促进报告

智能手机（Smartphone）是具有独立的操作系统和运行空间，可以由用户自行安装第三方服务商提供的程序，并可以通过移动通信网络来实现无线网络接入的手机类型的总称[1]。智能手机作为 21 世纪最重要的科技发明之一，是数字科技的集大成产品，集合了计算机、移动通信、多媒体等功能，是支撑互联网、人工智能、大数据等数字技术融合的重要载体，重塑了现代社会的生产和生活方式。

一 智能手机全球供应链发展现状

（一）智能手机全球供应链图谱

1. 智能手机供应链主要特征

智能手机是多种数字技术集中应用的载体。随着 5G、AI 智能助手、人体感知、AR/VR、物联网等技术的应用，智能手机类型和功能迭代升级的速度加快，为用户带来更强大的功能和更丰富的体验。智能手机具备四大特征：一是具有随时随地接入互联网的能力；二是拥有独立的核心处理器（CPU）和内存；三是具备开放的操作系统，具有较强的扩展性，能够安装多元定制应用程序；四是具有个人数字助理功能，能够作为掌上电脑使用，是消费者的高效信息处理平台。

智能手机已经成为人们工作和生活的重要组成部分。据国际电信联盟估计，截至 2018 年底，全球"移动宽带"用户约为 52.8 亿户，其中 45%（23.8 亿户）每月使用智能手机登录互联网。部分人群往往拥有不止一台设备，导致过去 10 年中出现了活跃移动电话用户数量超过全球实际人口的情况。在 2017 年全球智能手机市场销量达到 15.67 亿部的峰值后，销量呈现下降态势，2022 年销量为 12.25 亿部，下降 22%（见图 1）。

---

[1] 《跨境电子商务交易类产品信息多语种描述智能手机》（GB/T 42002—2022）。

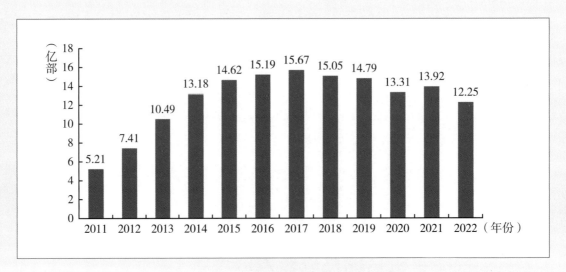

图 1　2011～2022 年全球智能手机出货量

资料来源：Counterpoint Research。

2. 智能手机供应链上中下游

智能手机供应链上游主要为关键零部件，具体包括芯片、显示屏（显示面板）、电池、摄像头等核心硬件，以及操作系统等核心软件；中游为整机制造，包括整机设计、组装代工、品牌厂商；下游为应用程序（移动应用）、销售、增值服务和运营（见图 2）。

（二）智能手机全球供应链布局

1. 智能手机上游供应链的全球布局

智能手机上游的芯片、内存、显示屏、指纹传感器、摄像头、电池、外壳、射频前端等关键零部件的成本，在整机成本中的占比接近 84.2%（见图 3）。

芯片是智能手机最核心的部分，芯片的技术成熟度直接影响智能手机的性能。按应用领域和功能分类，手机芯片主要分为处理器芯片和基带芯片两类集成芯片，处理器芯片主要负责手机的运算能力，基带芯片主要负责手机的通信能力。目前，全球处理器芯片市场上的主要供应商有联发科、高通、苹果、三星等公司，全球基带芯片市场上的主要供应商有高通、紫光展锐、华为海思、英特尔等公司。2022 年第二季度，

图 2 智能手机全球供应链

资料来源：中国贸促会研究院整理。

185

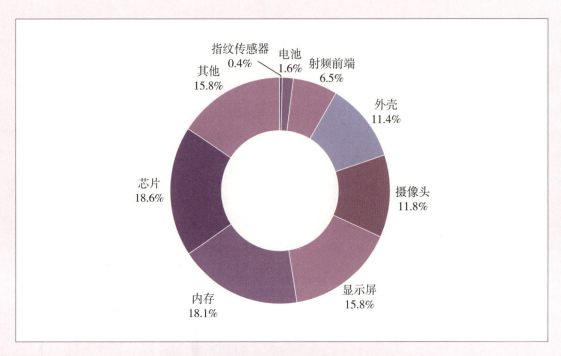

图 3　智能手机上游关键零部件成本结构

资料来源：华经产业研究院。

联发科、高通、苹果、紫光展锐、三星在全球智能手机处理器芯片市场中的份额分别为 39%、29%、14%、11% 和 6%（见图 4）。

图 4　2020 年第一季度至 2022 年第二季度全球智能手机处理器芯片主要供应商的市场份额

资料来源：Counterpoint, Statista。

　　芯片供应链全球化特征明显，关键环节在地理上高度集中。芯片全球供应链的关键原材料如硅矿石等供应商主要来自中国，芯片设计环节供应商主要来自美国和韩国，制造设备供应商主要来自荷兰、日本和美国，材料加工环节由日本、美国企业主导，制造环节主要由中国台湾企业完成，中国、马来西亚等国企业主要参与组装、封测环节（见图5）。

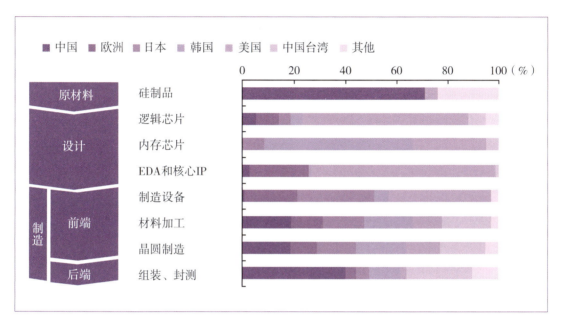

图5　2019年主要国家（地区）芯片供应链增加值份额

资料来源：联合国经济与社会事务部。
注：按芯片制造工艺和结构分类，芯片分为逻辑芯片和内存芯片。

　　显示屏作为智能手机的重要元器件，是设备和用户交互的窗口。目前，应用在智能手机上的显示屏技术主要为LCD和OLED两种。其中，OLED显示屏市场规模在2022年达到320亿美元[①]，应用OLED显示屏的智能手机市场规模将在2023年超过LCD（见图6）。Counterpoint数据显示，截至2023年第一季度，全球智能手机使用OLED显示面板的比重已达到49%的历史最高值。

---

① 资料来源：DSCC。

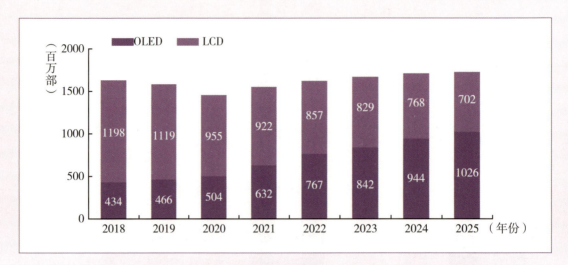

图 6　2018～2025 年应用 OLED 和 LCD 的智能手机全球出货量

资料来源：DSCC。

注：2021～2025 年为预测数据。

操作系统作为智能手机的灵魂，是各种功能和应用的基础。目前，主流的智能手机操作系统有谷歌的安卓（Android）、苹果公司的 iOS、微软公司的 Windows Phone、黑莓手机的 BlackBerry OS 以及华为公司的鸿蒙 Harmony OS 等。2021 年，搭载安卓操作系统的智能手机在全球市场中的份额为 83.32%（见图 7）。

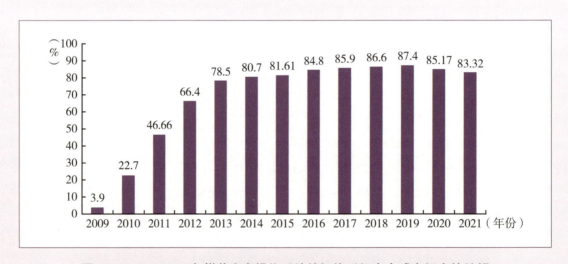

图 7　2009～2021 年搭载安卓操作系统的智能手机在全球市场中的份额

资料来源：Gartner。

2. 智能手机中游供应链的全球布局

近年来，全球智能手机品牌集中度不断提高，韩国、美国、中国占据重要地位。2015～2022 年，全球前五大智能手机品牌厂商出货量的市场份额从 58.6% 提升到 74.3%，主要品牌为三星、苹果、OPPO、vivo 和小米（见图 8）。

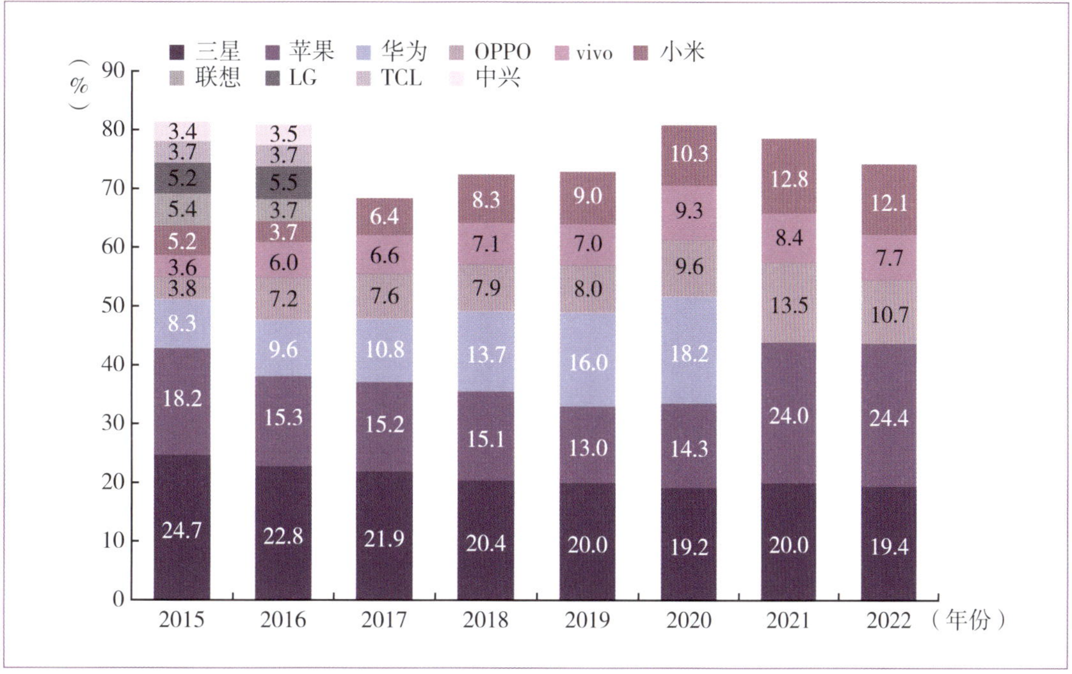

图 8　2015～2022 年全球主要智能手机品牌厂商的市场份额

资料来源：TrendForce。

在智能手机全球供应链 EMS（Electronic Manufacturing Services）[①] 领域，芯片代工头部效应明显。鸿海（富士康）占据 EMS 市场龙头地位，市场占有率超过四成，排名全球第一。此外，智能手机芯片代工市场集中度高，台积电和三星几乎占据全部市场份额（见图 9）。联发科、苹果、紫光展锐等智能手机芯片主要交由台积电代工，三星以及高通的部分智能手机芯片主要由三星晶圆代工。

中国在智能手机全球供应链 ODM（Original Design Manufacturer）[②] 生产模式中占据重要地位。ODM 是智能手机代工行业的典型特征。随着手机市场整体进入销量收缩阶段，为优化成本，提升产品竞争力和销量，各大手机品牌厂商开始加大 ODM 生产模式占比。全球 ODM 市场渗透率不断提升，2022 年上半年，通过 ODM 外包设计的智能手机出货

[①] EMS 指为电子产品品牌厂商提供制造、采购、部分设计以及物流等一系列服务。

[②] ODM 指原始设计制造商，在智能手机行业，这些制造商根据智能手机品牌厂商的产品概念、规格及功能等需求，为品牌厂商研发设计并生产产品，可覆盖产品设计、开发、生产、运营全流程。

量占比为39%①。目前，全球主要的ODM厂商包括华勤（Huaqin）、龙旗（Longcheer）、闻泰（Wingtech）、中诺（Chino-E）、天珑（Tinno）、麦博韦尔（MobiWire）等，均为中国公司。2022年，前三大ODM厂商（华勤、龙旗、闻泰）占据了约75%的市场份额（见图10）。

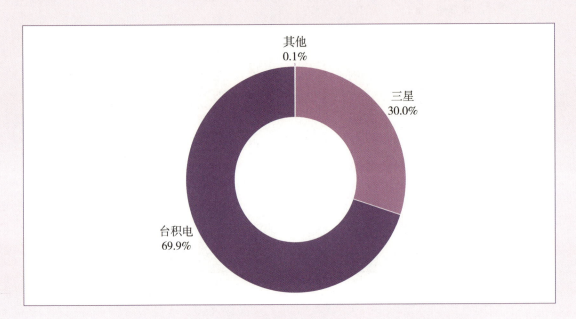

图9　2022年第一季度全球智能手机芯片代工厂商的市场份额

资料来源：Counterpoint。

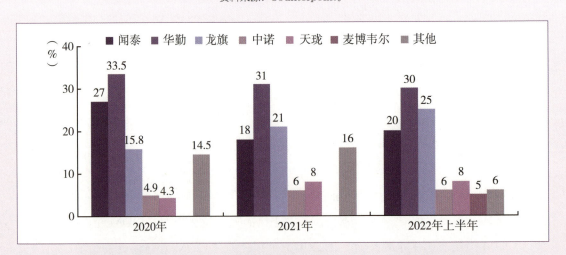

图10　2020年至2022年上半年全球智能手机ODM厂商的市场份额

资料来源：Counterpoint。

---

① Smartphone ODM/IDH Companies' H1 2022 Shipments Declined 3% Due to Economic Headwind. Counterpoint, https://www.counterpointresearch.com/insights/smartphone-odmidh-companies-h1-2022-shipments-declined-3-yoy-due-economic-headwind/.

3. 智能手机下游供应链的全球布局

2017 年以来，全球智能手机销量呈现下降趋势，在不同时期，线上渠道与线下渠道出现了结构性变化。疫情推动了线上渠道的发展。Strategy Analytics 的报告显示，在 2020 年全球智能手机总销量中，线上渠道销量占比达到了创纪录的 28%，同比增长 4%。但随着不同地区疫情的缓解，线下渠道开始夺回部分失去的份额，从 2022 年开始，线上渠道的智能手机销量开始下降。根据 TechInsights 预测，2023 年全球智能手机线上渠道销量将同比下降 2%。全球线上零售商美国的亚马逊、印度的 Flipkart 和中国的京东，以及苹果在线商城等智能手机厂商的直接线上销售渠道，在智能手机销售中占据重要地位。

2022 年，全球智能手机出口额为 2389 亿美元，其中，中国出口额占比高达 58.11%。中国香港（11.32%）、荷兰（5.85%）、捷克（4.03%）、美国（3.66%）、印度（3.01%）和韩国（1.76%）分别居第二至第七位（见图 11）。

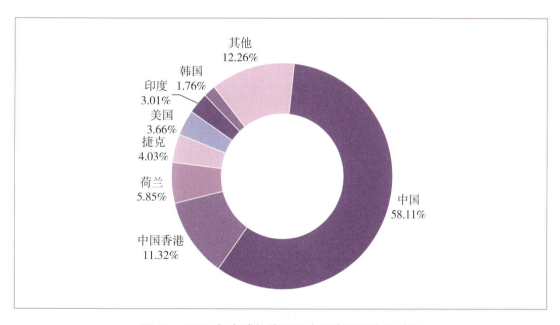

图 11 2022 年全球智能手机主要出口国家和地区

资料来源：根据全球贸易观察（Global Trade Flow）数据计算得出。

全球移动应用下载量和市场规模逐年攀升。2022 年全球移动应用下载量超过 2550 亿次，较 2016 年的 1406.8 亿次增长超过 80%（见图 12）。2022 年，全球移动应用市场规模为 4748.33 亿美元，其中游戏、社交、娱乐、购物、音乐等休闲类应用的市场份额最大。预计到 2027 年，全球移动应用市场规模将达到 7300 亿美元（见图 13）。

191

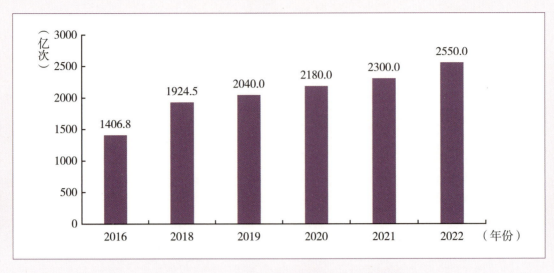

图 12　2016～2022 年全球移动应用下载量

资料来源：Data.ai。

图 13　2019～2027 年全球移动应用细分市场收入规模

资料来源：Statista。

注：2023～2027 年为预测数据。

印度尼西亚、韩国、印度的居民每天使用智能手机应用程序的时间最长。智能手机针对社交、娱乐、购物、工作、学习等各种场景不断推出便捷高效的移动应用服务，提升了智能手机全球用户黏性（见图 14）。

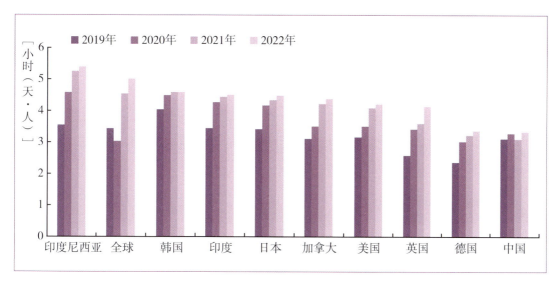

图 14　2019~2022 年智能手机用户应用程序使用时长

资料来源：Data.ai，Statista。

　　全球移动应用商店主要来自美国。目前，全球最主要的移动应用商店为 Google Play、Apple App Store 和 Amazon App Store。截至 2022 年第三季度，安卓用户可以在 Google Play 中获取超过 300 万个应用程序，是全球最大的移动应用商店；Apple App Store 是全球第二大应用商店，为消费者提供超过 160 万个 iOS 应用程序（见图 15）。

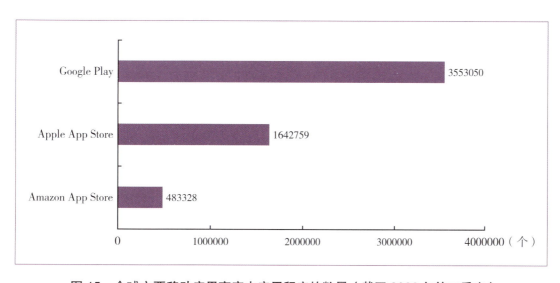

图 15　全球主要移动应用商店中应用程序的数量（截至 2022 年第三季度）

资料来源：Appfigures。

二 智能手机全球供应链促进政策

（一）国际组织

1. 合理分配全球通信网络资源

国际组织在推动全球移动网络互联互通、缩小"数字鸿沟"方面起到了重要作用。国际电信联盟[①]（International Telecommunication Union，ITU）作为联合国主管信息通信技术事务的机构，出台《电信联盟组织法》《国际电信联盟公约》等，通过分配和管理全球无线电频谱与卫星轨道资源，制定全球电信标准，向发展中国家提供电信援助，促进全球电信发展，为智能手机全球供应链的发展提供良好的硬件环境。2023 年发布的《IMT 面向 2030 及未来发展的框架和总体目标建议书》，作为发展 6G 的纲领性文件，汇聚了全球 6G 愿景共识，描绘了 6G 目标与趋势，将对促进 6G 应用和智能手机创新产生重要推动作用。2022 年，全球移动通信系统协会[②]（Global System for Mobile Communications Association，GSMA）作为全球移动生态系统的代表性国际组织，发布了《愿景 2030：5G 低频段频谱需求》和《愿景 2030：毫米波频谱资源需求》，呼吁各国对 5G 进行合理频谱分配，推动构建具有成本效益的网络基础设施，持续助力贫困地区缩小"数字鸿沟"，增强全球数字包容性。

2. 制定移动通信网络国际标准

GSMA 提出的 Open Gateway 通用网络应用程序可编程接口（API）框架，通过不同的功能和协议，提供通用访问接口，极大地促进了移动网络在全球范围内的快速推广。国际电信联盟（ITU）、欧洲电信标准化协会[③]（European

---

[①] 国际电信联盟是联合国的一个重要专门机构，也是联合国机构中历史最长的一个国际组织，是主管信息通信技术事务的机构，负责分配和管理全球无线电频谱与卫星轨道资源，制定全球电信标准，向发展中国家提供电信援助，促进全球电信发展。其成员包括 193 个成员国和 700 多个部门成员及部门准成员和学术成员。

[②] 全球移动通信系统协会成员包括近 800 家移动运营商以及 230 多家更为广泛的移动生态系统中的企业，其中包括手机制造商、软件公司、设备供应商、互联网公司以及金融服务、医疗、媒体、交通和公共事业等领域的企业。

[③] 欧洲电信标准化协会是由欧共体委员会在 1988 年批准建立的一个非营利性电信标准化组织，总部设在法国南部的尼斯，其制定的推荐性标准常被欧共体作为欧洲法规的技术基础而采用并被要求执行。ETSI 目前有来自 52 个国家的 773 名成员。

Telecommunications Standards Institute，ETSI）和第三代合作伙伴计划[①]（3rd Generation Partnership Project，3GPP）等国际组织推动制定移动通信网络行业的国际标准。ETSI 推动制定了 2G 数字蜂窝网络协议——全球移动通信系统（The Global System for Mobile Communications，GSM），于 1991 年 12 月在芬兰首次实施。随后，3GPP 在 2000 年制定了基于移动设备、移动电信使用服务和网络的 3G 无线移动通信技术标准。2008 年，ITU 为 4G 规定了国际移动通信高级（IMT Advanced）规范。2020 年，ITU 和 3GPP 主导推动全球 5G 技术标准制定。2023 年 6 月，ITU 通过了《IMT 面向 2030 及未来发展的框架和总体目标建议书》，形成了 6G 技术标准的纲领性文件，推动全球 6G 统一标准形成。

（二）美国

1. 加大对芯片产业支持力度

美国通过立法、加大投资、税收优惠等一系列措施促进芯片产业发展。2021 年，《2021 年美国创新与竞争法案》发布，计划 5 年内拨款 520 亿美元投资于美国的半导体制造、组装、测试、封装或研发设施和设备，包括资金援助和资源协调。《2022 年美国竞争法案》提出对芯片行业投入 2570 亿美元，包括向芯片制造业投资 520 亿美元、450 亿美元用于改善关键商品的供应、1600 亿美元用于科学研究和创新。

2. 加快 5G 基础设施部署

2019 年，美国发布《引领 5G 的国家频谱战略》，通过制定联邦频谱政策、更新频谱使用流程等，帮助美国电信运营商加快 5G 供应链发展；2020 年发布《5G 安全国家战略》，通过提供更多商用频谱，简化政府批准 5G 基础设施部署的流程，促进 5G 最新技术和架构的研究开发，加速 5G 在美国的推广应用。

3. 促进移动应用市场开放

2021 年 8 月，美国公布《开放应用市场法案》，旨在打破移动应用市场壁垒，削弱头部企业的统治地位，让消费者有更多选择。2023 年 2 月，美国发布《移动应用生

[①] 1998 年，多个电信标准组织伙伴共同签署了《第三代伙伴计划协议》。目前有欧洲的 ETSI，美国的 ATIS，日本的 TTC、ARIB，韩国的 TTA，印度的 TSDSI 以及中国的 CCSA 作为 3GPP 的 7 个组织伙伴，3GPP 独立成员超过 550 个。3GPP 的目标是实现由 2G 网络到 3G 网络的平滑过渡，保证未来技术的后向兼容性，支持轻松建网及系统间的漫游和兼容性。

态系统竞争报告》，进一步呼吁移动应用市场进行改革，建立一个更加开放的移动应用市场，以促进市场充分竞争。

（三）欧盟

1. 支持芯片供应链发展

2023 年 7 月，欧盟通过《芯片法案》，提出将调动 430 亿欧元的公共和私人投资用于半导体行业发展，目标是将欧盟在全球半导体市场的份额翻一番，到 2030 年从现在的 10% 提高到 20%。《芯片法案》允许各成员对"首次创新"的芯片生产进行补贴。

2. 推动供应链绿色化转型

《在欧盟范围内统一充电器接口法》规定各类在欧盟范围内销售的手机、平板、耳机等电子设备必须统一使用 Type-C 充电接口，推动手机周边产品通用化和减量化；《手机电池可拆卸法》要求从 2027 年起所有手机制造商必须提供可更换电池；《欧洲绿色新政》《可持续产品生态设计法规》从促进经济循环、减少碳足迹、支持循环商业模式的目标出发，对包括智能手机在内的智能终端设备提出了生产标准的最低要求，预计到 2030 年，根据这些规定生产的手机每年将节省近 2/3 的能源消耗。2023 年 6 月，欧盟出台《能源标签条例》（ Energy Labelling Regulation ），要求投放欧盟市场的智能手机和平板电脑必须标注能源效率、电池寿命、防尘防水以及防意外跌落性能的信息，鼓励可持续消费。

（四）韩国

1. 打造最强半导体供应链

2021 年，韩国推出《K—半导体战略》（ K-Semiconductor Strategy ），以打造世界最强的半导体供应链为愿景，提出到 2030 年将半导体年出口额增加到 2000 亿美元，并将相关就业岗位增至 27 万个。《K—半导体战略》新设"核心战略技术"类别，将半导体领域纳入其中，给予半导体领域的研发和设备投资活动更大的税收优惠（见表 1）；新设 1 万亿韩元（约合 57 亿元人民币）规模的半导体设备投资特别资金，以低息向半导体产业内的设计、材料、零部件、制造等相关企业提供贷款，支持其对所需设备进行投资。

表 1　《K—半导体战略》研发和设备投资税收减免

单位：%

费用类型	大企业		中型企业		中小企业	
	研发	设备投资	研发	设备投资	研发	设备投资
一般技术	2	1	8	3	25	10
新兴和原创技术	20~30	3	20~30	5	30~40	12
核心战略技术	30~40	6	30~40	8	40~50	16

资料来源：《K—半导体战略》。

注：中型企业指处于中小企业和大企业之间的具有一定规模和创新能力、发展潜力较大的企业。

2. 优化智能手机使用环境

韩国出台政策保护个人信息，培育大数据产业，鼓励人工智能技术应用创新。2020 年 7 月，韩国宣布了"数字新政"，通过了"数据三法"修正案，"数据三法"即《个人信息保护法》《信息和通信网络利用促进和信息保护法》《信用信息使用和保护法》，简化监管措施，目标是实现经济和社会结构的广泛数字化转型，促进韩国"数据、网络和人工智能"生态系统的扩张。韩国于 2021 年为数字新政提供 117 亿美元资金，旨在建立大数据平台，提供人工智能学习数据。

（五）日本

1. 制定并细化半导体发展战略

2020 年，日本提出《5G 投资促进税制》，对日本 5G 基站和地方 5G 的部分设施，允许 15% 的税收抵免或 30% 的特别折旧。2021 年，日本发布《半导体与数字产业战略》[①]，设立 7000 亿日元的后 5G 基金和半导体供应链补助金，并对赴日投资半导体的外资企业给予补贴，资金主要投向尖端半导体研发和生产。

2. 发布数字田园都市国家构想

2022 年，日本提出"数字田园都市国家构想"，以数字基础设施提升各地的生活便捷度，建设在全国任何地方都能舒适生活的社会。计划在 2027 年底前，实现高速互联网通信光纤线路覆盖 99.9% 家庭，在 2026 年底前，培养 230 万名精通数字技

---

① 资料来源：日本经济产业省官网。

术的人才。为避免城市与乡村、年轻人与老年人之间的"数字鸿沟"扩大，政府配备约 1 万名教老年人使用智能手机和线上办理行政手续的数字推进员，以手机代理店及公民馆为中心配备推进员，力争到 2025 年前使接受过帮助的人数合计达到 1000 万人。

三 智能手机全球供应链促进的中国实践

中国大力促进智能手机全球供应链的发展，支持智能手机全球供应链相关技术研发，加大 5G 等相关基础设施建设，充分挖掘智能手机的消费潜力，为智能手机全球供应链的创新发展、安全稳定做出了重要贡献。

（一）优化智能手机供应链促进政策

中国高度重视智能手机供应链上游关键零部件的技术研发，出台一系列政策支持芯片、显示面板、电子元器件等关键零部件的研发与创新。

1.完善智能手机供应链顶层设计

2017 年发布的《新一代人工智能发展规划》明确提出"加快智能终端核心技术和产品研发，发展新一代智能手机"。2020 年发布的《中华人民共和国国民经济和社会发展第十四个五年规划纲要》将"集成电路"列为重点科研领域，提出要加快第五代移动通信的建设，提升通信设备、核心电子元器件、关键软件等产业水平。2022 年，《"十四五"数字经济发展规划》明确提出，前瞻布局第六代移动通信（6G）网络技术储备，加大 6G 技术研发支持力度，积极参与推动 6G 国际标准化工作。

2.将关键芯片纳入国家战略产业

2016 年，《产业技术创新能力发展规划（2016—2020 年）》明确提出着力发展高端芯片。2020 年，《关于扩大战略性新兴产业投资 培育壮大新增长点增长极的指导意见》要求加快基础材料、关键芯片、高端元器件、新型显示器件、关键软件等核心技术攻关。2020 年，《工业互联网创新发展行动计划（2021—2023 年）》提出支持工业 5G 芯片模组、边缘计算专用芯片与操作系统、工业人工智能芯片、工业视觉传感器及行业机理模型等基础软硬件的研发突破。

3. 将显示面板产业纳入鼓励目录

《产业结构调整指导目录（2019 年本）》将激光显示、3D 显示等新型平板显示器件，液晶面板产业用玻璃基板，电子及信息产业用盖板玻璃等关键部件及关键材料列为国家鼓励项目。《外商投资产业指导目录（2022 年版）》明确液晶面板、液晶显示材料为国家鼓励外资进行投资的产业。

4. 提升核心电子元器件发展水平

2021 年，《基础电子元器件产业发展行动计划（2021—2023 年）》要求瞄准智能手机等智能终端市场，推动片式化、微型化、轻型化、柔性化、高性能的电子元器件应用。在政策支持下，中国已经形成世界上产销规模最大、门类较为齐全、产业链基本完整的电子元器件工业体系，电声器件、磁性材料元件、光电线缆等多个门类的电子元器件产量全球第一，电子元器件产业整体规模已突破 2 万亿元，在部分领域达到国际先进水平[①]。

（二）推动智能手机全球供应链创新

中国积极推动智能手机全球供应链发展的基础设施与制度环境建设，尤其是 5G 等基础设施的铺设和相关行业标准规范的建设。

1. 适度超前布局 5G 基础设施

中国大力推动 5G 基础设施建设，拓展 5G 网络覆盖广度深度，探索 5G 增强技术研发，支持 5G R18 基站、5G 新型终端等技术产品攻关。截至 2022 年底，中国累计建成并开通 5G 基站 231.2 万个，基站总量占全球 60% 以上。实现全国所有地市和县城城区、97.7% 的乡镇镇区以及部分发达行政村 5G 网络覆盖[②]。

2. 加强智能手机标准体系建设

中国重视智能手机全球供应链相关标准的制定与推广。在 5G 领域，全球声明的 5G 标准必要专利共 21 万余件，涉及 4.7 万项专利族（一项专利族包括在不同国家申请并享有共同优先权的多件专利）。其中，中国声明 1.8 万项专利族，占全球比重近

---

① 资料来源：工业和信息化部网站。
② 资料来源：工业和信息化部网站。

40%，排名第一①。在移动终端方面，2022 年 12 月，ISO 正式发布了由中国推动制定的全球首个移动终端生物特征识别技术领域的国际标准——ISO/IEC 27553-1：2022，以互联网可信认证联盟（IIFAA）的团体标准为技术基础，对于推进可信数字身份认证、设备规范及生态安全防控具有重要意义。

3. 规范智能手机应用程序发展

中国加强对智能手机应用程序的规范与监管。2022 年，《关于进一步规范移动智能终端应用软件预置行为的通告》要求"移动智能终端应用软件预置行为应遵循依法合规、用户至上、安全便捷、最小必要的原则"，保障用户合法权益。2023 年，《关于进一步提升移动互联网应用服务能力的通知》要求相关企业规范安装卸载行为，加强个人信息保护。

（三）挖掘智能手机市场消费潜力

智能手机是消费电子领域的核心产品，中国不断出台系列政策挖掘智能手机市场消费潜力。

1. 扩大智能手机高质量供给

2022 年，《"十四五"数字经济发展规划》提出要强化 5G 应用产业支撑，深入挖掘医疗、教育、文旅等领域典型应用场景，推动"5G+"加速落地应用。2013 年，《关于促进信息消费扩大内需的若干意见》鼓励手机等智能终端产品创新发展；2023 年，《关于促进电子产品消费的若干措施》提出加快推动电子产品升级换代，大力支持电子产品下乡，完善高质量供给体系，优化电子产品消费环境。2023 年 1~5 月，中国智能手机出货量为 1.04 亿部，占中国同期手机出货量的 96.3%；智能手机上市新机型累计 158 款，同比增长 12.9%，占中国同期上市新机型数量的 87.3%②。

2. 推广智能手机的普及使用

智能手机作为现代数字科技的产物，在应用推广过程中面临"数字鸿沟"问题，在农村地区和老年人群体中推广智能手机面临一定障碍。中国坚持普惠包容理念，在推动智能手机消费的过程中针对农村地区和老年人群体制定了针对性政策。2017 年，

---

① 资料来源：中国政府网。
② 资料来源：中国信息通信研究院。

《国务院关于进一步扩大和升级信息消费持续释放内需潜力的指导意见》要求加快信息终端普及和升级，支持企业推广面向低收入人群的经济适用的智能手机，推出适合农村及偏远地区的移动应用程序和移动智能终端。《关于切实解决老年人运用智能技术困难实施方案的通知》及《关于切实解决老年人运用智能技术困难便利老年人使用智能化产品和服务的通知》均要求推动手机等智能终端产品的适老化改造，各终端制造企业要充分考虑老年人对手机等智能终端产品的使用需求。

SUB REPORT 3

分报告三
光伏发电全球供应链
促进报告

全球供应链促进报告
Global Supply Chain Promotion Report

光伏发电是利用半导体界面的光生伏特效应[1]将光能直接转变为电能的一种技术。由于太阳能具有资源丰富、转化直接以及清洁环保等优点,光伏发电已成为实现全球碳减排与化石能源替代的主要途径和手段。自从1954年第一块实用光伏电池问世,到近二十年太阳能成为重要的可再生能源,光伏发电全球供应链发展进入快车道,技术进步迅速,成本不断下降,产业带动力强,全球合作紧密。

一 光伏发电全球供应链发展现状

(一)光伏发电全球供应链图谱

1. 光伏发电全球供应链主要特征

光伏发电全球供应链具有战略性、正外部性、创新性和开放性的特征。光伏发电的战略性体现在发展潜力大、市场需求旺盛、产业带动力强,代表了能源转型的发展方向,是各国积极布局的战略性新兴产业。光伏发电的正外部性体现在减少温室气体排放、共同应对全球气候变化,各国对光伏发电都采取补贴、税收减免等鼓励措施。光伏发电的创新性体现在相关领域技术迭代速度快、成本大幅下降,"云大物移智链"等新一代信息技术广泛应用,带动光伏发电数字化转型。光伏发电的开放性是指供应链的分布更加全球化,世界各国能够更好参与光伏发电的国际合作,改变了过去油气资源分布集中于特定地区、能源行业垄断性较强的特征。

光伏发电全球供应链进入规模化发展阶段,中国、欧洲、美国、日本等传统光伏发电市场保持快速增长,东南亚、拉丁美洲、中东和非洲等地区光伏发电新兴市场迅速崛起。2011~2022年,在各国光伏政策和技术进步支持下,全球光伏发电行业发展迅猛。全球光伏发电新增装机容量从2011年的30.2GW增长至2022年的197.0GW,复合年均增长率为18.59%。2022年全球光伏发电累计装机容量突破1100GW[2](见图1)。2023~2027年,全球光伏发电装机容量预计新增1500GW,年均新增300GW[3],至2027年,光伏发电累计装机容量将超越其他所有发电形式。

---

[1] 光生伏特效应(Photovoltaic Effect),简称"光伏效应",指光照使不均匀半导体或半导体与金属结合的不同部位之间产生电位差的现象。
[2] 资料来源:中国光伏产业协会(CPIA)。
[3] 资料来源:国际能源署(IEA)。

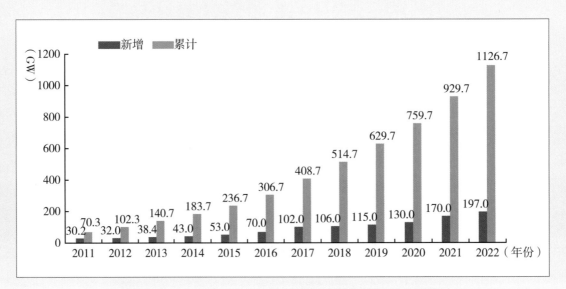

图 1　2011～2022 年全球光伏发电新增及累计装机容量

资料来源：中国光伏产业协会（CPIA）。

2. 光伏发电供应链上中下游

光伏发电是半导体技术与新能源需求结合而衍生的产业。光伏发电全球供应链上游是太阳能资源和相关矿产资源开发，中游是硅棒、硅锭、硅片、电池片和组件及配套设备的制造，下游是光伏电站系统的集成、建设和运营（见图 2）。

（二）光伏发电全球供应链布局

1. 光伏发电上游供应链的全球布局

全球太阳能辐射强度和日照时间最佳的区域包括北非、中东、美国西南部、墨西哥、南欧、澳大利亚、南非、南美洲东西海岸和中国西部地区等。根据太阳能水平面总辐射量数据测算，全球太阳能光伏发电资源理论蕴藏量一年总计 208325PWh，基本由地理纬度和陆地面积决定。其中，非洲太阳能光伏发电资源理论蕴藏量占全球总量的 31%，亚洲占 28%，中南美洲占 16%，北美洲占 12%，大洋洲占 8%，欧洲占 5%。其中沙特阿拉伯、伊朗、埃及、哈萨克斯坦和美国理论蕴藏量领先[①]（见图 3）。

---

① 全球能源互联网发展合作组织：《全球清洁能源开发与投资研究》，中国电力出版社，2020。

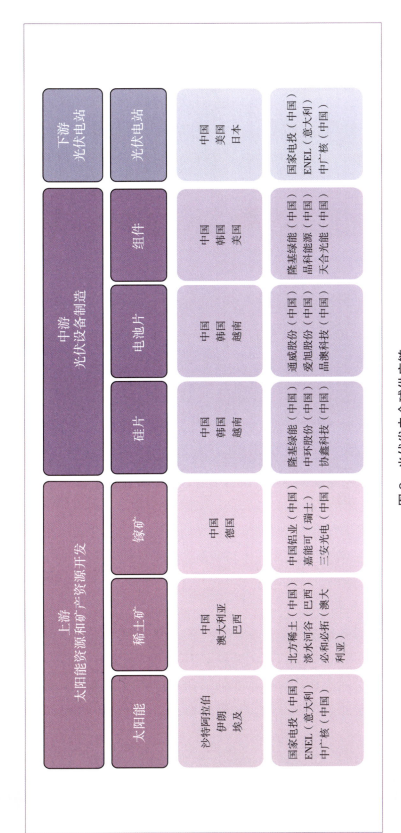

图 2　光伏发电全球供应链

资料来源：中国贸促会研究院整理。

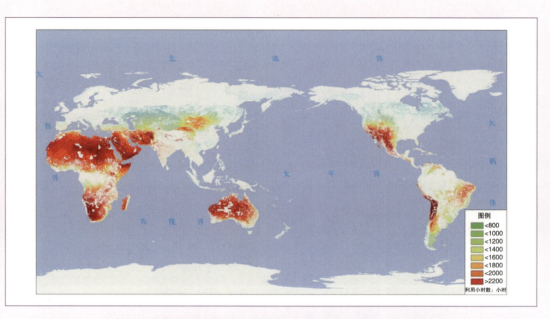

图 3　全球光伏技术可开发区域分布及其平均利用小时数

资料来源：全球能源互联网发展合作组织《全球清洁能源开发与投资研究》，中国电力出版社，2020。

全球光伏发电技术可开发装机平均利用小时数约1890小时，全球最大值出现在智利北部的安托法加斯塔附近，超过2500小时，资源条件极为优异。从各大洲分布来看，非洲光伏发电技术可开发装机平均利用小时数约1940小时，最大值出现在纳米比亚；大洋洲光伏发电技术可开发装机平均利用小时数约1929小时，最大值出现在澳大利亚；中南美洲光伏发电技术可开发装机平均利用小时数约1819小时，最大值出现在智利；亚洲光伏发电技术可开发装机平均利用小时数约1816小时，最大值出现在沙特阿拉伯；北美洲光伏发电技术可开发装机平均利用小时数约1780小时，最大值出现在墨西哥；欧洲光伏发电技术可开发装机平均利用小时数约1357小时，最大值出现在西班牙（见图4）。

与光伏开发和设备制造密切相关的矿产资源包括稀土、铬、铟、镓、锗、硒等。其中稀土主要分布在中国、澳大利亚和巴西，铬主要分布在南非、哈萨克斯坦和印度，铟主要分布在中国、日本、韩国和加拿大，镓主要分布在中国、德国和乌克兰，锗主要分布在中国、美国和俄罗斯，硒主要分布在智利、俄罗斯和秘鲁（见表1）。

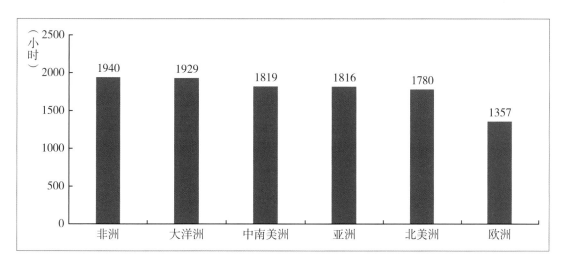

图4　全球光伏发电技术可开发装机平均利用小时数

资料来源：全球能源互联网发展合作组织《全球清洁能源开发与投资研究》，中国电力出版社，2020。

表1　光伏发电关键矿产及主要供应国

关键矿产	应用领域	主要供应国
稀土	光伏电池板	中国、澳大利亚、巴西
铬	光热发电、地热发电	南非、哈萨克斯坦、印度
铟	光伏电池板、发光二极管	中国、日本、韩国、加拿大
镓	薄膜光伏、发光二极管	中国、德国、乌克兰
锗	光伏电池板、发光二极管	中国、美国、俄罗斯
硒	光伏电池板	智利、俄罗斯、秘鲁
碲	光伏电池板	日本、俄罗斯、瑞典
钨	耐高温高压材料	中国、加拿大、俄罗斯

资料来源：徐德义、朱永光《能源转型过程中关键矿产资源安全回顾与展望》，《资源与产业》2020年第4期。

2. 光伏发电中游供应链的全球布局

中国是全球光伏设备制造产能最大的国家。其中，中国硅片①产能占全球

---

① 硅片是指高纯度的硅晶圆片，是集成电路和太阳能电池等微电子元件的基础材料，它通常由晶硅制成，具有较高的导电性、光学特性和力学强度。

硅片总产能的比重超过 95%，电池片产能占比超过 80%，组件产能占比超过 70%。

中国在全球硅片生产领域占据绝对领先地位。截至 2022 年，全球硅片总产能约为 664GW，同比增长 60%，中国大陆企业硅片产能约为 650.3GW，占全球的 97.9%[①]。全球硅片产量排名前十的企业均为中国企业，主要包括隆基绿能、中环股份、协鑫科技、晶科能源、晶澳科技、双良节能、上机数控等。

中国是全球最主要的光伏电池[②]生产国。2022 年，中国光伏电池片总产能达到 505.5GW，占全球总产能的 86.69%；中国电池片产量约 330.6GW，占全球总产量的 90.30%[③]。东南亚和韩国也是光伏电池主要产区。2022 年，全球光伏电池排名前十的企业全部为中国企业，主要包括通威股份、爱旭股份、晶澳科技、晶科能源等。

中国是全球最大的光伏组件[④]生产国。2022 年，中国光伏组件产能达到 551.9GW，约占全球总产能的 80.8%；产量达到 294.7GW，约占全球总产量的 84.8%[⑤]。2022 年，光伏组件产业集聚度继续提升，前五大企业市场占有率突破 50%。全球前十大光伏组件生产商中有 8 家中国企业，分别是排名第一到第七的隆基绿能、晶科能源、天合光能、晶澳科技、阿特斯、正泰新能、东方日升，以及排名第十的通威，排名第八和第九的分别是韩国的韩华和美国的 First Solar。

全球光伏硅片和组件的主要出口国是中国、日本、美国、新加坡和德国。其中，中国占全球光伏硅片出口和光伏组件出口的比重分别为 35.65% 和 45.47%；日本占比分别为 27.78% 和 6.36%；美国占比分别为 8.36% 和 5.63%；新加坡占比分别为 6.62% 和 9.06%；德国占比分别为 5.74% 和 6.49%（见图 5）。

---

① 资料来源：中国光伏产业协会（CPIA）。
② 光伏电池是光伏发电系统的底层核心组件，按使用材料差异分为晶硅电池和薄膜电池两大类，其中以晶硅电池为主，晶硅电池占据 95% 以上的市场份额。
③ 资料来源：中国光伏产业协会（CPIA）。
④ 光伏组件是基于光伏电池整合的具有封装及内部联结的、能单独提供直流电输出的、最小不可分割的组合装置，在光伏电站中发挥光电转换的功能，是光伏发电系统的核心部分。光伏组件由一定数量的光伏电池片通过导线串并联连接并加以封装而成，主要包括电池片（一般 60 片或 72 片）、互联条、汇流条、光伏玻璃、胶膜、背板、铝边框、接线盒等核心组成部分。
⑤ 资料来源：中国光伏产业协会（CPIA）。

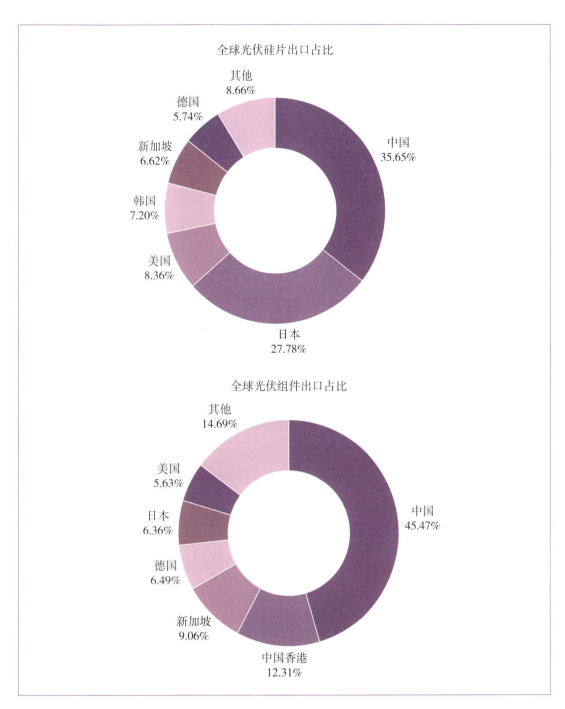

图 5　全球光伏硅片和组件出口前六大国家或地区及其占比

资料来源：联合国贸易数据库。

3. 光伏发电下游供应链的全球布局

2022 年，亚太地区光伏发电装机容量占全球的比重达到 59.3%。欧洲和北美洲光

伏发电装机容量占全球的比重分列第二位和第三位，比重分别为 22.5% 和 12.0%（见图 6）。2022 年，全球光伏发电装机容量排名前五的国家分别是中国、美国、日本、德国和印度，占全球比重分别为 37.3%、10.7%、7.5%、6.3% 和 6.0%（见图 7）。

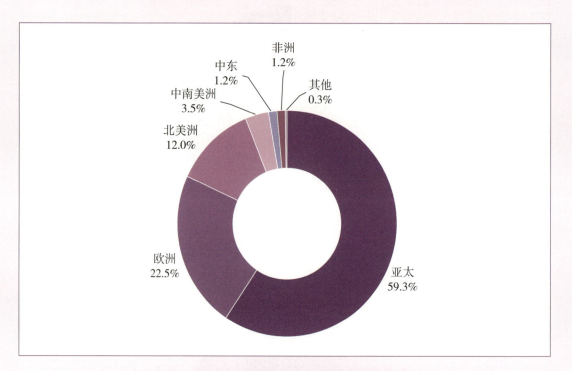

图 6　2022 年全球各地区光伏装机容量占比

资料来源：毕马威《世界能源统计年鉴 2023》，2023 年 11 月。

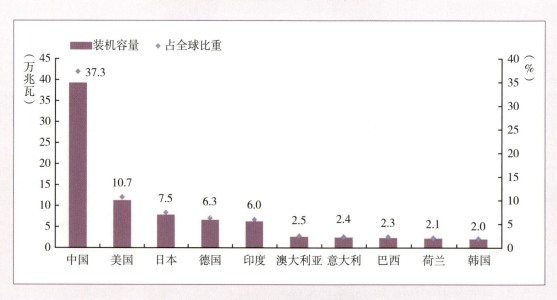

图 7　2022 年全球光伏发电装机容量前 10 名

资料来源：毕马威《世界能源统计年鉴 2023》，2023 年 11 月。

2022 年全球主要大洲光伏发电规模最大的是亚太地区，达到 743.2 太瓦时 [①]，同比增长 25.75%。其次是欧洲和北美，光伏发电规模分别为 246.4 太瓦时和 231.5 太瓦时，分别同比增长 24.01% 和 20.90%（见图 8）。全球光伏发电规模排前五位的国家分别是中国、美国、日本、印度和德国，占全球比重分别为 32.34%、15.59%、7.74%、7.19% 和 4.60%（见图 9）。

图 8　2022 年全球各地区光伏发电量及同比增速

资料来源：毕马威《世界能源统计年鉴 2023》，2023 年 11 月。

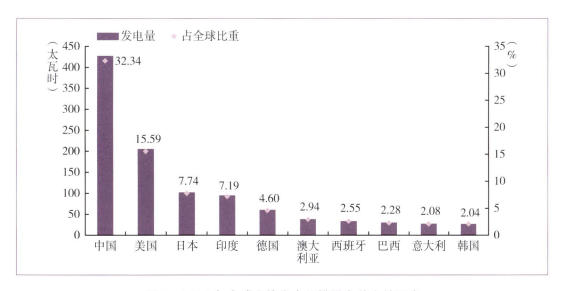

图 9　2022 年全球光伏发电规模排名前十的国家

资料来源：毕马威《世界能源统计年鉴 2023》，2023 年 11 月。

---

① 太瓦时是衡量电力的能量单位，1 太瓦时 =10 亿度电。

二　光伏发电全球供应链促进政策

全球气候变化问题对全球能源发展产生了深远影响，应对全球气候变化将是未来全球能源发展的硬约束和主旋律，能源转型势在必行。随着全球极端天气频繁出现以及俄乌冲突导致的全球能源危机，国际组织和各主要经济体均加快了能源转型进程。

（一）国际组织

1. 推动全球清洁能源的国际合作

联合国在推动全球清洁能源发展、共同应对气候变化、倡导国际合作方面发挥着至关重要的作用。2015 年，联合国可持续发展峰会通过了《联合国可持续发展目标》，能源可持续发展是其中的重要组成部分，提出要大幅增加可再生能源在全球能源结构中的比例。

联合国发起成立了政府间气候变化专门委员会（Intergovernmental Panel on Climate Change，IPCC）[1]，推动全球共同应对气候变化。至 2023 年，IPCC 发布了六次全球气候变化评估报告。

2017 年，联合国能源可持续发展大奖[2]颁给了孟加拉国的两家公司发起的太阳能共享计划，该计划帮助孟加拉国村民以灵活省钱的方式获取更多的太阳能，并通过相互交换电力获得额外收入。

2. 为各国产业发展提供政策框架

国际组织在聚集全球光伏资源，推动光伏领域技术合作，助力各经济体制定光伏产业政策方面发挥了重要作用。国际能源署作为经济合作与发展组织（OECD）下的政府间国际组织，为全球各经济体发展光伏产业提供权威数据和政策参考，分析光伏发电全球供应链面临的机遇和挑战。2022 年国际能源署在《保障清洁能源技术供应链》报告中，评估了清洁能源关键技术的供应链需求现状及未来趋势，提出重点关注光伏

---

[1] 联合国政府间气候变化专门委员会于 1988 年成立，在全面、客观、公开和透明的基础上，为决策人提供对气候变化的科学评估，提示气候变化带来的影响和潜在威胁，并提供适应或减缓气候变化影响的相关建议。

[2] 该奖项旨在鼓励和宣传可持续能源与可持续发展事业中的创新实践。

技术，为政府和行业识别、评估和应对产业链脆弱性提供了解决框架。2022 年 8 月 26 日，国际能源署发布《光伏全球供应链特别报告》，分别从供给端、需求端提出了促进光伏制造产业发展的政策框架，提出各经济体在设计和实施政策时需对光伏发电供应链的成本和经济效益进行多元评估，评估的要素应包括创造就业机会、投资要求、电价、二氧化碳排放、制造成本、回收利用等。

3. 加快完善光伏发电标准化体系

全球性行业组织在推动国际光伏市场协同发展、推动行业标准制定、激发就业潜力方面发挥了重要作用。国际电工委员会[①] 太阳光伏能源系统标准化技术委员会（IEC/TC82）是专门从事太阳光伏领域国际标准制定和修订工作的技术组织。IEC/TC82 正式发布的现行标准共计 99 项。现行标准中有基础通用标准 3 项，材料标准 8 项，电池和组件标准 45 项，光伏部件标准 12 项，光伏系统标准 31 项，其中农村电气化小型可再生能源和混合系统系列标准 18 项（见图 10）。

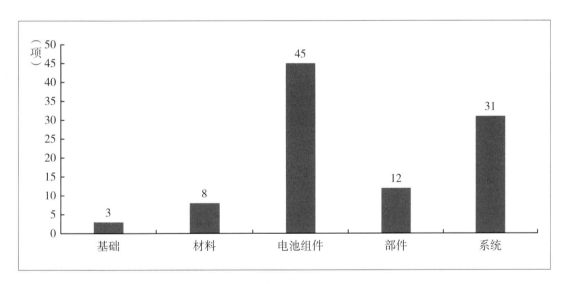

图 10　IEC/TC82 现行标准统计

资料来源：裴会川、张军华、冯亚彬等《国内外光伏领域标准化研究》，《信息技术与标准化》2020 年第 9 期。

国际太阳能协会（ISES）作为全球最大的国际光伏组织，通过为其全球会员提供技术解决方案，推动制定光伏行业标准化体系，加速各成员向 100% 可再生能源转型，主要包括共享可再生能源领域技术和知识，推动能源可获取性，可再生能源系

---

① 国际电工委员会（International Electrotechnical Commission, IEC）成立于 1906 年，成员覆盖 173 个国家，有正式国家成员 86 个、联络国家成员 87 个；下设技术委员会（TC），是承担标准制定和修订工作的技术机构。

统集成；加强国际合作，制定综合评估路线图等。全球太阳能理事会（Global Solar Council，GSC）作为全球性行业组织，通过分享各国成功经验，推动全球光伏市场协同发展。全球太阳能理事会计划到2030年将该行业的就业岗位从国际可再生能源机构（IRENA）2018年估计的361万个增加到1000万个。

（二）美国

1. 持续推进光伏发电免税政策

2021年，美国提出到2035年实现光伏发电占总发电量的比重从3%提高到40%[1]。为实现该目标，美国出台光伏发电领域税收优惠与抵免政策。2022年拜登政府签署《通货膨胀削减法》，提出将光伏投资税收抵免政策延长至2032年。在税收抵免政策（Investment Tax Credit，ITC）下，2020～2022年安装的光伏发电设备可享受26%的税收抵免，2022～2032年安装的光伏发电设备可享受30%的税收抵免。

2. 加大光伏发电财政补贴力度

近年来，美国多次出台财政补贴政策扶持光伏发电。2022年7月，美国宣布提供5600万美元财政资金支持光伏产业的发展，激励光伏设备制造和回收利用方面的创新[2]。2022年12月，美国能源部宣布投入4500万美元，用于支持光伏组件的试点生产[3]。2023年4月，美国政府宣布投资8200万美元支持光伏设备制造和回收利用，加强美国清洁能源网络[4]。

3. 因地制宜制定地区发展政策

美国光伏管理政策[5]的特点是允许各州根据实际发展情况，制定本地标准或约束性指标，主要包含配额制、净计量政策、购电协议电价[6]等。配额制目标由各州根据实际情况单独设定，有效保障了各区域可再生能源发展目标的实现。2022年5月，美

---

① 资料来源：美国能源部官网。
② 资料来源：美国能源部官网。
③ 资料来源：美国能源部官网。
④ 资料来源：美国能源部官网。
⑤ 美国光伏管理政策体系包括财政激励和约束管理两大类，其中约束管理类政策指法律法规、标准、约束性指标等。
⑥ 购电协议电价指发电企业与用电企业之间签订协议，约定买方在一定期限内以约定的固定价格，购买一定数量的可再生能源电力。

国气候联盟成员的 24 个州宣布到 2040 年实现 100% 的可再生能源发电[①]；各州和地方政府有权自行制定净计量政策，鼓励居民自发自用，将多余电量出售给电力公司，是目前美国各州实施最为广泛的政策[②]。2022 年 12 月，美国为六个州和哥伦比亚特区的光伏研究项目拨款 800 万美元，支持农业光伏发电，鼓励在农业用地上同时进行农业生产和光伏发电设施建设[③]。

（三）欧盟

1. 制定光伏产业未来发展目标

2022 年 5 月，欧盟发布了首个全面发展光伏能源的政策框架《欧盟太阳能战略》[④]，该战略提出欧盟光伏发电装机容量将到 2025 年和 2030 年分别达到 2020 年规模的 2 倍和 3 倍的目标。为实现该目标，欧盟未来每年至少需要新增光伏发电装机容量 45GW。欧洲光伏产业协会（Solar Power Europe）在《欧盟光伏市场展望（2022—2026 年）》中提出，欧盟对于未来光伏产业的快速发展充满信心，预计到 2023 年欧盟新增装机容量将超过 50GW，2024 年新增装机容量将超过 68GW，2026 年新增装机容量将超过 85GW[⑤]。

2. 扩大光伏发电本土生产能力

2022 年 12 月 9 日，欧委会正式成立了欧洲光伏产业联盟，旨在提高欧洲光伏发电供应链弹性，扩大欧洲本土生产能力。欧盟欲通过该产业联盟，在 2025 年实现光伏发电制造能力达到 30GW，为欧洲每年带来 600 亿欧元的 GDP 增长，并创造超 40 万个新工作岗位[⑥]。

3. 简化光伏发电项目审批流程

近年来，欧盟及其成员国多次出台简化光伏发电项目审批程序相关措施，力促光伏发电供应链项目顺利落地。2022 年 11 月 9 日，欧委会提出一项临时紧急措施提案[⑦]，旨在通过简化冗长且复杂的行政审批流程、设置最长审批时间上限等措施加

---

① 资料来源：Energypost EU 官网。
② 资料来源：美国国会官网。
③ 资料来源：美国能源部官网。
④ 资料来源：欧盟委员会官网。
⑤ 资料来源：欧盟光伏产业协会官网。
⑥ 资料来源：欧盟委员会官网。
⑦ 资料来源：欧盟委员会官网。

速可再生能源的部署。针对分布式光伏发电项目，该提案提出安装于建筑物上、50千瓦以下的分布式光伏发电及共址储能项目审批时间不得超过1个月。2023年5月，德国政府提出到2030年德国的光伏发电装机容量达到21.5GW，在7年内将现有装机容量增加两倍以上的目标，为实现该目标，德国提出简化在建筑物和未建成土地上安装光伏发电设备的审批程序[1]。2023年1月，法国提出《可再生能源加速法案》，旨在通过加速和简化可再生能源项目许可程序，改善法国新能源发展缓慢的现状[2]。

（四）日本

1. 强制推广太阳能电池板

2023年1月，日本东京都议会表决通过了"自2025年4月起东京都内新建住宅必须安装太阳能电池板"的修订条款，规定东京都内大型住宅建筑和小于2000平方米的独立住宅的屋主均有义务在屋顶安装太阳能电池板[3]。

2. 引入光伏发电竞标制度

2020年，日本经济产业省发布了《日本2050年光伏发展展望》[4]，提出为实现国内减排目标，计划于2030年实现光伏发电装机容量达到100GW，占国内发电量的11.6%；到2050年实现光伏发电装机容量达到300GW，占国内发电量的31.4%。尽管日本光伏市场发展迅速，在全球光伏市场中装机容量排名第四，但日本的光伏发电成本远高于全球平均水平。为进一步降低成本，日本已于2017年引入太阳能竞标制度，通过市场交易和竞标等方式，培育具有竞争力的光伏发电企业，降低发电成本，减少民众和企业负担[5]。

（五）加拿大

1. 实施绿色家园补助计划

2021年，加拿大推出"绿色家园补助计划"（Greener Homes Grant）。加拿大居民

---

① 资料来源：世界能源署官网。
② 资料来源：法国《世界报》官网。
③ 资料来源：《日本时报》官网。
④ 资料来源：日本政府网。
⑤ 资料来源：国际可再生能源机构官网。

对房屋进行绿色改造，如安装光伏发电系统，可获得 125～5000 美元不等的补助金[①]。2022 年，加拿大政府出台无息贷款计划，为购买包括太阳能电池板在内的环保产品的房主提供最高达 4 万美元的无息贷款[②]。

2. 出台加速投资激励措施

2018 年，加拿大政府出台加速投资激励措施[③]（Accelerated Investment Incentive），旨在降低可再生能源发电供应商所得税纳税额。加拿大政府为符合条件的企业提供更高的首年免税额；允许具备资格的企业在 2018～2023 年冲销其用于制造加工产品的设备的全部成本，冲销比例在 2023 年后将逐渐降低，至 2027 年降至 55%，2028 年后不再适用该优惠措施；允许可再生能源发电企业冲销特定清洁能源设备的全部成本。

三　光伏发电全球供应链促进的中国实践

中国高度重视光伏发电全球供应链促进工作，出台一系列政策，支持光伏发电技术研发与国际合作，优化中国光伏产业链全球布局，协同光伏技术标准与工程示范一体化建设。鼓励中国企业全方位参与光伏发电全球供应链，为光伏发电全球供应链上的技术创新、标准制定优化、制造能力提升与国际合作等做出了突出贡献。

（一）优化光伏发电供应链促进政策

1. 完善光伏发电供应链顶层设计

2006 年，中国开始施行《中华人民共和国可再生能源法》，对可再生能源规划、资源调查、推广应用、经济激励、监督措施等进行了规范，为可再生能源发展提供了稳定的法律环境。2018 年，中国修订实施《中华人民共和国节约能源法》，建立完善工业、建筑、交通等重点领域和公共机构的节能制度，健全节能监察、能源效率标识、固定资产投资项目节能审查、重点用能单位节能管理等配套法律制度，为光伏发电等清洁能源的发展提供了法律基础和保障。

---

① 资料来源：加拿大 Direct Energy 官网。
② 资料来源：加拿大国家住房机构抵押和住房公司（CMHC）官网。
③ 资料来源：加拿大政府网。

2. 出台光伏发电供应链支持政策

中国光伏发电供应链支持政策包括三个方面。一是光伏发电供应链全链条支持政策。2022 年，工业和信息化部办公厅、国家市场监管总局办公厅、国家能源局综合司印发《关于促进光伏产业链供应链协同发展的通知》，引导供应链上下游企业深度对接交流，加快建立智能光伏产业公共服务平台，支持上下游企业以资本、技术、品牌为基础开展联合攻关，推进产业提质、降本、增效。二是光伏发电技术产品促进升级政策。2015 年，中国发布了《关于促进先进光伏技术产品应用和产业升级的意见》，发挥市场对技术进步的引导作用，严格执行光伏产品市场准入标准。三是不断完善光伏发电政策配套。2017 年，中国实施光伏发电"领跑者"计划[1]。2019 年印发《关于积极推进风电、光伏发电无补贴平价上网有关工作的通知》，开展平价上网项目和低价上网试点项目建设，保障优先发电和全额保障性收购，促进风电、光伏发电通过电力市场化交易无补贴发展。2021 年印发《关于开展第二批智能光伏试点示范的通知》，鼓励智能光伏产业技术进步和扩大应用，加快构建清洁低碳、安全高效的能源体系。2022 年，《关于促进新时代新能源高质量发展的实施方案》提出，在土地利用方面，充分利用沙漠、戈壁、荒漠等未利用地，布局建设大型风光电基地，将新能源项目的空间信息按规定纳入国土空间规划"一张图"。

3. 促进光伏发电全球供应链规范发展

中国不断完善光伏发电技术行业标准。中国光伏领域目前在研标准共计 109 项，其中国家标准 83 项，行业标准 26 项；主要包括光伏材料（包括原材料和辅助材料）标准 30 项，光伏电池和组件标准 26 项，光伏系统标准 17 项，光伏部件标准 11 项，光伏设备标准 10 项，基础通用标准 3 项，光伏应用标准 2 项[2]，等等。

4. 推动光伏发电多领域广泛利用

中国全面推进太阳能多方式、多元化利用。2021 年 10 月发布的《2030 年前碳达峰行动方案》提出全面推进太阳能发电大规模开发和高质量发展，坚持集中式与分布式并举，统筹光伏发电的布局与市场消纳，创新"光伏 +"模式，推进光伏发电多元

---

① 2017 年，国家能源局开展光伏发电"领跑者"计划和基地建设，以促进光伏发电技术进步、产业升级、市场应用和成本下降为目的，通过市场支持和试验示范，以点带面，加速技术成果向市场应用转化，促进落后技术、产能淘汰，实现 2020 年光伏发电用电侧平价上网目标。

② 裴会川、张军华、冯亚彬等：《国内外光伏领域标准化研究》，《信息技术与标准化》2020 年第 9 期。

布局。例如，通过不断完善光伏发电分布式应用的电网接入，推动光伏与农业、养殖、治沙等综合发展，在工业、商业、公共服务等领域推广光伏发电集热工程、开展太阳能供暖试点等。

（二）推动光伏发电全球供应链创新

中国努力建立以适应新兴电力系统发展需求为导向，以智能光伏产业生态体系为发展目标的光伏发电全球供应链体系，力争 2030 年实现碳达峰、2060 年实现碳中和。

1. 加快产业技术创新

2021 年，中国发布《智能光伏产业创新发展行动计划（2021—2025 年）》，推动光伏产业与新一代信息技术深度融合，加快实现智能制造、智能应用、智能运维、智能调度，全面提升中国光伏产业发展质量和效率。其中，明确要加快大尺寸硅片、高效太阳能电池及组件等研制和突破；夯实配套产业基础，推动智能光伏关键原辅料、设备、零部件等技术升级；开展智能光伏与建筑节能、交通运输、绿色农业等领域相结合的交叉技术研究。

2. 提升智能制造水平

推动光伏基础材料、太阳能电池及组件智能制造。促进智能化生产装备的研发与应用，提升整体工序智能化衔接。鼓励企业采用信息化管理系统和数字化辅助工具，提高光伏产品制造全周期信息化管理水平。通过资源动态调配、工艺过程精确控制、智能加工和装配、人机协同作业和精益生产管理，实现智能化生产作业和精细化生产管控，打造光伏发电供应链智能制造示范工厂。

3. 光伏组件循环利用

支持研发和应用节能节水技术、材料和装备，实施智能光伏清洁生产，降低污染物排放。开发低碳材料、工艺、装备，鼓励利用可再生能源生产，促进行业优先低碳转型。研究制定光伏行业碳排放控制目标和行动方案，制定光伏发电全生命周期碳足迹评价标准并开展认证。研究开发退役光伏组件资源化利用的技术路线和实施路径，推动废旧光伏组件回收利用技术研发及产业化应用，加快资源综合利用。

（三）鼓励光伏发电全球供应链合作

中国秉持共商共建共享原则，坚持开放、绿色、廉洁理念，努力实现高标准、惠民生、可持续的目标，同各国在共建"一带一路"框架下加强光伏发电全球供应链合作，在实现自身发展的同时更多惠及其他国家和人民，为推动共同发展创造有利条件。

1. 推动清洁能源市场共建共享

中国光伏企业积极践行"一带一路"清洁能源市场的共建共享。中国光伏企业根据各国资源要素禀赋优化全球生产布局，更好地利用各国的比较优势。例如，天合光能股份有限公司、阳光电源股份有限公司、隆基绿能科技股份有限公司等11家上市企业通过合资、并购、投资等方式在海外布局建厂，增强共建"一带一路"国家市场的光伏生产能力，帮助当地把资源优势转化为发展优势，促进当地技术进步、就业扩大、经济增长和民生改善，实现优势互补、共同发展。

2. 积极参与光伏发电国际合作

作为全球最大的光伏发电市场，也是全球最大的光伏设备制造国，中国积极推动全球能源绿色低碳转型，广泛开展光伏发电国际合作，如匈牙利考波什堡光伏电站项目、阿联酋迪拜光热光伏混合发电项目和巴基斯坦真纳光伏园一期光伏项目等。光伏发电技术在中国市场的广泛应用，促进了全世界光伏发电成本的下降，加速了全球能源转型进程。

3. 积极融入全球能源多边机制

中国坚定支持多边主义，按照互利共赢原则开展双多边能源合作，积极融入多边能源治理。中国积极参与联合国、二十国集团、亚太经合组织、金砖国家等多边机制下的能源国际合作，在联合研究、发布报告、成立机构等方面取得积极进展。中国与90多个国家和地区建立了政府间能源合作机制，与30多个能源领域国际组织和多边机制建立了合作关系。2012年以来，中国先后成为国际可再生能源机构成员国、《国际能源宪章宣言》签约观察国、国际能源署联盟国等。中国与东盟、阿盟、非盟、中东欧等共建区域能源合作平台，为18个国家提供清洁能源利用等领域的培训。

SUB REPORT 4

分报告四
药品全球供应链
促进报告

药品是指用于预防、治疗、诊断人的疾病，有目的地调节人的生理机能并规定有适应症或者功能主治、用法和用量的物质，包括中药、化学药和生物制品等[①]。药品供应链是指医药产品及相关服务从生产企业到终端用户的全过程，涉及研发、生产、采购、仓储、物流、配送以及销售等环节，主要参与者包括药品研发部门、生产原料供应商、制造商、分销商、医疗服务提供部门（医院和诊所等）及最终消费者。

一 药品全球供应链发展现状

（一）药品全球供应链图谱

1. 药品供应链主要特征

药品作为一种特殊商品，直接关系人民群众身体健康和生命安全。药品的特殊性决定了药品供应链在研发、生产、产品质量安全、供应链流程方面都要适用严格的标准，以确保药品安全。例如，药品的研发环节一般包括临床前发现和临床试验两个阶段，具有成本高、周期长、风险大等特点；药品的生产环节必须通过药品 GMP[②] 认证，严格遵守药品法规的要求；药品的仓储和物流环节要符合不同药品对温度、湿度、光照控制、时效性等的要求；药品的使用环节规定了严格的使用条件或者专业的使用方式等。

近年来，全球药品市场规模保持增长态势。2022 年全球药品市场规模约为 1.6 万亿美元，同比增长 0.45%；未来 5 年将以每年 3%～6% 的速度增长，2027 年预计将达到 1.9 万亿美元（见图 1）。

---

① 《中华人民共和国药品管理法》第二条关于药品的定义。
② 药品 GMP（Good Manufacturing Practice）认证为世界卫生组织认定的一套适用于制药、食品等行业的强制性标准，要求企业从原料、人员、设施设备、生产过程、包装运输、质量控制等方面按国家有关法规达到卫生质量要求，形成一套可操作的作业规范，帮助企业改善企业卫生环境，及时发现生产过程中存在的问题，加以改善。

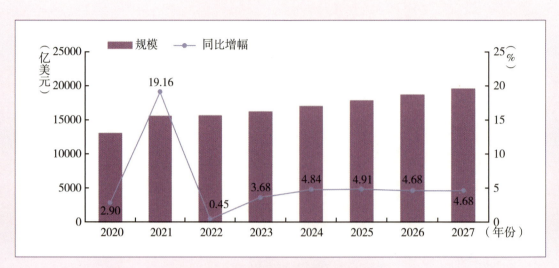

图1　全球药品市场规模及同比增幅

资料来源：IQVIA。

注：2023~2027年为预测数据。

2. 药品供应链上中下游

药品供应链上游是药品研发和生产原料供应，其中生产原料主要包括原料药、医药中间体、药用辅料、中药材、医药包装材料（以下简称"医药包材"）；中游是药品的生产，主要包括现代医学用药（包括化学药和生物制品）和中药；下游是药品的流通销售（见图2）。

（二）药品全球供应链布局

1. 药品上游供应链的全球布局

全球在研药品数量屡创新高，美国是全球在研药品数量最多的国家。截至2022年底，全球在研药品[1]共计21292个，同比增长5.9%，年均复合增长率达6.53%[2]，其中"抗癌、免疫学"类在研药品有4492个，同比增长5.1%；"抗癌、其他"类在研药品有3622个，同比增长14.8%；"基因治疗"类在研药品有2083个，同比增长6.3%。全球共有26个国家和地区的在研药品数量超过1000个，其中在研药品数量排名前五的国家分别是美国、中国、英国、韩国、德

---

[1]　此处在研药品指制药企业正在开发的所有药物，包括从临床前阶段到临床试验和监管批准的各个阶段，再到上市前的所有药物。

[2]　资料来源：Citeline智库发布的《2023年医药研发年度回顾》（2023 Pharma R&D Annual Review）。

细分领域	上游						中游			下游
	药品研发	原料药	医药中间体	药用辅料	中药材	医药包材	化学药	生物制品	中医	流通销售
重点国家	美国、中国、德国、英国、韩国、日本	中国、瑞士、美国、印度	美国、以色列、印度	美国、法国、德国	中国	美国、澳大利亚	欧美	欧美	中国	主要市场：美国 中国 日本 德国 法国　主要渠道：医疗机构销售 药房销售 线上销售
重点企业	国际：瑞士罗氏 瑞士诺华 日本武田制药 美国百时美施贵宝 美国辉瑞　中国：恒瑞 石药 复兴	国际：以色列梯瓦 美国辉瑞 印度阿拉宾度 瑞士诺华　中国：新和成 白云山 乐普医疗 健友股份 华海药业		美国杜邦 法国洛克特·费斯 美国亚什兰 德国巴斯夫 德国Evonik 英国联合食品	同仁堂 华润三九 以岭药业 修正药业	澳大利亚Amcor 美国Sonoco 美国WestRock	美国辉瑞 瑞士诺华 瑞士罗氏 美国艾伯维 美国强生 美国默沙东 美国百时美施贵宝 法国赛诺菲 英国葛兰素史克 英国阿斯利康		片仔癀 同仁堂 华润三九 白云山 以岭药业	医药流通

图 2　药品全球供应链

资料来源：中国贸促会研究院整理。

国，其在研药品数量分别为 10876 个、5033 个、3048 个、2917 个和 2349 个（见图 3）①。

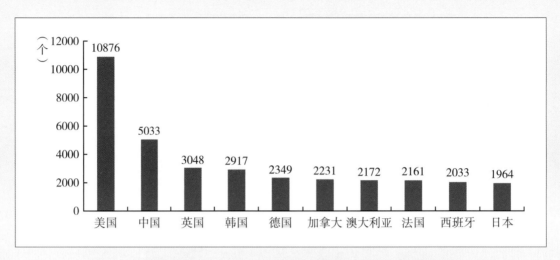

图 3 截至 2022 年底全球在研药品数量排名前十的国家

资料来源：Citeline 智库发布的《2023 年医药研发年度回顾》（2023 Pharma R&D Annual Review）。

全球在研药品数量排名前五的企业分别是罗氏、诺华、武田制药、百时美施贵宝、辉瑞。截至 2022 年底，其在研药品数量分别为 194 个、191 个、178 个、175 个、171 个，已有原研药 ② 分别为 110 个、112 个、61 个、96 个、105 个③（见图 4）。中国恒瑞医药在研药品数量全球排名第 13 位，石药集团和复星医药分别排在第 23 位和第 24 位。

原料药④ 市场规模不断扩大，中国、意大利、印度等为主要供给国。2022 年，全球原料药市场规模为 2040.4 亿美元，较 2021 年同比增长 15.2%，预计 2023～2032 年将以 6.1% 的复合年均增长率高速增长⑤。中国原料药供给占全球比重最高，约为 28%，其次是意大利、印度、美国、欧洲（不包括意大利）等，占比分别为 25%、20%、16%、11%（见图 5）。中国原料药专利申请数量同样较高，占全球原料药专利申请总量的 60% 以上，其次是美国、欧洲、日本，占比分别为 15%、13%、10%⑥。

---

① 资料来源：Citeline 智库发布的《2023 年医药研发年度回顾》（2023 Pharma R&D Annual Review）。
② 原研药（Originated Drugs）即原创新药。
③ 资料来源：Citeline 智库发布的《2023 年医药研发年度回顾》（2023 Pharma R&D Annual Review）。
④ 根据人用药品技术要求国际协调理事会（ICH）的定义，原料药指的是用于药品制造的一种物质或物质混合物，且在用于制药时成为药品的一种活性成分。此种物质在疾病诊断、治疗、症状缓解或疾病预防中有药理活性或其他直接作用，或能影响机体功能或结构。
⑤ 资料来源：Precedence Research。
⑥ 《2023 年全球及中国原料药行业现状及前景分析》，证券之星网站，2023 年 3 月 9 日，https://finance.stockstar.com/IG2023030900004144.shtml。

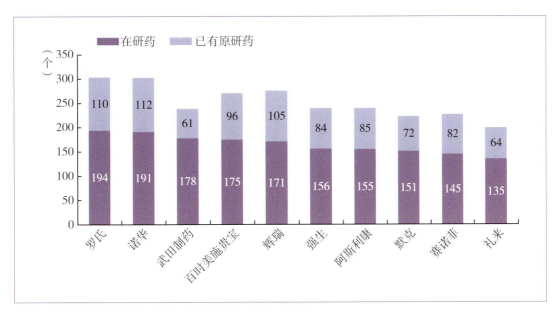

图 4　世界药品研发十大龙头企业

资料来源：Citeline 智库发布的《2023 年医药研发年度回顾》（2023 Pharma R&D Annual Review）。

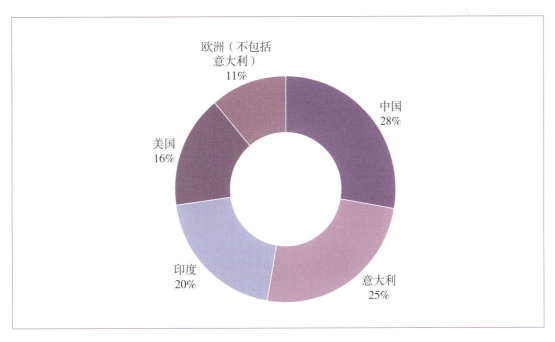

图 5　全球原料药主要供应国家和地区

资料来源：研精智库。

全球前十大原料药企业主要为美国和印度公司，分别为美国雅保（Albemarle Corporation）、印度阿拉宾度制药（Aurobindo Pharma）、印度瑞迪博士实验室（Reddy's Laboratories Ltd）、美国艾伯维（AbbVie Inc.）、以色列梯瓦制药工业（Teva Pharmaceutical Industries Ltd）、美国迈蓝制药（Mylan N.V.）[1]、印度西普拉（Cipla Inc.）、德国勃林格殷格翰（BoehringerIngelheim International GmbH）、美国默克（Merck & Co., Inc.）和印度太阳药业（Sun Pharmaceutical Industries Ltd）[2]。中国原料药出口集中度较低，出口额过亿美元的企业有43家，但累计出口额占比仅21.82%[3]。

医药中间体[4]的供应商目前较为分散，多数第三方企业规模相对较小。随着环保和安全生产监管政策的执行，无法满足绿色生产要求的医药中间体生产企业将被逐渐淘汰，行业集中度将进一步提升。尽管化学药物的合成依赖于高质量的医药中间体，但在许多国家，医药中间体大多按精细化工管理，不必按照药品规则生产报批、申请批号，多由客户自行开展质量管理。

欧洲药用辅料[5]的市场份额最大，中国药用辅料的市场规模快速增长。2020年全球药用辅料市场规模达到873亿美元，预计2027年将达到1289亿美元，复合年均增长率为5.72%[6]。欧洲制药巨头聚集，2018年其药用辅料市场份额占全球的41.53%[7]。中国药用辅料市场规模快速增长，预计将由2020年的128亿美元增长到2027年的210亿美元，复合年均增长率将达到7.33%。世界药用辅料市场的主要公司有美国杜邦、法国洛克特·费斯、美国亚什兰、德国巴斯夫、德国Evonik、英国联合食品等。

中药材[8]作为药物使用范围较小，中国是全球最大的生产国和消费国。由于不同国家（地区）文化和医药政策的差异，中药材仅在少数市场被作为传统药原料使用（如日本、韩国等）。2022年，中国向114个国家和地区出口中药材25.1万吨，同比增长7.8%；出口总额14亿美元，同比增长3.6%；出口均价5.58美元/公斤，同比下降4%[9]。出口的中药材多为药食两用的滋补性品种，前十大品种（以出口金额计）为肉桂、枸杞、人参、茯苓、当归、黄芪、冬虫夏草、半夏、罂粟子、鹿茸。

---

[1] 2019年，迈蓝与辉瑞旗下专利到期的品牌和仿制药业务部门合并，成立美国晖致（Viatris）。

[2] 资料来源：Precedence Research。

[3] 资料来源：中国医药保健品进出口商会，cccmhpie.org.cn。

[4] 医药中间体与原料药伴生，是医药化工料至原料药或药品这一生产过程中的一种精细化工产品。

[5] 药用辅料是指主药以外成分的统称。

[6] 资料来源：恒州博智（QY Research）。

[7] The Rise and Rise of Global Pharma Excipients Market, https://www.worldpharmatoday.com/techno-trends/the-rise-and-rise-of-global-pharma-excipients-market/.

[8] 中药材一般指植物、动物、矿物除去非药用部位的商品药材。在严格意义上，药品范畴内的中药材仅指经过净制处理后的药材，未经依法净制处理的原药材不能列为药品概念下的中药材，更不能直接入药。

[9] 资料来源：中国医药保健品进出口商会。

医药包材[1]技术不断创新，市场集中度较低。医药包材需要同时满足安全性、排斥性[2]、稳定性、环保性和非干扰性等要求，随着医药工业的技术发展，医药包材的技术和产品不断创新。2021年全球医药包材市场规模超过1000亿美元，且未来仍将以8%~9%的复合年均增长率增长[3]。从全球市场来看，由于医药包材品类众多，市场参与者众多、市场集中度较低。全球医药包材市场主要供应商包括澳大利亚Amcor、美国Sonoco、美国WestRock等国际大型企业，凭借丰富的产品种类占据主要市场份额。

2.药品中游供应链的全球布局

化学药和生物制品统称为现代医学用药，行业集中度相对较高，龙头生产企业集中在发达国家。全球现代医学用药供应链主要有两大特点，一是现代医学用药前20强供应商占据全球四成以上市场份额，2022年全球药品市场规模约为1.6万亿美元[4]，同年全球前20强制药企业销售收入约为7279亿美元[5]，约占全球药品市场的45.5%，前10强约占全球药品市场份额的32.0%（见表1）；二是成规模的现代医学用药供应商高度集中在发达国家，美国《制药经理人》公布的2023年全球制药企业50强榜单中，美国17家，欧盟16家，日本6家，英国2家，中国4家，其他国家和地区5家。除了中国和印度的5家公司，其余45家企业均来自发达国家（见图6）。

表1　2023年全球制药公司20强

单位：亿美元

2023年排名（2022年排名）	国家	公司	2022年度全球销售收入
1（1）	美国	辉瑞	913.03
2（2）	美国	艾伯维	561.79
3（4）	美国	强生	501.79
4（3）	瑞士	诺华	500.79
5（7）	美国	默克	496.27
6（5）	瑞士	罗氏	479.09

---

[1]　医药包材主要是指与药品直接接触的包装材料和容器，也包括功能性次级包装材料、表面印刷材料、组件和给药装置等，是药品商品化的载体，在药品生产、贮藏、运输、流通、使用全过程中起着"保驾护航"的作用，是医药工业发展的重要组成部分。

[2]　医药包装与所包装的药品不会有化学、生物意义上的反应。

[3]　资料来源：恒州博智（QY Research）。

[4]　资料来源：艾昆纬（IQVIA，美国医疗健康公司）。

[5]　资料来源：美国《制药经理人》（Pharmaceutical Executive）。

续表

2023 年排名（2022 年排名）	国家	公司	2022 年度全球销售收入
7（6）	美国	百时美施贵宝	454.17
8（9）	英国	阿斯利康	429.98
9（8）	法国	赛诺菲	403.53
10（10）	英国	葛兰素史克	382.54
11（11）	日本	武田制药	296.90
12（12）	美国	吉利德	266.15
13（13）	美国	礼来	254.63
14（15）	丹麦	诺和诺德	253.84
15（16）	英国	安进	225.36
16（18）	德国	勃林格殷格翰	194.73
17（16）	德国	拜耳	188.98
18（17）	美国	莫德纳	184.35
19（19）	美国	晖致	159.99
20（23）	澳大利亚	CSL	131.23

资料来源：美国《制药经理人》（Pharmaceutical Executive）。

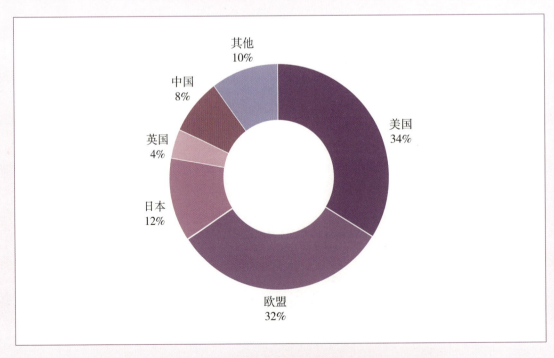

图 6　2023 年全球制药企业前 50 强国家和地区分布情况

资料来源：根据美国《制药经理人》（Pharmaceutical Executive）数据计算得出。

中国是中药最大生产国，中药配方颗粒是主要发展方向。2021 年中国中药工业市场规模为 6919 亿元，2013～2021 年复合年均增长率为 1.1%，其中中药饮片规模为 2057 亿元，中成药制造规模为 4862 亿元[①]。中药配方颗粒市场规模逐年增长，从 2017 年的 133 亿元增长到 2021 年的 346 亿元[②]。

3. 药品下游供应链的全球布局

药品流通销售渠道多，市场规模逐步扩大。医药流通行业是连接药品、医疗器械生产厂商与各级医疗机构的纽带，在药品全球供应链中扮演着承上启下的重要角色。根据销售对象和方式不同，可分为医院终端、零售终端、公共卫生终端和电商终端。

美国是全球最大的药品市场。2022 年，全球药品销售利润为 14820 亿美元。其中，美国药品销售利润为 6315 亿美元，占全球比重的 42.61%，居第一位。中国、日本、德国、法国的药品销售利润分别居全球第二至第五位，占全球比重分别为 7.60%、4.53%、4.01% 和 2.82%（见图 7）。受人口增长推动，预计印度、非洲、中东地区未来五年的现代医学药品销量增长较快，2027 年销量将增长 10% 以上，销售收入将增加超 30%。

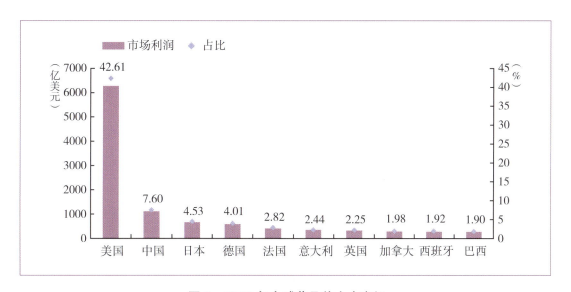

图 7　2022 年全球药品前十大市场

资料来源：Statista。

欧美发达国家是全球药品主要出口地，欧洲是药品出口占比最大的地区，约占全球药品出口总额的 73.95%。出口药品金额排名前五的国家为德国、瑞士、美国、比利

[①] 资料来源：中国国家统计局。

[②] 《行业竞争力增强，2021 年中药工业实现高质量增长》，中国中药协会网站，2022 年 4 月 1 日，https://www.catcm.org.cn/139/202204/3650.html。

时和爱尔兰，占全球药品出口总额的比重分别为 14.32%、11.19%、10.12%、8.82% 和 8.76%（见图 8）。

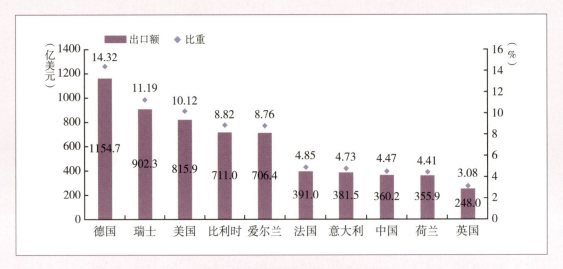

图 8　全球药品前十大出口国

资料来源：根据 OEC 数据计算得出。

中药海外市场逐步扩容，国际化程度提高。2022 年，中国出口中药类产品达 56.5 亿美元，同比增长 14.14%。2018～2022 年，中药类产品出口保持快速增长态势（见图 9）。中国中药协会发布的 2022 年中成药企业 100 强名单中，广州白云山医药集团股份有限公司、修正药业集团股份有限公司、云南白药集团股份有限公司、中国中

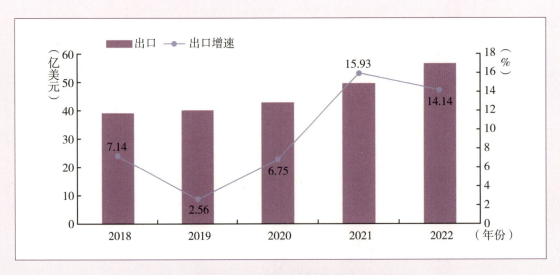

图 9　2018~2022 年中国中药类产品出口情况

资料来源：中国医药保健品进出口商会。

药控股有限公司、山东步长制药股份有限公司、华润三九医药股份有限公司、中国北京同仁堂（集团）有限责任公司、石家庄以岭药业股份有限公司、杭州中美华东制药有限公司、漳州片仔癀药业股份有限公司位列前十强。

近年来，中药除在日本、韩国及东南亚国家被广泛应用，美国 FDA《植物药管理法案》也放宽了对中药产品的限制；澳大利亚、泰国等将中药和西药视为具有同等合法地位的药品种类。同时，中国还与相关国家、地区和组织共签署了 86 个中药合作协议；与 14 个国家和地区的自由贸易区谈判中重点提到了中药贸易相关内容，以降低中药海外市场准入门槛，减少贸易壁垒。

二　药品全球供应链促进政策

（一）国际组织

1. 推动国际药品标准制定

世界卫生组织（World Health Organization，WHO）[①]是国际上最大的政府间卫生组织，基本职责包括制定并发展药品的国际标准。WHO 在 2016 年发布了《良好的药典质量规范》（GPhP），建立了国际药典警戒响应机制，就如何建立药品标准、国际标准协调等进行意见的收集和评估，促进了药典的全球统一协调。此外，WHO 还陆续发布《GMP 清洁验证》（WHO GMP 937）、《无菌药品生产质量管理规范》（WHO TRS 961）、《制药用水》（WHO TRS 970）等药品或药品原材料生产规范，为国际药品标准互认提供参考依据。

人用药品技术要求国际协调理事会（ICH）[②]协调各国的药品注册技术要求（包括统一标准、检测要求、数据收集及报告格式），使药品生产厂家能够应用统一的注册资料和规范。ICH 发布的技术指南可称为制药行业工具书，不仅被其成员运用，也被其他许多国家药品监管机构接受和转化，成为药品注册领域重要的国际规则制定机制，为提高全球药品供应链运转效率提供了条件。ICH 技术指南有助于制药企业缩短研发时间，节省研发成本，使其有机会在世界各国同时上市产品，提高新药研发、注册、上市的效率。

---

① WHO 是联合国下属的一个专门机构，总部设在瑞士日内瓦，只有主权国家才能参加，目前有 194 个成员。
② 人用药品技术要求国际协调理事会（The International Council for Harmonisation of Technical Requirements for Pharmaceuticals for Human Use，简称"国际协调理事会"）成立于 1990 年 4 月，致力于推动药品注册技术要求的合理化和一致化，目前已有 17 个成员和 32 个观察员。

药品检查合作计划（PIC/S）成立于 1995 年，旨在以统一的标准实施药品 GMP
认证，提高供应链效率。PIC/S GMP 指南是全球最严谨的 GMP 规范，截至 2021 年
底共有来自全球五大洲 54 个国家和地区的药品监管机构成为 PIC/S 成员机构。

2. 推动全球药品技术转移

WHO、ICH、国际制药工程协会[①]（ISPE）等国际组织均发布了药品技术转移[②]
相关指南。WHO 相继发布《WHO961 号技术报告附件 7：药品生产技术转移指南》
《WHO 制药生产技术转移指南》，前者规定了药品技术转移应遵循的原则、方案等，
后者主要应用于原料药、医药中间体、制剂成品（FPP）、工艺验证、清洁程序开发和
验证及相关分析程序等方法技术转移。ICH《Q10 药品质量体系》提出，技术转移是
药品生命周期的重要一环。ISPE 发布的《良好实践指南：技术转移 2018》（第三版）
结合 ICH Q8~Q11，为药品技术转移提供了更为详细的解释和分析。

3. 促进药学实践技术发展

国际药学联合会[③]（International Pharmaceutical Federation，FIP）在国际药学领域
具有崇高的地位，是推动国际医药领域科技研发、应用实践和专业教育的重要力量。
药品因其专业性较强，对从业人员的要求较高，FIP 在规范国际药学教育质量、促进
药学实践和技术发展方面发挥重要作用。2017 年，FIP 发布《南京声明：塑造全球药
学和药学科学教育》，供各国药学教育提供者进行自我评估和监测，确定人才培养差
距，改进教育过程。近年来，FIP 致力于教育和劳动力的可持续发展，先后发布《持
续职业发展政策声明（2020 年）》和《关于药学和药物科学教育质量保证的政策声
明（2022 年）》等文件，为药学实践、研究人才的交流和培养提供系统性参考。此外，
FIP 组织编写或更新的专业知识和技能参考指南、专业药剂师手册均是各专业临床实
践的重要参考资料[④]。

---

① 国际制药工程协会（International Society for Pharmaceutical Engineering）是制药工程领域的民间组织，
1980 年在美国佛罗里达州坦帕市成立，主要为制药行业的科研及制药专家提供服务。ISPE 聚集了 90 多个
国家的科研及制药专家，并为他们建立关系网，提供教育及行业规范信息。

② 技术转移的主要目标是为了完成研发与生产之间或不同生产场地之间产品及相关知识的转移，以实现产品的
持续稳定生产。

③ 国际药学联合会是 1865 年成立的国际非政府组织，并于 1912 年在荷兰海牙正式注册，是与世界卫生组织
（WHO）同级别的国际组织，也是 WHO 的战略合作伙伴，由 152 个国家或者地区（药学）组织以及众多
学术机构会员和个人会员组成，主要工作内容包括支持药学事业发展和领导全球药学事业进步。

④ 资料来源：FIP 官方网站，https://www.fip.org。

（二）美国

1. 不断完善药品监管制度

美国通过多部法律不断完善药品监管制度，建立了系统全面的注册监管体系。1992年，美国颁布《处方药使用者付费法案》（PDUFA），建立了药品审评收费制度和绩效考核制度。自药品审评和注册收费以来，美国食品药品监督管理局（Food and Drug Administration，FDA）增加了审评工作人员，药品审评速度显著加快；改进了信息管理、工作程序及其标准，使药品审评工作更为严格、统一、规范并具可预见性；通过制定技术指导原则，帮助企业最大限度地减少不必要的研究项目，减少不必要的重复工作。

2013年，美国颁布了《药品质量及安全法》（Drug Quality and Security Act，DQSA），该法第二章为"药品供应链安全法"（Drug Supply Chain Security Act，DSCSA），明确规定药品供应链中生产商、再包装商、批发商、药房等利益相关方的责任和义务，要求在交易各环节传递药品信息，使药品信息沿供应链传递，确保患者能够获得安全和高质量的药品。同时，建立完善的可疑产品确认机制，在发现可疑产品时，药品信息能够沿供应链向前追溯，参与方和FDA在发现可疑产品时能够迅速采取行动，防止非法药品进入合法供应链，避免市场中的非法药品继续流通，促进开展有效的药品召回和控制行动[1]。

2. 出台罕见病药品研发制度

作为新药研发大国，美国建立了较为系统的罕见病药（又称"孤儿药"，Orphan Drug）[2]研发激励制度，对药物研发和审批起到巨大推动作用。1983年，美国颁布《孤儿药法案》（Orphan Drug Act，ODA），逐步建立鼓励罕见病药品研发的长效机制。2002年，美国出台《罕见病法案》（Rare Disease Act，RDA）。经FDA认定的孤儿药可获得以下支持：税收抵免，孤儿药临床试验费用的50%可以税收抵免，并可向前追溯3年，向后延伸15年，总税收减免可达临床研究总费用的70%；提供临床试验和罕见病自然史研究资助，免除新药申请费用，且提供资金资助临床试验，1983年以来，FDA提供的资助已经超过3.5亿美元，为600多项临床研究提供支持，有50多个新产品获批上市；市场独占期保护，孤儿药批准上市后，可获得7年的市场独占期保

---

① 冯霄婵、杨璐瑶、杨悦：《美国药品信息追溯与安全保障体系研究》，《中国药学杂志》2019年第11期。
② 罕见病药品包括药品、疫苗及诊断试剂，用于预防、诊断或治疗罕见病。

护（Market Exclusivity），市场独占期间，FDA不再批准相同适应症的其他药物上市[①]。1983～2019 年，FDA 共认定了 5223 个孤儿药，随着政策不断完善，每年认定孤儿药数量呈现较为明显的上升趋势，其中 2017 年认定数量最多，为 479 个，2015～2019 年平均每年认定 370 个（见图 10）。

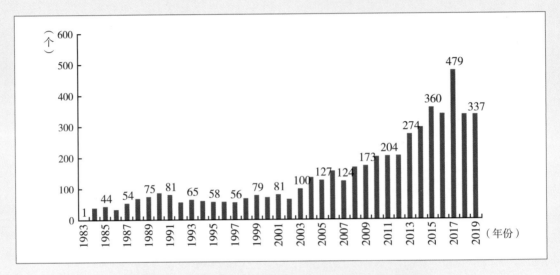

图 10　1983~2019 年美国 FDA 认定的孤儿药数量

资料来源：杨景舒、杨殿政、杨悦《1983—2019 年美国孤儿药激励政策评价》，《中国新药杂志》2021 年第 21 期。

（三）欧盟

1. 建立统一药品监管体系

《欧洲药典》为欧洲药品质量检测的唯一指导文献，所有生产厂家在欧洲范围内推销和使用药品和药用底物，必须遵循《欧洲药典》的质量标准。世界经济全球化对药品质量标准提出了更高的要求，《欧洲药典》通过规定药品质量的通用标准，为欧洲甚至全球医药产品的自由流通提供了便利。

欧洲药品管理局（European Medicines Agency，EMA）是欧盟药品监管机构，负责在泛欧洲范围内，评估和监督药品的集中上市许可，是制定全球药品监管标准的重要力量。EMA 与各成员国合作，分享新药的专业知识和安全性评价，在药品监管中

---

① 杨景舒、杨殿政、杨悦：《1983—2019 年美国孤儿药激励政策评价》，《中国新药杂志》2021 年第 21 期。

相互交换信息，如药品的不良反应报告、临床试验的监督、对药品生产企业的检查、药品临床试验管理规范、药品生产质量管理规范、药品供应和管理规范、药物警戒质量管理规范的符合情况等。欧盟立法要求每个成员在药品上市批准和监测方面遵守相同的规则和要求，确保欧盟药品监管的效率。

2. 发布欧洲药品战略规划

2020年11月，欧盟委员会发布《欧洲药品战略》（Pharmaceutical Strategy for Europe，PSE），是欧盟首个全面的药品战略规划，被视为欧洲未来5年卫生政策的"基石"。药品是欧盟发展的关键支柱产业之一，《欧洲药品战略》提出四大目标：一是确保患者获得可负担的药品，弥合医药需求鸿沟；二是支持欧盟制药业增强竞争力、创新性和可持续性，推动研发高质量、安全、有效和绿色药品；三是加强危机防范和应对机制，解决药品供应安全问题；四是扩大欧盟在全球药品供应链中的影响力，推动药品全球供应链提升质量、效率和安全标准。该战略是新一届欧委会建设"欧洲卫生联盟"的重要组成部分。

《欧洲药品战略》包括八大行动：一是于2022年修订基本药品法规；二是提出设立欧盟卫生应急响应管理局的提案；三是修订儿童和罕见病药品法规；四是围绕全球关键药品供应链安全问题设立公共机构与利益相关方的对话机制；五是加强各国在药品定价、支付和采购政策方面的合作；六是建立强大的数字基础设施，包括欧洲健康数据空间；七是通过"地平线欧洲"和"健康欧盟"计划支持药品研究和创新；八是创新欧盟抗生素及替代品的研发和公共采购方法，限制和优化使用抗生素。

2023年4月，欧盟委员会发布《欧盟医药立法的改革草案》，旨在让欧盟所有患者能够及时、平等地获得安全有效的药品，并提供鼓励药品研发的新监管框架。在新法案下，EMA需将新药上市申请的审评时间从210天缩短到180天，欧盟委员会需将批准药物上市的时间从67天缩短到46天。

（四）英国

1. 加强制药企业研发资助

英国政府对制药企业研发创新给予大力财政支持。2020年，英国发布《研究与开发路线图》，通过税收优惠政策支持包括制药企业在内的创新企业。例如，逐步提高对研发投入加计扣除比例，对大企业扣除比例为130%，中小微企业为230%；提出研发费用抵免计划，对企业研发投入执行 11% 的税收抵免，对亏损中小微企业的研发投入执行 14.5% 的税收抵免[①]。

2. 强化医药基础技术研究

英国高度重视生物医药领域的基础研究和生物技术的研发，多融资渠道支撑生物医药企业发展。近年来，英国投入 30 亿英镑用于生物医药产业的科技创新，鼓励风险投资更多地进入生物医药产业。2018 年，英国商业银行成立英国患者资本（BPC），向包括"痴呆症发现基金"在内的四个生命科学基金投入 1.09 亿英镑。2021 年，英国拨款超过 7500 万英镑，支持建立 9 个由企业、研究机构、大学共同合作的生物医药研究项目，参与机构包括联合利华、葛兰素史克、法国电力公司、弗朗西斯·克里克研究所[②]、牛津大学、伦敦大学等，以提高药品治疗疾病的效率。

3. 建立完善药品流通体系

英国药品流通体系由制药商、批发商和零售终端构成，完善的药品流通体系是药品高效、安全流通和供应充足的保障。在药品生产方面，阿斯利康和葛兰素史克在全球药品研发和药品制造上占据优势地位。在药品批发方面，英国有 3 家全线批发商和 50 家短线批发商[③]。其中，3 家全线批发商分别为 AAH、联合博姿集团和 Phoenix，共占英国药品批发规模的 70% 以上。在零售终端方面，英国实行医药分离的模式，采购主体包括社区售药店和公立医院两大类型。其中，公立医院对仿制药实行集中招标采购，对专利药可自主采购。

（五）瑞士

1. 重点发展生物医药产业

瑞士是欧洲最强大、最具创新力的生物技术基地[④]，瑞士对生物技术的投资占整个欧洲的 40% 以上[⑤]。瑞士有 26 个州，其中 20 个州都有生物技术公司，主要集中在日内

[①] 《英国生物医药产业创新发展经验对我国生物医药产业发展五大启发》，搜狐网，2023 年 1 月 9 日，https://www.sohu.com/a/627246998_477039。

[②] 弗朗西斯·克里克研究所（Francis Crick Institute）是英国著名研究中心、欧洲最大的单一生物医学研究机构。

[③] 全线批发商能够供应绝大多数药品，短线批发商仅能够供应少部分药品。

[④] 瑞士生物制药产业最主要的领域以单克隆抗体药物为代表，包括疫苗、血液制品、重组蛋白药物、多肽药物、生物提取物及基因治疗等，约占瑞士生物技术产业的 70%。

[⑤] 《瑞士医药产业为何独步全球》，搜狐网，2023 年 5 月 11 日，https://www.sohu.com/a/674844517_121689529。

瓦—洛桑的 BioAlps、巴塞尔 Bio Valley Basel、苏黎世 Zurich Med Net 和提契诺州 Bio Polo Ticino 四个生物科技产业聚集区。

瑞士创造有利于生物医药产业发展的政策环境。1992 年，瑞士启动了"生物技术优先发展计划"（SPP）、"国家研究能力中心计划"（NCCRs）、"风险实验室计划"等战略项目，上千个项目催生了数百家生物技术企业。2003 年，《干细胞研究条例》规范生物技术领域的研究。2005 年，修订后的《专利法》采取对基因序列保护、增设限制性条款等措施，保护高投入、高风险的生物技术发明专利，增强企业竞争力。2013 年，瑞士批准了促进生物医学研究和技术发展的总体规划。在审评制度层面，瑞士国家医疗产品管理局和瑞士治疗产品署批准一种新药仅需几个月的时间。

2. 实施药品研发税收减免

瑞士针对药品企业实施了极具竞争力的税收优惠政策。在联邦层面，企业只需支付盈利的 8.5% 作为利得税，初创企业和外国企业可获得州一级行政部门长达 10 年的企业和资本税优惠政策，化工和医药产品的增值税率降低 2.5%。瑞士于 2020 年 1 月 1 日正式实施《联邦税制改革和 AHV 融资法》（TRAF），配套出台《研究开发支出扣除和专利盒税收减免条例》（RD-PB），规定在瑞士开发的药品专利等最高可使企业抵免所得税税基的 90%，并可同时享受科研费用减免政策，科研费用可抵免 50%～150%。TRAF 出台后，瑞士专利和科研的税收优惠力度居欧盟前列，极大地支持了企业药品研发。

3. 增强与药品国际互检互认

瑞士与欧盟及全球其他 38 个国家和地区签订了自由贸易协议，为瑞士药品出口提供了关税优惠和贸易便利。在对德国、法国、奥地利及英国出口医药与化工产品时，瑞士每年可节约 1.925 亿欧元。瑞士分别与加拿大（1999 年）、欧盟（2002 年）、欧洲自由贸易联盟（2002 年）、韩国（2019 年）、英国（2019 年）、美国（2023 年）签订了包含药品在内的互认协议（Mutual Recognition Agreement，MRA）[1]，达成了药品 GMP 检查数据的互通和检验体系的互认[2]，在促进区域药品流通的同时，每年可为瑞士企业减少约 1.5 亿瑞士法郎的贸易成本。

---

[1]　互认协议旨在互认双方国家的 GMP 检查体系，即由各自的检查机构对各自境内生产企业的 GMP 合规性进行审核，而后双方有关机构可以利用对方机构的审核结果。

[2]　Mutual Recognition Agreements. Swissmedic, https://www.swissmedic.ch/swissmedic/en/home/about-us/international-collaboration/bilateral-collaboration-with-partner-authorities/mutual-recognition-agreements.html.

三　药品全球供应链促进的中国实践

医药产业是中国国民经济发展的重要组成部分，也是重要的民生基础之一。经过多年努力，中国医药产业持续保持高速发展，中国成为全球第二大医药市场。中国一直高度重视药品供应链的健康发展，在促进药品研发、健全药品审评审批制度、完善药品标准等方面不断出台政策措施。

（一）完善药品供应链促进政策

1. 加强药品供应链顶层设计

中国发布《"十四五"国家药品安全及促进高质量发展规划》，提出实施药品安全全过程监管、支持产业升级发展、完善药品安全治理体系、促进中药传承创新发展等10个方面的主要任务。《"十四五"医药工业发展规划》提出，从加快产品创新和产业化技术突破、提升产业链稳定性和竞争力、增强供应保障能力、推动医药制造能力系统升级和创造国际竞争新优势五个方面补齐短板、鼓励创新、保证质量安全。《"十四五"生物经济发展规划》提出，要提升生物医药、生物医学工程等战略性新兴产业在国民经济和社会发展中的战略地位。

2. 建立药品安全生产法律体系

药品安全事关公众身体健康和生命安全，须严防风险。2019年，中国修订了《中华人民共和国药品管理法》，制定了《中华人民共和国疫苗管理法》，建立和完善了"药品信息化追溯体系"。上述两部法律全面实施药品上市许可持有人制度，建立药品临床试验默示许可、附条件批准、优先审评审批、上市后变更分类管理等一系列管理制度，并要求完善药品审评审批工作制度，优化审评审批流程，提高审评审批效率。2022年，中国发布《药品年度报告管理规定》《药包材生产质量管理规范》等规范，明确药品标准管理工作的基本原则、管理职责、工作程序和各方责任义务等，多方位为药品安全提供法律保障。通过加强监管，中国药品抽检总体合格率已经从97.1%提升到了99.4%。同时，中国针对网络药品销售违法违规行为的隐蔽性和发散性，建立了"以网管网"机制，对网络销售企业和主要的第三方平台实行了全覆盖的网络监测，后续还将不断强化监测力度。

3. 优化药品监管、注册管理

2020 年，中国修订《药品注册管理办法》，优化药品注册的程序、沟通机制、管理制度等，更加注重药品研制和注册管理的科学规律。主要改进体现在以下三个方面：一是对药品注册现场核查进行了优化，不再实施"逢审必查"的核查模式；二是对药品注册检验程序进行了优化，申请人可以在药品注册申请受理前提出药品注册检验；三是对药品上市许可路径进行了优化，明确了三种申请药品上市许可的路径。新修订的《药品注册管理办法》还引入药品全生命周期管理理念，加强从药品研制上市、上市后管理到药品注册证书注销的各环节的全过程、全链条制度监管。

4. 优化药品上市审评审批制度

中国药品审评审批制度改革有序推进，审评审批流程持续优化，中国药品创新成果进入"爆发期"。2017 年 6 月，中国颁布《国务院办公厅关于进一步改革完善药品生产流通使用政策的若干意见》，新药审评期从之前的平均 5 年左右，降低到目前的 2～3 年，优先审评期从原来的 8～12 个月缩短至 4～6 个月，为创新药企业研发更多的优质新药提供便利。近年来，中国国家药监局累计批准创新药品 130 个，每年有100 个以上药品通过优先审评程序获批上市。

罕见病用药研发持续加速。2018 年，中国国家药监局建立专门通道，在审评环节对包括罕见病用药在内的临床急需境外新药实行单独排队；2020 年进一步明确优先审评程序，将具有明显临床价值的罕见病新药纳入优先审评审批程序。2018 年以来，中国批准上市的进口和国产罕见病用药已经达到 68 个[①]。

（二）推进药品监管体系国际合作

1. 加强药监部门国际合作

中国国家药监局先后与多个区域药品监管部门签署合作谅解备忘录，不断深化药品监管国际合作。中日合作方面，2022 年两国监管机构一致同意加大交流与合作力度，保障两国乃至世界公众获得安全有效的药品。在中英合作方面，2018 年两国药品监管机构签署《药品和医疗器械合作谅解备忘录》；2021 年通过年度中英药品监管合作项目计划，双方在药品审评、检查及上市后监测等领域开展技术交流活动。在与东

---

① 《进一步加大支持药企研发创新》，中国政府网，2023 年 7 月 6 日，https://www.gov.cn/lianbo/bumen/202307/content_6890155。htm。

盟合作方面，2021 年中国与东盟各国相关代表就药品监管制度建设、深化审评审批制度改革、抗击疫情等展开深入交流和探讨。

2. 促进药品审评标准国际化

自 2017 年 6 月正式加入 ICH 以来，中国正逐步实现药品注册技术要求和审评标准与国际接轨。根据中国国家药监局统计，ICH 的 63 个指导原则中，中国已发布公告明确实施时间点的共有 59 个（其中 Q 系列 17 个，E 系列 21 个，S 系列 15 个，M 系列 6 个），ICH 指导原则在中国的实施比例已达 94%。

3. 推动境外药品检查与合作

药品检查是保证药品全生命周期安全、有效、质量可控的重要监管措施。境外检查工作是中国对外行使进口药品监管权力、维护国民用药安全的重要措施。2011 年 4 月起，中国首次开展境外药品生产现场检查，2011～2019 年累计派出 145 个检查组对 175 个品种的进口药开展了境外检查，涉及地区主要为欧洲和北美。

4. 促进药品管理制度国际化

调整新药概念。2015 年，中国对化药分类进行调整，将新药由"未曾在中国境内上市销售的药品"调整为"未在中国境内外上市销售的药品"。调整后，中国 1 类新药的概念与美国新分子实体（NCE）有一定的共通性，可在同一标准下进行比较。

采用国际普遍认可的仿制药审批标准（仿制药一致性评价）。中国对已批准上市的仿制药按与原研药质量和疗效一致的原则，分期分批进行一致性评价。

实施药品上市许可持有人（MAH）制度①。2019 年，新版《中华人民共和国药品管理法》公布实施，中国正式实施药品上市许可持有人制度，和美欧 MAH 制度的核心理念及要求基本一致。

（三）推动药品可及性和可负担性

1. 实施医药集中带量采购制度

近年来，中国医药市场快速增长，增速超过全球医药市场。2017～2021 年，中国

---

① 药品上市许可持有人（Marketing Authorization Holder, MAH）制度通常指拥有药品技术的药品研发机构、科研人员、药品生产企业等主体，通过提出药品上市许可申请获得药品上市许可批件，并对药品质量在其整个生命周期内承担主要责任的制度。

医药市场规模从约 1.4 万亿元增加至 1.6 万亿元，复合年均增长率为 2.7%，预计未来 5 年的复合年均增长率将达到 6.7%。为实现药品可及性和可负担性，2018 年 11 月和 2019 年 5 月，中国分别部署药品集中带量采购、治理高值医用耗材改革工作，拉开医药集中带量采购（简称"集采"）改革序幕。

集采坚持"招采合一、量价挂钩"基本原则，汇集公立医疗机构药品需求量，形成明确的市场预期，由医药生产企业自愿参加、自主报价，通过公平竞争形成采购价格。2018 年以来，以常见病、慢性病用药为重点，密集推进 7 批药品集采，涉及 294 种药品，1135 个中选产品平均降价超 50%，按约定采购量计算，每年可节约费用超 1200 亿元，降低了群众和医保基金费用负担。集采降价效应也传导到非中选产品，集采降压药非中选品规日均费用下降 6%。

2. 提升药品供应链数智化水平

2018 年发布的《关于促进"互联网＋医疗健康"发展的意见》提出健全"互联网＋医疗健康"服务体系、完善"互联网＋医疗健康"支撑体系等内容。2021 年发布的《关于推动公立医院高质量发展的意见》指出，要推动分级诊疗和公立医院高质量发展，加强互联网医院建设。自此，互联网医疗政策进一步打通，驱动医、药、险联动，中国各地医院开办互联网诊疗和互联网医院的速度加快。到 2021 年底，全国有 1700 余家互联网医院获得执业许可证书，在约 1.3 万家二级以上医疗机构中，超过 94% 的医疗机构已开展远程医疗业务，部分省份的远程医疗体系已下沉到社区、乡镇卫生中心，甚至进入家庭。《2022 年度中国数字健康市场数据报告》显示，2022 年数字健康市场规模为 5622 亿元（含互联网医疗、医药电商两个领域）。其中，疫情加速了医药电商发展，2022 年医药电商市场规模为 2520 亿元，同比增长 36.14%。

绿色小麦全球供应链
促进报告

小麦是全球最重要的粮食作物，占世界作物种植面积的1/5，世界40%的人口以小麦为主食。1991年，联合国粮农组织（FAO）提出可持续发展农业[①]理念，贯穿农业生产的整个过程，并成为农业发展的重要指导思想。随着全球人口增长、气候变化，可持续发展成为世界各国农业发展的共同选择。小麦全球供应链开始绿色化转型，供应链上资源循环利用和可持续发展是大势所趋。

一 绿色小麦全球供应链发展现状

（一）绿色小麦全球供应链图谱

1. 绿色小麦供应链主要特征

绿色小麦全球供应链以可持续发展为基本原则，充分运用先进科学技术、先进工业装备和先进管理理论，将小麦生产、消费、生态资源安全协调统一起来，把可持续标准贯穿小麦整个供应链条[②]。

绿色小麦全球供应链具有四个主要特点。一是复杂性，主要表现在小麦种植是地域性的，小麦消费却是全域性的；小麦种植具有相对不稳定性，小麦消费却是相对稳定的。二是动态性，主要表现在以小麦为原料的加工产品生产是连续性的，小麦收购却是季节性的；温度升高、种植带北移使小麦种植面积扩大，但农业发生病虫害的面积也随之向北扩张，同时更温暖的土壤会释放更多的重金属，危害小麦质量安全。三是时效性，主要表现在小麦及其加工产品产出后必须在保质期内及时流通，确保小麦产品社会价值和经济价值的实现。四是风险性，主要表现在极端天气频发，导致小麦绝收的频率加大；气候变化将加深世界农作物的分布差异，导致全球小麦供应链不平衡问题更加突出，给发展中国家带来更大的粮食安全压力。

[①] 可持续发展农业是一种旨在管理和保护自然资源为基础，调整技术和机制变化的方向，以可持续满足当代及今后世世代代的人的需要，能保护地、水、植物和动物遗传资源，不造成环境退化，同时在技术上适当、经济上可行并被社会接受的农业。

[②] 参考中国绿色食品协会对绿色农业的定义，即以可持续发展为基本原则，充分运用先进科学技术、先进工业装备和先进管理理念，以促进农产品安全、生态安全、资源安全和提高农业综合效益的协调统一为目标，把标准化贯穿到农业的整个产业链条中，推动人类社会和经济全面、协调、可持续发展的农业发展模式。

2012~2021年，全球小麦产量稳步增长。2021年，全球小麦产量为7.71亿吨，较2012年的6.74亿吨增长了14%；年均增长率为1.5%（见图1）。

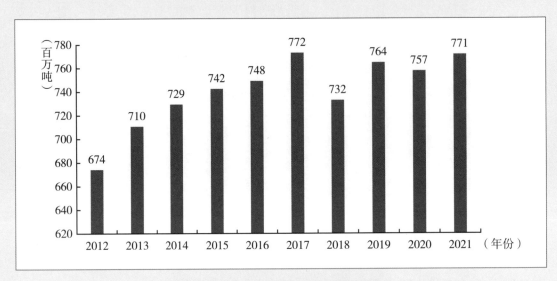

图1　2012~2021年全球小麦产量

资料来源：联合国粮农组织（FAO）。

2. 绿色小麦供应链上中下游

绿色小麦供应链上游主要是生产前准备，包括环境、农业机械（农机）、种子、肥料、农药。中游主要是生产环节，即绿色小麦。下游主要是绿色小麦加工、分销环节，即绿色小麦及面粉的存储、运输和销售。绿色小麦认证涉及供应链全流程，目前主要为有机产品认证（见图2）。

（二）绿色小麦全球供应链布局

1. 绿色小麦上游供应链的全球布局

良好的环境准备是绿色小麦的发展基础。联合国粮农组织（FAO）发布的《世界粮食和农业领域土地及水资源状况：系统濒临极限》指出，土壤、水资源是农业粮食体系的基石，地球土壤和水资源状况持续恶化，均已"濒临极限"，到2050年将难以满足全球近100亿人口的粮食需求。为保证农业绿色发展，在可开发资源不足的情况下，环境修复并提高可持续生产能力成为各国的必然选择。为适应市场需要，环境修复从早期简单的治理点源污染逐步升级为全方位治理面源

上游 生产前准备

细分领域	重点国家	重点企业
环境	美国、比利时、加拿大	美国Clean Harbors、比利时DEME、加拿大Golder Associates、美国Entact等
农业机械	美国、英国、日本	美国约翰迪尔、英国CNH、日本久保田、美国AGCO、日本洋马等
种子	美国、瑞士、法国	德国拜耳、美国科迪华、中国先正达、法国利马格兰、孟山都等
肥料	加拿大、美国、沙特阿拉伯	加拿大纽崔恩、美国美盛、沙特化肥等
农药	瑞士、德国、美国、印度	中国先正达、德国拜耳、德国巴夫斯、印度UPL等

中游 生产环节

小麦主要生产国	中国、印度、俄罗斯、美国、加拿大、澳大利亚、巴基斯坦、乌克兰

下游 加工、存储、运输、销售

环节	内容
加工	绿色小麦面粉：市场集中在北美、欧洲、亚太
	绿色小麦淀粉和蛋白：随着绿色小麦价格平抑和产量提高，市场将进一步扩大
存储运输	参考各国规定标准执行
销售	欧洲：直销、专销、超市零售、展销
	日本：订单式合作、直销、宅配、农产品协会交流营销、超市零售、连锁店营销
	美国：超市零售、直销

图2 绿色小麦全球供应链

资料来源：中国贸促会研究院整理。

251

污染，环境修复市场规模也在逐渐扩大。2022 年全球环境修复市场价值为 106.7 亿美元，预计到 2030 年将达到 1981.1 亿美元[①]，主要龙头企业有美国 Clean Harbors、比利时 DEME、加拿大 Golder Associate、美国 Brisea、美国 Entact 等。

农业机械是提高绿色小麦生产效率和效益的重要工具。2022 年，全球农机市场规模达到 1620 亿美元，同比增长 3%，预计到 2023 年将进一步扩容至 1708 亿美元（见图 3）。亚太和北美地区是全球第一大和第二大农机市场，分别占全球市场的 34% 和 29%，合计占全球市场的 63%[②]（见图 4）。农业机械龙头生产企业集中在美国和日本。2021 年全球农机制造商市场份额排名前五的公司是美国约翰迪尔（16.1%）、英国 CNH（9.4%）、日本久保田（8.5%）、美国 AGCO（7.1%）和日本洋马（4.4%），共占世界农机销售额的 45.5%[③]。目前农机生产商主要通过提高机械效率、提高流程效率、提高运营效率和使用可提供相同能量但碳排放量更少的替代能源来实现减碳（见表 1）。

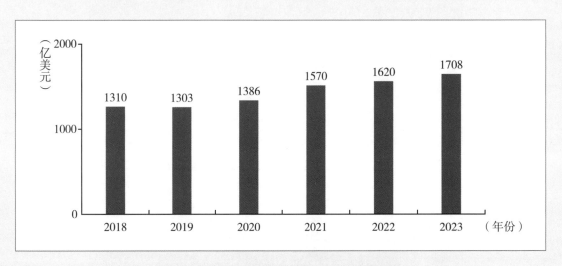

图 3　2018~2023 年全球农业机械市场规模

资料来源：德国机械设备制造业联合会（VDMA）。

注：2023 年为预测数据。

---

① 资料来源：Prescient Strategic Intelligence。

② European Agricultural Machinery Association（EAMA），https://www.cema-agri.org/images/publications/position-papers/CEMA_decarbonising_agriculture_27-04-22.pdf.

③ 资料来源：Statista，按销售额计算。

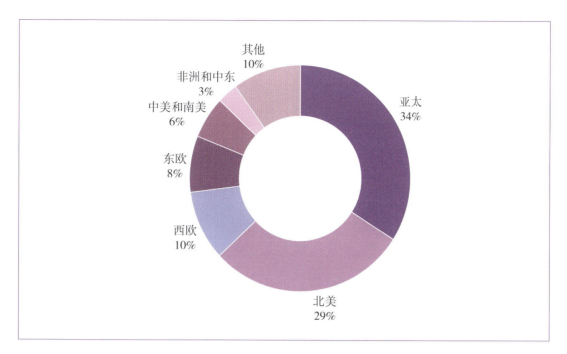

图 4　2021 年全球农机市场分布

资料来源：欧洲农业机械协会（CEMA）。

表 1　农业机械绿色发展的 4 种主要方法

方法	具体内容
提高机械效率	优化与机器本身相关的所有元件（发动机、变速箱、液压系统、轮胎等）
提高流程效率	考虑流程的设置来完成所需的工作（例如，为应用选择最有效的机器组合、每项任务的最佳机器等）以及最新技术的使用（例如，通过卫星导航协调多台机器的操作）
提高运营效率	包括机器操作员或技术的培训，以简化机器使用（例如，向操作员提供的过程信息、完全／部分自动化机器操作）
使用可提供相同能量但碳排放量更少的替代能源	开发生物燃料、电力驱动、混合动力驱动的发动机

资料来源：中国贸促会研究院根据《世界农业》编制。

　　种子是生产绿色小麦的关键生物资料。随着应用遗传学的发展和应用，农作物育种、良种繁育和推广工作取得巨大进步，全球种业规模急速扩大。2021 年，全球种子市场规模为 472.2 亿美元，同比增长 7.06%。其中，传统种子市场规模为 255.1 亿美元，同比增长 5.36%；转基因种子市场规模 217.3 亿美元，同比增长 9.14%[①]（见图 5）。

---

① S&P Global Commodity Insights, https://www.spglobal.com/commodityinsights/en/ci/products/crop-science-seed.html.

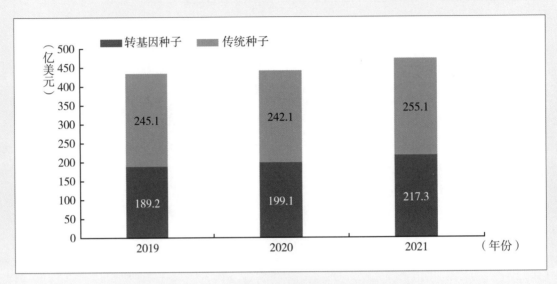

图5　2019～2021年全球种子市场规模

资料来源：S&P Global Commodity Insights。

2021年，全球小麦种子出口总额为2.3亿美元。欧美发达国家在全球小麦种子出口市场中占据重要地位。全球前五大种子出口国家分别是法国、澳大利亚、意大利、美国和希腊，其占全球出口比重分别为20.43%、19.28%、9.59%、5.61%和5.48%（见图6）。

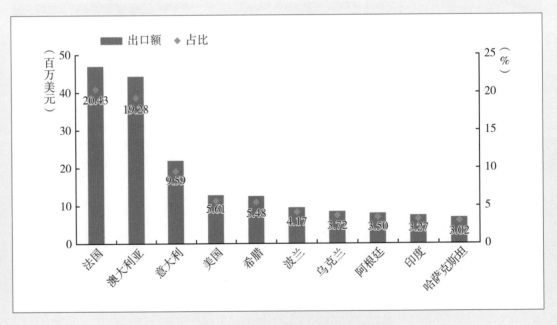

图6　2021年全球小麦种子主要出口国家

资料来源：OEC。

欧洲公司在全球种子领域占据绝对优势地位。全球种子销售额排名前十的公司中有六家欧洲公司，分别为孟山都[①]、法国利马格兰、德国拜耳、德国科沃施、荷兰瑞克斯旺和丹麦丹农，其销售额占全球种子销售总额的比重合计为 45%[②]；美国公司一家，为科迪华，其销售额占全球比重为 21.26%；两家中国公司，分别是先正达[③]和隆平高科；两家日本公司，分别是坂田种子和泷井种苗（见图 7）。

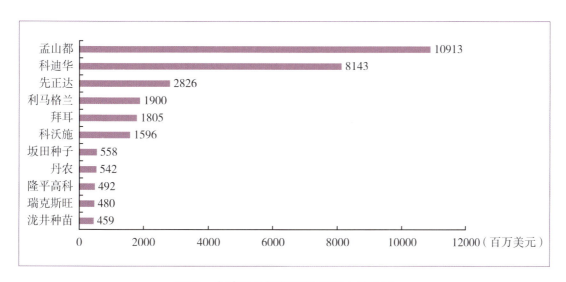

图 7　全球种子销售额排名前十的公司

资料来源：Statista。

有机种苗的获取是绿色小麦供应链上较大的难题。具体原因如下：从技术上看，有机种子不允许进行化学处理，导致部分有机种子不具备生产所必需的抗病性，无法实际生产；从研发上看，有机种植难度大，市场相对小，病虫害防治要求高，种子公司研发意愿较低；从种植上看，各地土壤性质差异较大，种子公司提供的有机种子品种有限，有些品种不适应当地土壤；从认定上看，国际上没有一套完整的、被广泛接受的有机种子认证体系[④]。

绿色肥料的使用是种植绿色小麦的重要步骤。传统化学肥料在改善粮食安全、提高作物单产和提升农业生产力方面发挥了重要作用。但是传统化学肥料的

[①] 孟山都（Monsanto）成立于 1901 年，原为总部在美国的跨国农业公司，是全球转基因种子的领先生产商，2018 年被德国拜耳收购。

[②] 根据 Statista 数据库 2017 年数据计算。

[③] 先正达（Syngenta）成立于 2000 年，原为总部在瑞士的农业巨头，在种子和植保领域处于龙头位置，2017 年被中国中化集团收购。

[④] 马文娟：《中国与欧盟有机产品标准及认证认可制度的比较研究》，硕士学位论文，南京农业大学，2011。

大量使用，导致农田重金属、有机污染物超标。无机氮肥的使用以及其他形式的氮污染导致每年排放温室气体约 7 亿吨二氧化碳当量[1]。绿色肥料包含两个方面含义：一是高效、环保、节能、稳定、功能多元的新型化学肥料；二是有机肥料。2022年，全球有机肥料市场规模为 1714 亿美元，预计至 2026 年将增长到 2063 亿美元（见图 8）。

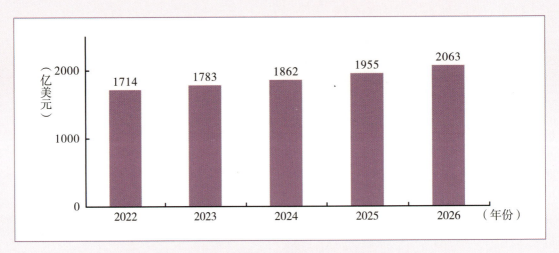

图 8　2022～2026 年全球有机肥料行业市场规模

资料来源：中研普华产业研究院。
注：2023～2026 年为预测值。

全球有机肥料市场主要集中在西欧、北美和亚太地区，占全球有机肥料市场的比重分别为 31.8%、29.9% 和 21.7%。发达国家有机化肥料的使用率大多超过 50%，如日本有机肥料使用率为 76%、德国为 60%、加拿大为 60%、英国为 57%、澳大利亚为 55%、韩国为 48%、美国 46%、法国为 37%[2]。

2021 年，全球肥料出口额为 946.48 亿美元。全球肥料出口的市场集中度相对不高，前五大肥料出口国家是俄罗斯、中国、加拿大、摩洛哥和沙特阿拉伯，其出口额占全球的比重分别为 13.81%、12.93%、7.32%、6.13% 和 4.45%，合计占全球的 44.64%（见图 9）。

---

① 李翠哲：《让新型肥料绿色发展之路渐行渐宽》，《化工管理》2015 年第 34 期。
② 中研普华产业研究院：《2023—2028 年国内有机肥料行业发展趋势及发展策略研究报告》，2023 年 3 月。

256

图9　2021年全球主要肥料出口国家肥料出口额及占比

资料来源：OEC。

　　绿色肥料是肥料行业的发展方向，传统化肥企业均开展了相应业务，但难以单独统计销售额或市场占有率。以全球肥料企业市值排名推算，截至2022年7月，全球排名前十的肥料公司分别是加拿大纽崔恩、澳大利亚西农、英国CF实业、美国美盛、沙特化肥、以色列化学、荷兰OCI、印度Coromandel、印度Chambal、印度Rashtriya[①]（见图10）。

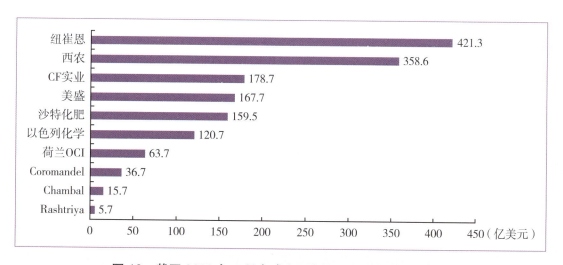

图10　截至2022年7月全球企业市值排名前十的肥料企业

资料来源：statista。

① 资料来源：Statista数据库。

农药在保障粮食安全、农业生产安全、农产品有效供应和促进农民增收中具有不可替代的重要作用。2022年全球农药市场销售额为781.93亿美元。其中，作物用农药[①]占比接近九成，市场销售额达692.56亿美元，近5年复合年均增长率为5.0%[②]。分地区来看，亚太、拉丁美洲、欧洲是主要的作物用农药市场。其中，亚太地区市场占比31%，拉丁美洲市场占比26%，欧洲市场占比21%（见图11）。

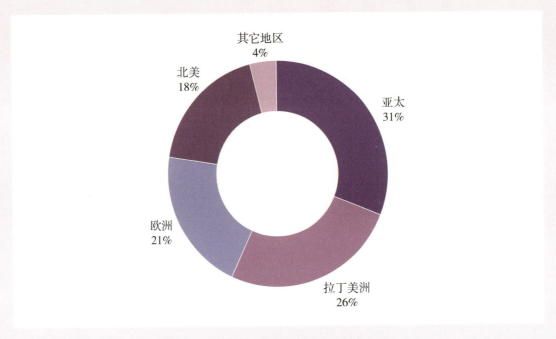

图11 2022年全球作物用农药市场分布

资料来源：Phillips McDougall。

2021年，全球农药出口总额为432.74亿美元。全球前五大农药出口国家分别为中国、美国、法国、德国和印度，其占全球农药出口总额的比重分别为19.44%、11.06%、10.21%、8.90%和8.20%，合计占到全球份额的57.81%（见图12）。

---

① 作物用农药主要用于果蔬、玉米、小麦、大豆等粮食作物的保护，需求量远大于非作物用农药。
② 资料来源：Phillips McDougall，招商银行研究院。

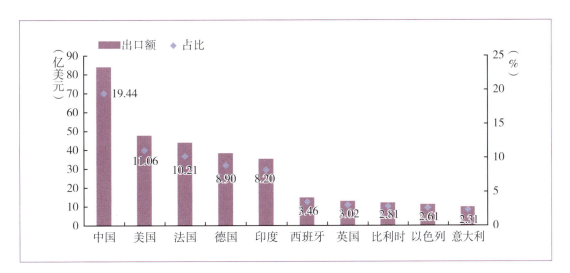

图12　全球主要农药出口国家出口额及占比

资料来源：OEC。

经过多年的激烈竞争和并购重组，全球农药产业已经形成了以跨国农化巨头为主导的市场格局。巴斯夫、拜耳、先正达牢牢把持着前端创新药研发和终端制剂销售渠道两大高附加值环节[①]。2022年全球排名前十的农药公司[②]分别是德国巴斯夫、德国拜耳、日本住友化学、先正达、印度UPL、安道麦[③]、日本久美合化学工业、日本日产化学、澳大利亚纽发姆和中国江苏扬农化工[④]。

2. 绿色小麦中游供应链的全球布局

小麦是三大谷物之一，且食用比例高，仅有约六分之一的小麦作为饲料使用。两河流域是世界上最早栽培小麦的地区，中国是世界上较早种植小麦的国家之一。2012～2021年，全球小麦种植面积从2.18亿公顷波动上升至2.21亿公顷[⑤]（见图13）。从全球范围看，小麦种植面积和总产量国家排名依次是中国、印度、俄罗斯、美国、加拿大、澳大利亚、巴基斯坦、乌克兰。

---

① 资料来源：AgbioInvestor，按各公司2021年制剂业务收入为统一口径。

② Forefront of the Field: The Top 10 Pesticides Companies Worldwide. Reports and Data, https://www.reportsanddata.com/blog/top-pesticides-companies-in-the-world.

③ 安道麦，原为以色列公司，是世界最大的农药生产商之一，2016年被中国中化集团收购。

④ 江苏扬农化工，于2021年7月被先正达集团收购，2022年相关营业收入分别并入先正达植保和安道麦，中国部分并入先正达中国。

⑤ 资料来源：联合国粮农组织（FAO）。

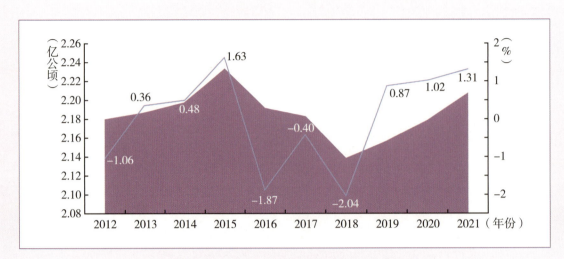

图13　2010～2021全球小麦种植面积及增长率

资料来源：联合国粮农组织（FAO）。

2021年，全球小麦产量为7.71亿吨。其中，产量居前五位的经济体分别为中国、欧盟、印度、俄罗斯和美国，其产量占全球小麦总产量的比重分别为17%、17%、13%、12%和6%（见图14）。2021年全球小麦单位面积产量为3490公斤/公顷，中国小麦单位面积产量为5810.7公斤/公顷，高于全球平均水平[①]。

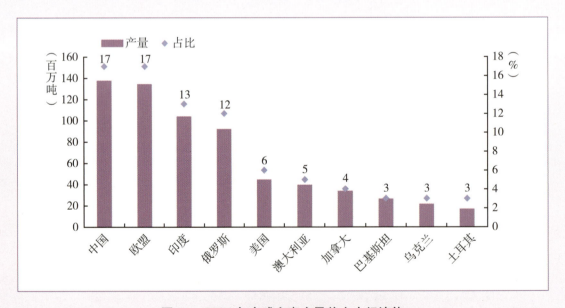

图14　2021年全球小麦产量前十大经济体

资料来源：联合国粮农组织（FAO）。

[①]《2021年全球及中国小麦产量、消费及库存情况》，智研咨询网，2022年2月23日，https://www.chyxx.com/industry/202202/996365.html。

绿色小麦（有机小麦）占小麦整体种植面积少，主要产地是亚洲、欧洲和北美。2021 年，亚洲最大的有机小麦种植区在中国（240 万公顷），其次是哈萨克斯坦（超过 24 万公顷），两者几乎相当于亚洲所有的有机小麦种植面积。欧洲有机小麦种植面积为 110 万公顷。北美有机小麦种植面积超过 107 万公顷，相当于该地区小麦总产量的 0.4%[①]。

3. 绿色小麦下游供应链的全球布局

小麦是最重要的贸易粮食和国际援助粮食。根据 OECD 和 FAO 数据，全球小麦出口量由 1995 年的 1.17 亿吨增长至 2021 年的 1.89 亿吨。2021 年，全球前五大小麦出口经济体为俄罗斯、美国、澳大利亚、加拿大和乌克兰，其小麦出口额占全球比重分别为 14.44%、12.66%、11.90%、11.18% 和 9.50%（见图 15）。

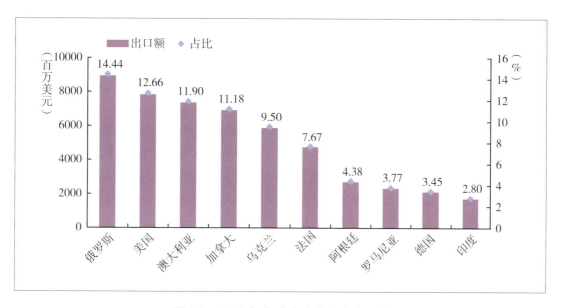

图 15　2021 年全球小麦前十大出口国

资料来源：OEC。

绿色小麦最主要的加工产品为有机全麦小麦面粉。近年来，消费者对非转基因食品和有机烘焙食品等绿色产品的需求不断增长，极大地推动了食品行业对高质量小麦面粉的需求。2022 年全球小麦面粉市场规模为 2410 亿美元，预计将以 4.1% 的复合年均增长率扩大，至 2028 年可达到 3058 亿美元[②]。有机全麦小麦面粉占据了有机小麦面

---

① 资料来源：国际有机农业联盟（IFOAM）和有机农业研究所（FiBL）联合发布的《世界有机农业数据和趋势年鉴 2022》。

② Wheat Flour Market: Global Industry Trends, Share, Size, Growth, Opportunity and Forecast 2023–2028. Research and Market，https://www.researchandmarkets.com/reports/5742958/wheat-flour-market-global-industry-trends.

粉主要市场份额。由于北美有机小麦种植面积大，政府推广力度强，目前有机小麦面粉市场较为广阔。因欧洲和亚太地区的消费者近年来对食品安全的要求逐步提高，有机小麦面粉市场正大幅增长①。

全球小麦面粉的出口额由 1995 年的 23.3 亿美元提高至 2021 年的 49.5 亿美元。出口量居前五的国家分别是土耳其、德国、乌兹别克斯坦、埃及和意大利，其占全球小麦面粉出口总额的比重分别为 22.41%、7.71%、5.68%、4.15%、4.03%，合计占全球份额的 43.98%（见图 16）。

图 16　2021 年全球小麦面粉主要出口国家

资料来源：OEC。

小麦面粉行业集中度不高，主要企业包括美国 Ardent Mills、中国五得利、美国 ADM、美国 General Mills、澳大利亚 Allied Pinnacle、澳大利亚 Manildra Milling、土耳其 Acarsan、美国 Korfez、美国 George Weston、美国 Hodgson Mills②。

绿色小麦加工产品还包括有机小麦淀粉、小麦蛋白。随着未来产能增长和价格平抑，有机小麦淀粉和蛋白市场也有可能进一步拓展。随着消费者对低热量甜味剂和无麸质食品的需求不断增加，全球有机小麦淀粉市场将进一步增长，预计 2023～2028 年

---

① Organic Wheat Flour Market Size, Share & Industry Analysis. Fortune Business Insight, https://www.fortunebusinessinsights.com/organic-wheat-flour-market-103837.

② Wheat Flour Market Size, Share & Covid-19 Impact Analysis. Fortune Business Insight, https://www.fortunebusinessinsights.com/wheat-flour-market-106313.

将以1.1%的复合年均增长率增长，到2028年市场需求将达到688万吨[①]。小麦蛋白是乳清蛋白替代品，可用于制作纯素产品的蛋白质补充剂，或用于制造动物饲料和宠物食品，预计2020~2027年的复合年均增长率为6.2%，到2027年底市场规模将达到22亿美元[②]。

绿色小麦及其加工产品的存储和运输是保证其质量的重要环节。世界多国均对有机农产品的存储和运输制定了具体标准规范。以美国为例，美国食品药品监督管理局（FDA）要求防止交叉污染是储存有机食品时的首要事项；必须使用合适的材料来储存有机食品，且盒子上必须注明其内容和来源；存储仓库应当配备高效的仓库管理系统（WMS）以便追溯仓储物流记录，并保持和记录仓储温度；有机食品的库存必须与仓库中的其他货物分开；已用于非有机产品的设备不能用于有机产品[③]。

美国、日本、欧洲等发达国家和地区有机农产品市场较发达[④]。美国有机农产品销售渠道主要有两类：超市零售和直销。日本主要有6种渠道，分别为直销、宅配、农产品协会交流营销、超市零售、连锁店营销、订单式合作。欧洲有机农产品主要销售渠道有4种，主要包括直销、专销、超市零售和展销（见表2）。

表2　美日欧有机产品销售渠道

国家	销售渠道	内容
美国	超市零售	在超市中专门设立具有美国有机协会认证标志的专属有机农产品柜台
	直销	商户根据产品价格、规格与数量等，提前收集用户信息，通过电话预约等方式发货
日本	直销	农户与消费者直接对接销售
	宅配	产品产地通过物流直接配送消费者
	农产品协会交流营销	通过地方农产品协会之间的交流营销，多为企业或行业组织行为
	超市零售	农产品直接对接超市零售
	连锁店营销	通过农产品连锁店售卖
	订单式合作	向国外有机农场直接下订单，多为企业行为
欧洲	直销	生产者在一定地理区域内围绕生产基地进行市场营销
	专销	设立天然食品店进行有机农产品的营销
	超市零售	通过农产品专营超市等零售渠道进行营销，并以大型有机超市为主
	展销	在有机食品展会销售

资料来源：丁菊《中外有机农产品营销模式的比较分析》，《黑龙江畜牧兽医》2017年第12期。

[①]　资料来源：Expert Market Research。
[②]　资料来源：Market Research Future。
[③]　资料来源：Weber Logistics。
[④]　丁菊：《中外有机农产品营销模式的比较分析》，《黑龙江畜牧兽医》2017年第12期。

二 绿色小麦全球供应链促进政策

（一）国际组织

1. 推动签署国际小麦协定

为应对世界范围内的粮食短缺，1933 年 8 月，世界主要小麦进口国和出口国政府签署了第一个《国际小麦协定》[①]，规定了小麦出口总额和各出口国的出口配额，同时要求进口国放弃小麦进口数量限制，并降低进口关税，但协议仅维持了一年时间。之后，小麦进口国和出口国政府之间就小麦贸易限额和价格进行了多轮谈判与协议缔结。1967 年，在《关税及贸易总协定》（GATT）下进行了多边关税减让谈判，《国际小麦协定》的产品覆盖范围扩大至小麦、大麦、玉米、高粱、燕麦、小米和黑麦等各类谷物，并更名为《国际谷物协定》。《国际谷物协定》包括《谷物贸易公约》[②] 和《粮食援助公约》，宗旨是进一步稳定和扩大谷物市场，提高世界谷物供应的安全性，扩大和改进成员方的统计和市场信息服务，为成员方之间的磋商创造机会[③]。

2. 推动小麦防病增产技术

国际组织在推动小麦产量增长和绿色可持续发展方面起到重要作用。为了降低世界小麦面临的疾病和气候变化威胁，提高全球生产力，布劳格全球锈病倡议（The Borlaug Global Rust Initiative，BGRI）[④] 通过传递小麦遗传增益（Delivering Genetic Gain in Wheat，DGGW）、小麦持久抗锈病性（Durable Rust Resistance in Wheat，DREW）、加速玉米和小麦的遗传增益（Accelerating Genetic Gains in Maize and Wheat，AGG）三个项目推动全球小麦研究的共享[⑤]。

---

① 《国际小麦协定》主要包括美国、加拿大、澳大利亚、阿根廷等出口国，以及英国、法国等进口国，共 22 个国家在英国首都伦敦签订协议。

② 《谷物贸易公约》拥有 26 个成员，其中发达成员 6 个，其余为发展中成员。

③ 《国际谷物协定》，《中国大百科全书》（第三版）网络版，2023 年 2 月 14 日，https://www.zgbk.com/ecph/words? SiteID=1&ID=564591&Type=bkzyb。

④ 布劳格全球锈病倡议（The Borlaug Global Rust Initiative，BGRI）是一个全球社群组织，致力于分享知识、培训下一代科学家，并与农民合作，保障小麦安全。创始人诺曼·E. 布劳格（Norman E. Borlaug）是国际著名小麦育种学家、植物病理学家、诺贝尔和平奖获得者，农业"绿色革命之父"。主要创始机构包括联合国粮食及农业组织、国际干旱地区农业研究中心、国际玉米和小麦改良中心、印度农业研究委员会和美国康奈尔大学。

⑤ 资料来源：The Borlaug Global Rust Initiative，https://bgri.cornell.edu。

联合国粮农组织自 2008 年以来，在 BGRI 的基础上持续推进全球小麦锈病防治计划（Wheat Rust Disease Global Programme），帮助东非、北非、近东、中亚和南亚的31 个国家和地区，通过促进抗性品种的开发和种植、使用经过认证的种子、快速种子繁殖、培训农民、加强监测和应急能力、促进研究推广、农民联系、国际合作综合防治小麦锈病，增产提效[①]。

国际干旱地区农业研究中心（International Center for Agricultural Research in the Dry Areas，ICARDA）[②]、国际玉米和小麦改良中心（International Maize and Wheat Improvement Center，CIMMYT）[③]也通过项目援助、研究共享等方式，促进全球小麦可持续增产。

（二）美国

1. 持续发放小麦种植财政补贴

美国的小麦种植补贴政策由来已久，自 1995 年以来，美国联邦政府针对小麦种植的补贴合计达到 484 亿美元[④]。2018 年美国修订《农业调整法案》[⑤]，通过政府采购、价格和收入支持、贷款补贴、农作物保险等方式支持农民增加收入，保障国家粮食供应。

2. 利用自贸协定促进小麦出口

美国通过新签订贸易协定或降低现有协定中的关税和非关税贸易壁垒，促进美国小麦出口。例如，《美国 – 韩国自由贸易协定》规定，美国对包含小麦、玉米、大豆在内的韩国农产品出口额的 2/3 立即免除关税，两国农产品贸易迅速扩大；《美国 – 哥

---

① 　NSP – FAO Wheat Rust Disease Global Programme. FAO, https://www.fao.org/agriculture/crops/thematic–sitemap/theme/pests/wrdgp/en/.

② 　国际干旱地区农业研究中心（International Center for Agricultural Research in the Dry Areas，ICARDA）为非热带干旱地区提供基于科学的创新解决方案。自 1975 年成立以来，ICARDA 已在全球 50 个国家（从北非的摩洛哥到南亚的孟加拉国）实施了研究促进发展项目。

③ 　国际玉米和小麦改良中心（International Maize and Wheat Improvement Center，CIMMYT）致力于通过应用农业科学，特别是在全球南方地区建立强有力的伙伴关系，提高生产系统和基本谷物（如玉米、小麦、黑小麦、高粱、小米和相关作物）的数量、质量和可靠性，同时努力在世界建立一个更具生产力、包容性和弹性的农业食品系统。

④ 　Hayes, T. O., Kerska, K. . (2021). PRIMER: Agriculture Subsidies and Their Influence on the Composition of U.S. Food Supply and Consumption. American Action forum, https://www.americanactionforum.org/research/primer–agriculture–subsidies–and–their–influence–on–the–composition–of–u–s–food–supply–and–consumption/#ixzz8AHTFirs1.

⑤ 　美国《农业调整法案》自 1933 年颁布以来持续修订，大约每五年更新一次。

伦比亚自由贸易协定》中，美国对哥伦比亚包括小麦、大豆、大豆制品在内的 70% 的农产品免除关税。

3. 行业协会搭建小麦出口平台

行业协会作为农业利益集团的代表，在促进美国农业出口方面发挥着独特而重要的作用。例如，美国小麦协会（USWA）致力于为美国小麦生产商在全球出口市场中进行公平贸易，并在支持产业研发、市场开发和完善政策支持方面发挥着重要作用。以小麦出口为例，USWA 可为会员分析、预测可能会影响市场准入和阻碍贸易的政策，形成促进小麦开放和公平竞争的贸易政策建议，并定期向美国政府提交评估报告，影响政府小麦出口政策[①]。

（三）欧盟

1. 持续提高小麦种植出口补贴

欧盟对农业的补助政策主要体现为共同农业政策（Common Agricultural Policy, CAP），主要内容包括规定欧盟内部农产品实行统一价格、建立共同农业基金用于出口补贴等，约每 5 年进行一次调整。2023 年，CAP 将为欧洲农民提供 3866 亿欧元的支持，约占欧盟预算的 1/3，其中 2700 亿欧元用于直接援助支付，22%～25% 的资金将用于与绿色农业发展相关的项目[②]。种植小麦的农民还可享受粮农直接补贴，2019 年这一补贴金额约为 6610 欧元／人，2023 年还将继续提高[③]。

2. 延长小麦价格公共干预时间

2021 年，欧盟各成员对共同农业政策（CAP）改革达成一致，支持小农和绿色发展，更加注重提升农业竞争力，促进欧盟农业农村的可持续发展，明确延长了针对小麦价格进行公共干预的时间。公共干预是当农产品价格跌至不可持续的低水平时，由欧盟成员国政府或授权机构购买和储存，然后在市场价格恢复后出售或出口，对于保障欧盟农产品价格稳定至关重要。

---

① 张丽娟、高颂：《美国促进农业出口政策机制研究》，《美国研究》2012 年第 3 期。
② EU Lawmakers Pass Farming Subsidy Deal, https://www.dw.com/en/eu-lawmakers-pass-common-agricultural-policy-deal-but-green-critics-sound-alarm/a-59912440.
③ 刘武兵：《欧盟共同农业政策 2023—2027：改革与启示》，《世界农业》2022 年第 9 期。

（四）澳大利亚

1. 通过非补贴政策促进农业发展

澳大利亚是经济合作与发展组织（OECD）中农业支持水平最低的国家之一，仅占生产者收入的 2% 左右。澳大利亚对农业发展的支持政策主要为非补贴政策，其中，研发资助约占总支出的 30%，兴建农业公共基础设施约占总支出的 19%；直接给予生产者的支持约为总支出的 44%，一般性服务支持约占总支出的 56%[1]，促进了包括小麦在内的农产品供应链发展。

2. 非营利组织帮助拓展小麦市场

澳大利亚谷物出口促进中心（Australian Export Grains Innovation Centre，AEGIC）[2] 通过资料收集和市场分析，为澳大利亚谷物出口提供海外市场、国内技术改进和产量等方面的研究报告，并提供相应培训机会，帮助澳大利亚提升小麦质量。近年来，AEGIC 主要工作包括与亚洲饼干和蛋糕产业对接，建立新软质小麦供应链等[3]，为澳大利亚小麦供应链的延伸起到了一定推动作用。

三　绿色小麦全球供应链促进的中国实践

中国已有 5000 年种植小麦的历史。中国致力于提高小麦产量和品质、降低生产成本，始终坚持把小麦的科学研究和生产应用作为提高粮食生产能力的重要途径，为确保国家粮食安全以及稳定国际粮价发挥了重要作用。中国积极完善相关政策、提供基础设施保障、建立健全规则制度、深度挖掘消费市场，对促进绿色小麦全球供应链发展起到了不可替代的重要作用。

---

[1]　Analysis of Government Support for Australian Agricultural Producers. ABARES, https://www.agriculture.gov.au/abares/research-topics/trade/analysis-of-government-support-agricultural-producers.

[2]　澳大利亚谷物出口促进中心（Australian Export Grains Innovation Centre，AEGIC）是澳大利亚政府通过谷物研究与开发公司（GRDC）以及西澳大利亚州政府第一产业和区域发展部（DPIRD）合资设立的非营利公司，致力于为澳大利亚谷物行业增值赋能。

[3]　资料来源：AEGIC，https://www.aegic.org.au.

（一）绿色小麦供应链促进政策

1. 完善绿色小麦供应链顶层设计

《中华人民共和国国民经济和社会发展第十四个五年规划和 2035 年远景目标纲要》提出，要增强农业综合生产能力、夯实粮食生产能力基础、严守 18 亿亩耕地红线；要深化农业结构调整，完善绿色农业标准体系，加强绿色食品、有机农产品和地理标志农产品认证管理。《"十四五"推进农业农村现代化规划》提出，稳定种粮农民补贴，完善小麦最低收购价政策，扩大小麦完全成本保险和种植收入保险实施范围。《关于做好 2023 年全面推进乡村振兴重点工作的意见》提出，支持开展小麦"一喷三防"，继续提高小麦最低收购价，合理确定稻谷最低收购价，稳定稻谷补贴，完善农资保供稳价应对机制。

2. 扩大小麦供应链上各环节外资准入

2018 年 6 月，中国发布《外商投资准入特别管理措施（负面清单）（2018 年版）》，取消了小麦等粮食收购、批发的外资准入限制，小麦新品种选育和种子生产需由中方控制（中方持股比例不低于 51%）。在《自由贸易试验区外商投资准入特别管理措施（负面清单）（2018 年版）》中，要求小麦新品种选育和种子生产的中方持股比例不低于 34%，进一步放宽准入门槛限制。

（二）完善基础设施和国际合作平台

1. 建设高标准农田和智慧农业

2019 年，中国安排高标准农田建设资金 895 亿元，用于建成集中连片、设施配套、高产稳产、生态良好、抗灾能力强、与现代农业生产和经营方式相适应的高标准基本农田。截至 2023 年 4 月，中国已累计建成高标准农田超过 10 亿亩，亩均粮食产能增加 10%～20%，节水 24%～30%，节电 30% 以上，节药 19% 以上，节肥 13% 以上[①]。为绿色小麦种植提供基础，还将 5G 与现代农业相结合，足不出户实现"巡田"，部分地区还可实现自动灌溉、施肥和使用农药，促进小麦耕作从靠人力到靠

---

① 《全国累计超 10 亿亩的高标准农田，"高"在哪儿？》，中国新闻网，2023 年 4 月 20 日，https://www.chinanews.com/gn/2023/04-20/9993242.shtml。

算力，从传统农业向智慧农业转变[①]。

2. 推动境外农业合作园区建设

中国企业根据自身发展基础和诉求，按照市场化运作模式，结合"一带一路"沿线国家的发展战略、农业资源禀赋和市场需求等因素，积极推动农业合作园区建设，取得了良好的经济效益。例如，2014年建设的中俄（滨海边疆区）现代农业产业合作区，目前耕地面积6.8万公顷，设有14个种植区，农业机械化率达100%，种植的小麦、玉米单产连续多年在俄罗斯滨海边疆区排名第一，已成为集种植、养殖、加工于一体的中俄最大农业合作项目[②]。

（三）释放绿色小麦生产消费潜力

1. 推动绿色小麦生产模式创新

2022年，中国发布推介了51个全国农业绿色发展典型案例，涵盖了耕地保护、农业节水、减肥减药、种养循环、生态低碳农业等多种模式，为绿色小麦种植提供"新路径"。其中，河北曲周县的"小麦种植减氨增效技术模式"较为典型。截至2022年5月，该县组织20家种植合作社、50个种粮大户建成氨减排绿色生产技术高标准示范田2万亩，在8个乡镇的10万亩麦田推广使用氨减排绿色生产技术，占全县小麦种植面积的23%，年化肥用量减少27%、氨排放降低50%、小麦增产9%，取得了显著的增产、减氨效果。此外，河南、黑龙江等省份也在生态农业模式上有所创新。河南南乐县通过推行农业生态环境监测全覆盖、农业废弃物资源利用全覆盖、化肥农药减量增效全覆盖三个"全覆盖"，破解农业面源污染治理难题。黑龙江省肇源县落实黑土地保护"三减、两增、一提升"措施，应用无人机植保、保护性耕作、有机肥替代化肥等技术，土壤有机质平均含量达到22.6克/千克。全国各地生态农业模式迅速发展，为绿色小麦供应链创新提供新思路[③]。

2. 深挖绿色小麦潜在市场需求

中国以小麦及其制成品（主要是面粉）为主食的人口约占40%，2021年，中国小

[①]　根据《河南日报》和其他公开资料整理。

[②]　《绘就"一带一路"农业合作新画卷》，中国经济网，2023年5月17日，http://www.ce.cn/xwzx/gnsz/gdxw/202305/17/t20230517_38548740.shtml。

[③]　贾大猛、张正河：《农业绿色发展：内涵、现状与对策》，《国家治理》2023年第8期。

麦进口额位居世界第四，约占全球进口总额的 5%，具有较大的市场规模。随着居民生活水平不断提高，对于小麦质量的要求也越来越高。在垂直生鲜电商、综合电商的生鲜频道、精品超市等业态的不断推动下，中国零售市场、大型超市、电商、连锁企业作为强有力的销售渠道，在帮助上游企业拓展市场、培养消费者习惯的同时，投入大量资金进入有机农业领域，如阿里巴巴建设推广的农村淘宝，通过赋能农村、农户、合作社的方式，支持农户发展有机农业等高附加值的农业业态。截至 2019 年 9 月，阿里"亩产一千美金"计划已覆盖 25 个省市，孵化超过 2500 个农业品牌，建立 500 多个高科技含量的农业基地。2019 年 3 月，京东农牧与吉林精气神有机农业股份有限公司签订合作协议，拟共同打造有机农业品牌，建设京东商城自营有机产品板块。

图书在版编目（CIP）数据

全球供应链促进报告. 2023 / 中国国际贸易促进委
员会著. -- 北京：社会科学文献出版社, 2024.4
ISBN 978-7-5228-3396-5

Ⅰ. ①全…　Ⅱ. ①中…　Ⅲ. ①供应链管理-研究报告
-世界-2023　Ⅳ. ①F259.1

中国国家版本馆CIP数据核字（2024）第051437号

全球供应链促进报告（2023）

著　　者 / 中国国际贸易促进委员会

出 版 人 / 冀祥德
组稿编辑 / 任文武
责任编辑 / 方　丽
责任印制 / 王京美

出　　版 / 社会科学文献出版社·生态文明分社（010）59367143
　　　　　地址：北京市北三环中路甲29号院华龙大厦　邮编：100029
　　　　　网址：www.ssap.com.cn
发　　行 / 社会科学文献出版社（010）59367028
印　　装 / 三河市东方印刷有限公司

规　　格 / 开　本：889mm×1194mm 1/16
　　　　　印　张：18.25　字　数：330千字
版　　次 / 2024年4月第1版　2024年4月第1次印刷
书　　号 / ISBN 978-7-5228-3396-5
定　　价 / 298.00元

读者服务电话：4008918866